PIERRE DIOR

DOCTEUR EN DROIT

Diplômé de l'École Libre des Sciences Politiques

DU RÉGIME LÉGAL

DES

"JOINT STOCK COMPANIES"

AU CANADA

Spécialement dans les Provinces de Québec et Ontario

PRÉFACE

de l'Honorable Ph. ROY

Haut-Commissaire Général du Canada en France

IMP. VINCENDEAU

54, Rue du Président-Wilson — LEVALLOIS

1927

DU RÉGIME LÉGAL

DES

" JOINT STOCK COMPANIES "

AU CANADA

Spécialement dans les Provinces de Québec et Ontario

PIERRE DIOR

DOCTEUR EN DROIT

Diplômé de l'École-Libre des Sciences Politiques

DU RÉGIME LÉGAL

DES

"JOINT STOCK COMPANIES"

AU CANADA

Spécialement dans les Provinces de Québec et Ontario

PRÉFACE

de l'Honorable Ph. ROY

Haut-Commissaire Général du Canada en France

IMP. VINCENDEAU

54, Rue du Président-Wilson - LEVALLOIS

1927

BIBLIOGRAPHIE

Principes de droit Anglo-Américain, d'Arthur KUHN, 1924.

Company law of Canada, par MASTEN AND FRASE, 1920.

Bank and Banking, par MACLAREN, 1914.

Dictionnaire de Droit Anglo-Franco-Belge, par ANSPACH et COU-TANCHE, 1920.

De la responsabilité civile des administrateurs dans les sociétés anonymes en droit suisse, anglais et italien, par Guide PETITPIERRE, 1925.

The Annual Financial Review Canadian July, 1925, par O. L. G. BEAUBIEN ET C°.

Digeste de droit civil anglais, par JENKS, 1923.

Bulletin de la Société de Législation Comparée, 1921, p. 46.

The Journal of Comparative Legislation and International law [Vol. IV part. IV, p. 201. Vol. VII, part. I, p. 61].

Les Statuts de l'Ontario [Statuts refondus 1914, mis à jour jusqu'en 1926].

Les Statuts de Québec [Statuts refondus 1926].

Les Statuts du Dominon [Statuts mis à jour jusqu'en 1926].

Code Civil de la Province de Québec. Edition Dorais et Dorais.

A Treatise on the law of partnership, Lindley, 1912.

A Treatise on canadian company law, White.

The constitution of Canada, par KENNEDY, 1922.

Company law Palmer, 1911.

Revue légale, 1895 à 1911.

Esquisse d'une étude comparée des législation française et britanniques en matière de société par actions, 1919, T. 3.

La Compagnie privée et la société à responsabilité privée, DROUET, 1922, T. 51.

Des sociétés de capitaux aux Etats-Unis, BRAUN, 1923, T. 77.

Thèse soutenue au Canada sur les Corporations, COUSINEAU.

Protection des obligataires dans les Sociétés Anonymes, par A. AZAM, 1922, T. 3.

Etude sur les Trusts, PRESTON, 1904, T. 104.

Columbia Law Review, Vol. XXIV, N° 5, Vol. XXV, N° 1.

PRÉFACE

J'aurais mauvaise grâce à m'excuser d'écrire une préface. J'avais en effet les meilleures raisons du monde pour accepter de présenter au public l'excellent travail de M. Pierre Dior: Je servais une cause qui m'est chère, celle des relations économiques entre la France et le Canada; je répondais à l'appel du père de l'auteur, le Ministre éminent qui avait attaché son nom au dernier Traité de Commerce Franco-Canadien; enfin j'enfonçais une porte ouverte en recommandant un livre qui se faisait valoir par lui-même.

Le plus bel éloge que j'en puisse donner, c'est qu'il répond pleinement à un besoin. Déjà, avant la guerre, le Public Français aurait désiré l'avoir, au temps où il cherchait, pour ses capitaux au Canada, des placements qui se sont d'ailleurs trouvés doublement avantageux, puisqu'ils ont sauvegardé l'avoir des intéressés dans la grande tourmente, et fourni au Gouvernement les gages de change qui lui étaient nécessaires pour se procurer des munitions.

Au surplus, le livre de M. Dior reprendra ce Caractère d'Utilité pour les Capitalistes, dès que la restauration prochaine des finances françaises leur aura rendu leur liberté d'action.

Les commerçants et les industriels trouveront dans ce recueil si clair, si exact, si complet, des renseignements qu'ils allaient demander avec peine et perte de temps, à des juristes, et cela leur donnera plus de quiétude, partant plus de hardiesse dans leurs transactions.

Cette expansion des relations commerciales, c'est à quoi il faut tendre tous les ressorts de nos volontés pour le plus grand bien de nos deux pays.

Il ne suffit pas en effet d'une indéniable et mutuelle sympathie, ni même d'en multiplier les manifestations à des intervalles plus rapprochés. Seul un courant d'échanges continus et de plus en plus nombreux, d'une importance de plus en plus grande, peut répondre à une situation morale privilégiée.

Les Français ne doivent pas sous-estimer cet avantage que près de trois millions d'hommes, par delà les mers, parlent la même langue qu'eux, pensent et sentent comme eux, témoignent à tout instant qu'ils reconnaissent la France pour Mère, et constituent pour ainsi dire pour eux de naturels truchements et de fervents propagandistes auprès des Anglo-Saxons. Nulle part dans le monde, pas même dans vos plus belles Colonies, vous ne sauriez trouver un groupement français aussi compact, si uni, qui ait une vie économique plus intense et qui soit, par conséquent mieux fait pour favoriser vos intérêts.

On l'a vu au temps où l'Amérique du Nord tout entière, gagnée par la propagande prohibitionniste, se fermait à l'importation de vos vins, même les plus renommés, et vous causait ainsi un préjudice énorme, seule, la Province de Québec se mit au travers de la prohibition, on décida tout au moins de la rendre plus conforme au bon sens. Elle fit une loi, qui réservait à une Commission Officielle la faculté d'importer et de négocier les vins de France, et c'est cette loi si sage, édictée par les Canadiens d'origine française, que toutes les Provinces du Canada adoptent peu à peu à leur tour. Grâce à eux, la prohibition absolue se meurt dans l'Amérique du Nord. Ainsi mes compatriotes ont largement contribué à sauvegarder l'un de vos meilleurs débouchés commerciaux.

Au temps où il dirigeait le Ministère du Commerce, M. Dior, Père de notre auteur, avait bien compris ce rôle tout particulier du Canada, et il avait mis tous ses soins à élargir le Traité de Commerce en multipliant les avantages que les deux pays se concédaient réciproquement. Comme tout Contrat économique le Traité est encore perfectible; du moins conservera-t-il désormais, même s'il est annulé, ce caractère d'amicales concessions, ce souci d'avantager le partenaire, qui furent la qualité maîtresse du traité signé par M. Dior.

Par son livre, notre jeune auteur se propose de faciliter les échanges en donnant aux tractations plus de sécurités. Nous voudrions qu'il inaugurât en France une série d'études techniques sur les particularités de notre vie canadienne.

Depuis cinquante ans on a publié une imposante quantité de livres qui traitent du Canada en général. Chaque année on découvre plusieurs fois le Canada, et cela fait un peu trop de Jacques Cartier et de Champlain.

Il semble que l'heure soit venue d'étudier tout ce qui différencie notre vie économique et sociale de la vie française. L'utilité de pareils travaux est incontestable: ils faciliteront les relations, ils préviendront des erreurs souvent coûteuses, des mécontentements souvent injustes, et parce qu'on se connaîtra plus complètement, l'amitié sera sinon plus sincère, du moins plus réfléchie et plus solide.

AVANT-PROPOS

Dans les premiers jours de juillet 1553, un Malouin, Jacques Cartier, poussé à son tour par le désir de visiter les terres situées au-delà de la mer Atlantique, partait de Saint-Malo sur la brigantine « La Grande Hermine » escorté de deux galères équipées et montées par quelque compatriotes, partis pour chercher fortune dans ces pays nouveaux dont les hardis navigateurs qui en étaient revenus vantaient les richesses et la beauté.

Après une traversée mouvementée et fatigante, la flottille vint atterrir sur une côte qui semblait battue de toutes parts par la mer et qui n'était en fait qu'une des faces de l'estuaire formé par le plus grand fleuve qui parcourt le Canada et que Jacques Cartier baptisa aussitôt du nom de Saint-Laurent, le saint dont on célébrait ce jour-là la fête (10 août).

Il en remonta le cours avec ses compatriotes et parvint jusqu'à un village composé de quelques huttes rustiques, habitées par des pêcheurs qui vivaient à la fois du produit de leurs pêches et de la culture de terres mal aménagées. Dans la langue des indigènes, le village s'appelait Stadacona; les habitants ne firent pas trop mauvais accueil aux étrangers dont la venue leur semblait tenir du miracle. Cartier et ses compagnons s'installèrent à leurs côtés et leur apprirent à cultiver ces terres dont ils ne soupçonnaient pas la richesse; de nouveaux venus, attirés de Saint-Malo et des environs par les récits qu'avaient fait, de leur aventure, les navigateurs revenus au pays, défrichèrent, à leur tour, les alentours du village primitif, y créèrent pour ainsi dire une cité nouvelle qui se développa encore sous l'impulsion de Champlain et prit en 1608 le nom de Québec.

C'est là le berceau de la colonisation française au Canada; c'est de là que partirent tous les colons venus de la mère patrie pour s'établir sur les deux rives du fleuve et remonter même jusqu'aux régions plus froides des grands lacs où les trappeurs aventureux allaient chercher les belles fourrures tant prisées en France.

En 1759, la population française atteignait le chiffre de 50.000 âmes et s'étalait sur un territoire presque aussi grand que la France. Elle était régie par la coutume de France et le pays portait même le nom de Nouvelle France; mais le gouvernement du roi le défendit mal contre un adversaire qui en connaissait mieux la valeur et qui désirait se l'approprier. Quand, après la bataille des Plaines d'Abraham (septembre 1759), le néfaste traité de Versailles (1763) donna à l'Angleterre ce beau pays qui avait été tout entier défriché et aménagé par des Français, le plus bel esprit du temps, Voltaire, ne trouva pour justifier cet abandon, que ces paroles qu'on ne saurait trop lui reprocher: « A quoi bon se battre pour quelques arpents de neige ».

Mais si les Canadiens acceptèrent d'être soumis au gouvernement britannique, ils conservèrent leurs croyances religieuses et restèrent catholiques au milieu des Anglais presbytériens, puritains ou anglicans; ils luttèrent de toutes leurs forces pour la conservation de leur langue maternelle : le français tel qu'on le parlait en France au xviie siècle; ils restèrent Français de cœur, et ils l'ont bien montré au cours de la grande guerre, où ils furent les premiers à accourir sur la terre de France pour défendre avec ses fils le droit contre la force. Combien de milliers d'entre eux ont arrosé de leur sang le pays qu'ils étaient venus défendre. Combien de milliers resteront ensevelis dans ce pays qu'ils ont aimé jusqu'à en mourir. Le monument commémoratif que les Canadiens se proposent d'élever au Mont Saint-Eloi sera le témoignage éternel de leur vaillance et de leur dévouement à leur patrie d'origine.

Ils étaient 50.000 Français au Canada en 1763; ils sont maintenant quatre millions de Canadiens d'origine française. Leur nombre et l'étroite union qu'ils ont formée avec les Français pendant les heures tragiques justifient les efforts des deux gouvernements français et canadien pour resserrer les liens d'une amitié déjà ancienne et donner aux rapports commerciaux le développement et l'intensité qu'on est en droit d'attendre de deux Etats bien faits pour s'entendre et se compléter par leurs échanges.

En 1922, à l'envoi du train français au Canada qui a fait connaître à notre ancienne colonie ce que notre pays pouvait lui offrir, le gouvernement canadien répondit par l'envoi d'un train canadien en France. Ce train, qui parcourut toutes les grandes routes de France, reçut d'innombrables visiteurs, parmi lesquels on ne comptait pas seulement des curieux, mais des industriels et des commerçants désirant trouver au Canada ce qu'ils ne peuvent se procurer dans la métropole : des bois, des minerais, qu'ils échangeraient contre nos produits : bijoux, lingerie, chapeaux, robes.: Il en est résulté entre les deux pays des rapports de plus en plus importants, ainsi que le montrent les chiffres donnés par les statistiques canadiennes :

IMPORTATIONS EN DOLLARS

1923..	12.264.921 dollars
1924..	15.767.851 »

EXPORTATIONS EN DOLLARS

1923..	14.118.577 dollars
1924..	18.979.197 »

Pour obtenir un rapprochement économique durable entre le Canada et la France, il importe de faire connaître aux industriels et aux commerçants qui désirent se créer des débouchés au Canada ou s'y procurer ce dont ils ont besoin, quel est le régime légal auquel ils devront se conformer dans toutes les affaires qu'ils traiteront.

Nous voudrions, pour notre part, contribuer à cette œuvre, en recherchant, et ce sera l'objet de cette étude, quelle est la condition légale de la Société par actions dénommée au Canada : joint stock Company.

Cette compagnie est une société constituée par lettres patentes ou par une loi spéciale et qui, de ce fait, acquiert la personnalité juridique et devient une corporation.

Notre étude sera poursuivie d'après le plan suivant:

CHAPITRE PREMIER

DES DIFFERENTES LOIS QUI REGISSENT LES COMPAGNIES AU CANADA: DES LOIS FEDERALES, DES LOIS PROVINCIALES; DE LEUR DOMAINE D'APPLICATION

Avant d'entreprendre l'étude des Compagnies canadiennes, il nous a semblé qu'il ne serait pas inutile d'exposer sommairement le statut politique du pays dans lequel elles peuvent exercer leur activité.

Le Dominion du Canada est une Confédération de neuf provinces et territoires, sous la haute autorité d'un gouverneur représentant le roi du Royaume-Uni de Grande-Bretagne et Irlande, assisté d'un Sénat nommé à vie et d'une Chambre des Communes dont les membres sont élus pour cinq ans.

Le Gouverneur n'est pas responsable, il ne fait que sanctionner les actes du Parlement. Seuls sont responsables les ministres choisis par lui et qui présentent et soutiennent devant le Parlement les projets soumis à son approbation.

Les pouvoirs du Sénat et de la Chambre des Communes en matière de législation sont définis par le British North America Act. de 1867 (1), texte constitutif unissant en une seule Fédération les provinces du haut et du bas Canada, les provinces maritimes et postérieurement la Colombie britannique. En outre, chaque province a le droit d'exercer les pouvoirs exécutifs, législatifs et judiciaires sur son territoire propre, par l'intermédiaire d'un lieutenant gouverneur, d'un conseil exécutif et d'une chambre ou assemblée, à condition que les autorisations accordées n'empiètent pas sur les droits supérieurs reconnus au gouvernement confédéral.

De ce document fondamental nous extrayons la partie traitant des pouvoirs concédés au Dominion et aux Provinces: 1° Pouvoirs du Parlement; 2° Pouvoirs exclusifs des Législatures provinciales.

---

(1) Par abréviation B.N.A.A. 1867.

POUVOIRS DU PARLEMENT

ART. 91. — *Il sera loisible à la reine, de l'avis et du consentement du Sénat et de la Chambre des communes, de faire des lois pour la paix, l'ordre et le bon gouvernement du Canada, relativement à toutes les matières ne tombant pas dans les catégories de sujets par le présent acte exclusivement assignés aux Législatures des provinces; mais, pour plus de garantie, sans toutefois restreindre la généralité des termes ci-haut employés dans cette section, il est par le présent déclaré que (nonobstant toute disposition contraire énoncée par le présent acte) l'autorité législative exclusive du Parlement du Canada s'étend à toutes les matières tombant dans les catégories de sujets ci-dessous énumérés, savoir:*

1. La dette et la propriété publiques;

2. La réglementation du trafic et du commerce;

3. Le prélèvement de deniers par tous modes ou systèmes de taxation;

4. L'emprunt de deniers sur le crédit public;

5. Le service postal;

6. Le recensement et les statistiques;

7. La milice, le service militaire et le service naval, et la défense du pays;

8. La fixation et le paiement des salaires et honoraires des officiers civils et autres du gouvernement du Canada;

9. Les amarques, les bouées, les phares et l'île de Sable;

10. La navigation et les bâtiments ou navires (shipping);

11. La quarantaine et l'établissement et le maintien des hôpitaux de marine;

12. Les pêcheries des côtes de la mer et de l'intérieur;

13. Les passages d'eau (ferries) entre une province et tout pays britannique ou étranger, ou entre deux provinces;

14. Le cours monétaire et le monnayage;

15. Les banques, l'incorporation des banques et l'émission du papier-monnaie;

16. Les caisses d'épargne;

17. Les poids et mesures;

18. Les lettres de change et les billets promissoires;

19. L'intérêt de l'argent;

20. Les offres légales;

21. *La banqueroute et la faillite;*

22. *Les brevets d'invention et de découverte;*

23. *Les droits d'auteur;*

24. *Les sauvages et les terres réservées pour les sauvages;*

25. *La naturalisation et les aubains;*

26. *Le mariage et le divorce;*

27. *La loi criminelle, sauf la constitution des tribunaux de juridiction criminelle, mais y compris la procédure en matière criminelle;*

28. *L'établissement, le maintien et l'administration des pénitenciers;*

29. *Les catégories de sujets expressément exceptés dans l'énumération des catégories de sujets exclusivement assignés par le présent acte aux Législatures des provinces.*

Et aucune des matières énoncées dans les catégories de sujets énumérés dans cette section ne sera réputée tomber dans la catégorie des matières d'une nature locale ou privée comprises dans l'énumération des catégories de sujets exclusivement assignés par le présent acte aux Législatures des provinces.

POUVOIRS EXCLUSIFS
DES LEGISLATURES PROVINCIALES

Art. 92. — *Dans chaque province, la Législature pourra exclusivement faire des lois relatives aux matières tombant dans les catégories de sujets ci-dessous énumérés, savoir :*

1. *L'amendement, de temps à autre, nonobstant toute disposition contraire énoncée dans le présent acte, de la constitution de la province, sauf les dispositions relatives à la charge de lieutenant-gouverneur;*

2. *La taxation directe dans les limites de la province, dans le but de prélever un revenu pour des objets provinciaux;*

3. *Les emprunts de deniers sur le seul crédit de la province;*

4. *La création et la tenure des charges provinciales, et la nomination et le paiement des officiers provinciaux;*

5. *L'administration et la vente des terres publiques appartenant à la province, et des bois et forêts qui s'y trouvent;*

6. *L'établissement, l'entretien et l'administration des pri-*

sons publiques et des maisons de réforme dans la province;

7. L'établissement, l'entretien et l'administration des hôpitaux, asiles, institutions et hospices de charité dans la province, autres que les hôpitaux de marine;

8. Les institution municipales dans la province;

9. Les licences de boutiques, de cabarets, d'auberges, d'encanteurs et autres licences, dans le but de prélever un revenu pour des objets provinciaux, locaux ou municipaux;

10. Les travaux et entreprises d'une nature locale, autres que ceux énumérés dans les catégories suivantes:

a) Lignes de bateaux à vapeur ou autres bâtiments, chemins de fer, canaux, télégraphes et autres travaux et entreprises reliant la province à une autre ou à d'autres provinces, ou s'étendant au-delà des limites de la province;

b) Lignes de bateaux à vapeur entre la province et tout pays dépendant de l'Empire britannique ou tout pays étranger;

c) Les travaux qui, bien qu'entièrement situés dans la province, seront, avant ou après leur exécution, déclarés par le Parlement du Canada être pour l'avantage général du Canada, ou pour l'avantage de deux ou d'un plus grand nombre de provinces;

11. L'incorporation de compagnies pour des objets provinciaux;

12. La célébration du mariage dans la province;

13. La propriété et les droits civils dans la province;

14. L'administration de la justice dans la province, y compris la création, le maintien et l'organisation de tribunaux de justice pour la province, ayant juridiction civile et criminelle, y compris la procédure en matières civiles dans ces tribunaux;

15. L'infliction de punitions par voie d'amende, pénalité, ou emprisonnement, dans le but de faire exécuter toute loi de la province décrétée au sujet des matières tombant dans une des catégories de sujets énumérés dans cette section;

16. Généralement toutes les matières d'une nature purement locale ou privée dans la province.

Nous remarquons tout d'abord que le Parlement du Dominion peut incorporer une Compagnie à objet général et l'administration d'une province une Compagnie à caractère provincial.

N'y a-t-il jamais conflit entre les deux législations fédérale et provinciale? Nombreuses sont les hypothèses à envisager; pour les résoudre, nous ne sommes aidés par aucun texte interprétatif de la constitution. Ce fait n'est pas rare: la loi n'a pas tout prévu; il appartient au juge de lui donner dans un cas particulier une interprétation empruntée aux circonstances de l'affaire et cette interprétation peut résulter d'un jugement précédemment rendu dans un cas analogue. Pour décider sur les cas d'espèce qui lui sont soumis, le juge s'en réfère aux précédents, qui font ainsi jurisprudence. Si par hasard, un jugement rendu était en opposition avec les principes énoncés dans la loi, alors on verrait le Parlement intervenir pour modifier la loi, plutôt que le jugement. C'est là une des raisons pour lesquelles l'étude du droit canadien qui dérive en grande partie des méthodes juridiques anglaises présente tant de complexités.

Nous suivrons la même méthode, et nous rechercherons dans quelques grands procès spécialement choisis, où est la limite de compétence entre les deux autorités fédérale et provinciale. Ces questions posées et résolues dans ces procès-types sont les suivantes:

1° Quelle est la nature des compagnies incorporées par un parlement provincial?

2° Quelle est l'origine pour le parlement du Dominion du droit d'incorporation?

3° Une compagnie provinciale peut-elle faire des affaires en dehors de la province?

4° La compagnie fédérale est-elle soumise aux lois provinciales?

5° Une compagnie fédérale peut-elle se limiter aux affaires d'une province sans perdre sa qualité de compagnie fédérale?

6° Une compagnie incorporée par le parlement du Dominion limitant ses opérations au territoire de deux provinces peut-elle faire modifier sa charte par les parlements de ces provinces?

7° La province ne peut empiéter sur le Dominion.

1° *Nature des Compagnies incorporées*
par un Parlement provincial

D'après le B.N.A.A. de 1867, art. 92 s.s.11, déjà cité, les législatures provinciales peuvent incorporer les compagnies à « objets provinciaux ». Que veulent dire ces mots? Ainsi que nous l'avons dit plus haut, aucun texte complémentaire n'est venu les expliquer. La jurisprudence nous renseignera.

Dans le procès Canadian Pacific Railway Company/Ottawa Fire Insurance Company, 1908, 39 S.C.R. 405, dont nous reparlerons plus loin, M. le juge Duff estime que les mots « objects » (article 92 n° 11) ont été employés pour définir « *the purposes for which a Company is established* », c'est-à-dire les buts pour lesquels une compagnie a été constituée.

Dans un autre conflit important: Clarke/Union Fire Insurance C°, 10 Ont. Report., confirmé en appel, nous trouvons la définition du mot « provincial ». Il s'applique à des buts locaux dans l'intérieur de la province, à l'exclusion de tous buts qui seraient communs à plusieurs provinces prises collectivement ou au Dominion.

Pour mieux fixer ce terme de « provincial », mentionnons un fait qui s'est produit en 1874 en Nouvelle-Ecosse: le parlement de Nova Scotia avait adopté un Act. incorporant Halifax Company. Il donnait à cette compagnie des droits de « cross rixers », c'est-à-dire d'établir des barrages, sans tenir un compte suffisant des lois sur la navigation, où le parlement du Dominion à toute compétence. Le gouverneur général ne sanctionna pas l'Act. étant donné qu'à son avis ce n'était pas une entreprise purement locale.

« Les « objects » de la compagnie n'étaient pas d'une « nature simplement locale ou privée pour la province; ils « étaient bien au-delà du pouvoir et du contrôle d'un parle- « ment local ».

Nous retrouvons la même interprétation dans un cas plus récent: York County Loan and Savings C° (1908) 11.O.W.R.507, dont nous parlerons plus loin, où la définition de la Compagnie provinciale entrait en jeu:

« La province a un droit inhérent et découlant du fait de la souveraineté, que lui confère le B.N.A.A. de 1867, d'incorporer des compagnies; elle peut leur donner des pouvoirs dans les limites des droits qu'elles possède. En effet, l'incorporation, ainsi que nous le verrons plus loin, consiste dans l'octroi de la personnalité à des êtres fictifs qui feront des opérations commerciales, au même titre que des personnes réelles. Si les citoyens, en tant qu'individus d'une province, peuvent faire certains actes que la province peut contrôler, cette dernière, en tant que pouvoir souverain, peut donner l'autorisation à une personne fictive d'accomplir ces mêmes actes. »

Ainsi le juge dit: « La province peut créer une compagnie pour des « *purposes* » but commerciaux ou d'affaires, ces derniers ayant essentiellement un caractère privé et ne pouvant être accompli que dans la limite où l'exercice du droit, aussi bien civil que relatif à la propriété, est autorisé dans la province

2° *Origine pour le Parlement du Dominion du droit d'incorporation*

Quelle est l'origine pour le Dominion du pouvoir d'incorporer les compagnies? Ce pouvoir lui appartient du fait non seulement qu'il réglemente l'industrie et le commerce, mais surtout que la section ss. 11 du B.N.A.A. ne réserve aux parlements provinciaux que l'incorporation des compagnies à objet limité au territoire d'une province. Les juges ont reconnu ce droit au Dominion seul, et la jurisprudence a toujours confirmé cette interprétation.

1° Dans l'affaire Citizens Insurance Company/Parsons (1882) 7 App. Cas. 96, il a été jugé ainsi:

« Le pouvoir, pour incorporer cette Compagnie, appartient au Dominion en raison de son pouvoir général sur toutes les questions ne rentrant pas dans les catégories assignées exclusivement aux législatures des provinces; l'unique compétence reconnue au parlement provincial étant l'incorporation des compagnies à buts provinciaux, il en résulte que l'incorporation des compagnies ayant des buts autres que provinciaux reste dans les pouvoirs généraux du parlement du Canada. »

Dans un autre cas plus récent: John Deere Plow/Wharton (1914), 18. D.L.R. 353, 1915 A. C. 330, 844. J.P.C. 64 il est dit également:

« Le pouvoir de légiférer relativement à l'incorporation des compagnies ayant des buts autres que provinciaux appartient exclusivement au Dominion, car la question est une de celles qui ne rentrent pas dans les catégories de sujets remis avec exclusivité aux parlements de provinces, ainsi que le signifient les premiers mots de la section 91; la question envisagée peut être regardée comme intéressant le Dominion d'une façon générale et y est comprise dans l'expression « la Paix, l'Ordre et le bon Gouvernement du Canada ». Il y a dans ces cas une tendance à élargir la doctrine ordinaire qui ne reposait que sur la section 92 ss. 11. Le jugement concluait ainsi: « Le Dominion peut donc incorporer des compagnies en vertu de son pouvoir général ».

3° *Une compagnie provinciale peut-elle faire des affaires en dehors de la province?*

Ceci nous amène à nous demander si une compagnie provinciale peut faire des affaires en dehors de la province.

La question a son importance, car ce serait un moyen dans la pratique de tourner la loi, d'obtenir plus rapidement l'incorporation, de bénéficier même de pouvoirs qu'elle n'aurait pas comme compagnie fédérale.

Elle a été posée dans deux des cas importants que nous avons déjà cités:

1° Canadian Pacific Railways Company/Ottawa, Fire Insurance Company (1908), 39 S.C.R., 405. — La compagnie défenderesse avait été incorporée par le parlement de l'Ontario et s'était engagée à assurer contre l'Incendie la propriété de la compagnie demanderesse située dans le Maine aux Etats-Unis. Cette dernière demandait, pour cause de non-existence, le remboursement des primes payées.

Elle alléguait que la défenderesse, en raison de sa nature de compagnie provinciale ne pouvait d'après son acte d'incorporation, faire des contrats en dehors de la province incorporatrice. A cette occasion, le chief-Justice déclara que la juridiction d'un parlement provincial est limitée, quant aux sujets et aux domaines. Les sujets sont les seuls énumérés dans la section 92, le domaine est la Province.

Un autre juge dans cette affaire, M. Davies, reprit cette

idée et y ajouta: De ce qu'une compagnie agit en dehors de la province où elle doit limiter ses affaires, « in furtherance of or ancillary or incidental to its main purposes or objects » (pour l'accomplissement d'actes accessoires ou incidents à ses propres opérations) il n'en résulte nullement le caractère d' « ultra vires ». Il complètait en disant :les objets et buts de la compagnie seront confinés à la province, mais des actes nécessaires, subsidiaires, et se produisant fortuitement peuvent être faits en dehors s'ils rentrent strictement dans la réalisation des vues de la compagnie

Quant à M. le juge Duff, après s'être appuyé sur le jugement rendu dans le procès Citizens Insurance, et avoir établi quelle est la compétence du parlement du Dominion, il déclare qu'il ne faut pas donner un sens plus étendu à la définition donnée par le premier juge; qu'il ne faut pas en déduire un principe plus large que le suivant, à savoir: Qu'une compagnie autorisée par sa constitution à s'établir dans une ou plusieurs provinces pour y faire toutes ses affaires, ou la majeure partie de celles-ci, n'est pas une compagnie soumise à une législature provinciale, » il ajoute: « Nous ne sommes pas d'avis de dire que seules les compagnies incorporées par le parlement du Canada, ont la capacité de faire des affaires dans tout le Canada. Détacher cette partie définie de son contexte et lui donner la signification la plus large qu'elle puisse comporter, ce serait en faire un texte de loi obligatoire.

2° Dans un autre cas: (York County Loan and Saving C° (1908) 11. 0. W R. 507.) des actionnaires de la Nouvelle Ecosse prétendaient que si l'on interprétait exactement la Section 92 du B. N. A. A. de 1867 n° 11, le droit de cette compagnie incorporée par le parlement de l'Ontario à passer une affaire en raison de ses fonctions était limité à l'Ontario, que les actes faits par cette compagnie en Nouvelle-Ecosse étaient « ultra vires » de sa charte.

M. le juge Kappele intervint à cette occasion: « Une compagnie qui est incorporée par la province pour réaliser des affaires dont le but principal rentre dans la juridiction de cette province, n'est en droit qu'une corporation dans la province où elle a été incorporée; mais en fait elle est une corporation qui peut être admise par courtoisie à remplir son rôle de compagnie dans les provinces, états ou pays où elle est reçue.

En principe, en considérant la solution que donne le Conseil Privé dans des cas comme celui du Citizens, il ne paraît pas y avoir de limite aux droits que, par courtoisie entre provinces, la compagnie provinciale peut exercer. La province incorpore une compagnie pour un objet déterminé. Elle ne peut lui accorder expressément dans sa charte le droit d'agir en dehors de la province, mais elle peut la munir de tous les pouvoirs d'une personne artificielle crée légalement et par conséquent lui permettre, par courtoisie, mais non en droit, d'exercer, dans une autre province, si les lois de celle-ci ne s'y opposent pas. Plus loin, le juge confirme sa pensée: « Toute compagnie a les droits que lui donne sa charte, ainsi que ceux que lui concède la courtoisie dont il a été parlé plus haut; et une compagnie légalement incorporée n'est pas limitée au territoire où elle a reçu sa propre charte, mais peut être reconnue en raison de la courtoisie qui existe entre les états, en dehors de l'état souverain ». Il continue: « Pour terminer, je ne pense pas que les actes d'une compagnie, qui auraient été considérés comme intra vires à l'intérieur de la province incorporatrice, devraient être appréciés en dehors de cette dernière comme « ultra vires », sauf si la charte ou le statut sur lequel est basée l'incorporation, limitent expressément son territoire d'action »; ou bien encore si ses statuts ne peuvent être admis dans une autre province.

De ces deux jugements, tirons cette conséquence que les actes d'une compagnie provinciale, faits au dehors de la province et dans des circonstances valables, sont intra-vires. Cette règle est conforme au principe de la courtoisie en matière de droit international (1).

4° *La Compagnie fédérale est-elle soumise aux lois provinciales?*

Ayant déterminé la capacité d'une compagnie provinciale en dehors de la province, examinons la situation de la compagnie fédérale dans la province. Les lois fédérales sont-elles les seules auxquelles elles obéissent?

Revenons à l'affaire déjà citée Citizens Insurance Company Parsons (1882) 7 App. Cas. 96. — La société demanderesse soutenait qu'elle n'était pas soumise à la législation en

_____

(1) Voir dans *The Journal of Comparative législation and International législation law*, un article du professeur Keith, volume IV, partie IV, 1922, page 102.

usage dans la province de l'Ontario en raison de son incorporation par le Dominion. Or, cette province avait adopté un act déclarant que tous les contrats de toutes les compagnies d'assurances contre l'incendie seraient soumis à certaines conditions et certaines règles. « Le but de cette disposition législative répliqua le défenseur, n'était-il pas d'intervenir dans les statuts des corporations? Non. l'Act doit s'appliquer à toutes les compagnies d'assurances, quelle que soit leur origine. Il ne résulte nullement, du fait que le parlement du Dominion a seul le droit de créer une corporation pour faire des affaires dans tout le Dominion, que seul il ait le droit de réglementer les contrats de cette société dans les provinces. Ce pouvoir d'incorporer, il le possède ainsi que nous l'avons vu plus haut, en vertu de son pouvoir général sur toutes les matières ne rentrant pas dans celles qui sont remises exclusivement aux parlements des provinces; dans ce cas rentre manifestement l'incorporation de compagnies constituées pour des buts autres que les buts provinciaux. Un exemple nous est donné à ce propos où la législation provinciale régit une compagnie fédérale : « Supposons que le parlement du Dominion ait incorporé une compagnie avec pouvoir, entre autres d'acheter et de détenir des terres du Canada à titre de « mortmain ». On pourrait difficilement soutenir qu'une telle compagnie puisse contracter dans une province où il existe une loi contre la détention de la propriété en mortmain (cela n'a rien d'invraisemblable puisque chaque province a un pouvoir législatif exclusif sur son territoire); détenir ainsi un bien serait en opposition avec la législation provinciale. Donc, si la corporation n'a été incorporée que dans ce but unique d'achat et de détention de biens au titre de « *mortmain* » dans le Dominion, en raison de l'existence dans toutes les provinces de Mortmain acts, bien quelle existe réellement et conserve ses statuts, en tant que « *corporate body* », elle ne pourrait exercer ces droits dans les provinces.

Le principe admis dans ce grand procès « leading case » montre que si le parlement de la province ne peut intervenir contre la constitution d'une compagnie fédérale, elle peut valablement réglementer les contrats de cette dernière toutes les fois qu'ils touchent à la propriété et aux droits civils que, seule, la province peut réglementer.

*5° Une compagnie fédérale peut-elle limiter son activité,
sans perdre sa qualité de C° fédérale?*

Cette cinquième question a aussi son importance, car de
la solution admise dépend l'importance reconnue du pouvoir
législatif provincial. Des compagnies, n'ayant que des buts provinciaux, afin de posséder les avantages de la compagnie fédérale, ne demanderont-elles pas leur incorporation au parlement
du Dominion, parce qu'il leur apparaît plus simple de demander un élargissement de leurs pouvoirs que de recourir à deux
incorporations.

La question fut posée dans : The Colonial Building and In-
vestment Association v. the Attorney Général de Québec (1883)
9 A. C. 157. La procédure était engagée en vue de déclarer que
l'incorporation de la compagnie par l'Act du parlement du Canada était illégale, et que la dissolution devait être en conséquence prononcée pour « ultra vires » du statut corporatif.
L'Attorney général de Québec agissait en vue de faire respecter
la loi de la province. Il a dans ses pouvoirs le droit de faire
déclarer « ultra vires » tout acte qui ne serait pas conforme
à la loi provinciale. En conséquence, il demandait qu'on dé-
clarât faits « ultra vires » les actes de la société défenderesse
dans sa province; les juges d'appel n'admirent pas cette interprétation.

« Il était affirmé dans la pétition (acte de procédure ouvrant
un procès) et soutenu dans les juridictions inférieures et même
en appel à notre barre, étant donné le confinement des opérations de cette compagnie à la province de Québec, que son action
avait un caractère local et privé; il en résultait que ses
objets étaient locaux et provinciaux, et qu'en conséquence, son
incorporation relevait de la législature provinciale. Mais on
peut dire avec certitude que le fait de la part de cette corporation d'avoir limité ses opérations, et par suite l'exercice de
ses pouvoirs à une province, ne peut pas affecter son statut,
ni sa capacité, en tant que corporation, surtout si l'act incorporant était à l'origine parmi ceux que le parlement fédéral
pouvait adopter. La compagnie était incorporée avec pouvoirs
de faire ses affaires dans tout le Dominion. Le parlement du
Canada pouvait seul la constituer en corporation avec de tels
pouvoirs; le fait que l'exercice de ces derniers n'a pas été aussi

étendu que l'autorisation le permettait ne suffit pas pour entraîner la révocation de l'act d'incorporation, ni faire déclarer que la société a été illégalement constituée. »

Ainsi, une corporation dont les buts semblent pour les incorporateurs dépasser la province, à quelque moment que ce soit dans l'avenir, peut demander son incorporation au parlement de Dominion.

6° Une Compagnie incorporée par le Parlement du Dominion limitant ses opérations au territoire de deux provinces peut-elle faire modifier sa charte par les parlements de ces provinces?

Le point de savoir si une compagnie, de provinciale qu'elle était, peut devenir fédérale, a été résolu d'une façon affirmative, étant donné qu'il ne s'agit que d'un élargissement de pouvoirs. La compagnie voyant son rôle dépasser sa province demandera au parlement son incorporation, afin de remplir les buts qu'elle envisage au dehors de la province.

En est-il de même d'une compagnie fédérale n'exerçant son action que dans deux provinces dont l'une lui demanderait de modifier ses statuts?

Le cas fut posé dans l'affaire Dobie/Temporalities Board (1882) 7 App. Cas. 136. Cette compagnie, créée par acte du parlement fédéral (22 Vict. ch. 66) obtenait des droits comme corporation dans les provinces de Québec et dans l'Ontario. Elle obtint par le Québec Act 38 Vic. 64 la révocation de l'acte primitif rendu en sa faveur par le parlement fédéral. En conséquence la première corporation était dissoute; une nouvelle lui était substituée, régie par ce dernier act. Le statut lui-même était modifié de manière à toucher matériellement une catégorie de personnes intéressées dans les fonds corporatifs.

On ne peut rapprocher ce cas de Citizens Insurance Company of Canada/Parsons, où une compagnie fédérale se trouve régie par un Acte provincial. Cet Acte (Ontario Act 39 Vict. ch. 1) prescrivait certaines conditions à toute police d'assurance de biens contre l'incendie dans la province; il envisageait toutes les compagnies en général, n'intervenait pas dans leur constitution, et ne leur imposait que des clauses spéciales. Au contraire, dans notre cas: Québec Act 38 Vict. 64 —

l'Act s'ingère dans la constitution, dans les privilèges d'une corporation créée par un Act du Parlement du Dominion, ayant sa personnalité morale et exerçant son action dans l'Ontario et dans la province de Québec. Le but avoué de l'Act, et l'effet de ses règles n'est pas d'imposer des conditions aux contrats que passe cette compagnie dans la province, mais de détruire la vieille corporation, d'en créer une nouvelle et de modifier matériellement des intérêts en cause. Le jugement rendu par les juges est en tous points exact. Admettre qu'un parlement provincial puisse amender l'acte fédéral qui a incorporé une compagnie et lui en substituer une autre serait enlever au Dominion sa prérogative en matière d'incorporation. On ne peut autoriser un tel empiètement de pouvoir de la part d'une province, et même de deux provinces, car la circonstance pouvait se produire ici.

Il y a des cas, au contraire, où le Dominion l'emporte sur la province. C'est ce que nous verrons dans la septième et dernière question.

7° *La province ne peut empiéter sur le Dominion*

Toute entreprise locale n'est pas nécessairement conduite par une compagnie provinciale. La section 92 ss. 10 (a), déjà citée écarte notamment les compagnies constituées pour exploiter des lignes de bateaux, les chemins de fer, les canaux, les téléphones, ou autres reliant la province à d'autres provinces, ou s'étendant en dehors de ces provinces. Elle remet au seul Parlement du Canada le pouvoir d'incorporer les compagnies rentrant dans ces catégories. Si ce dernier incorpore une compagnie dont l'objet, d'après son act. comprend l'extension de son réseau en dehors des limites de la province, le parlement de cette dernière ne peut intervenir dans les opérations de cette compagnie. C'est l'opinion admise.

En voici un exemple : The Corporation of the City of Toronto/Bell Telephone Company of Canada (1905) A. C. 92. Cette compagnie réclamait le droit, en vertu de son act d'incorporation, de faire passer par les rues et avenues de Toronto les fils en creusant des conduites, en déposant des câbles, et en érigeant des poteaux, sans que la ville de Toronto ait donné son accord.

Voilà donc un cas où la province ne peut empiéter sur le Dominion. Elle est de même obligée de respecter les lois fédérales quand le parlement exerce son pouvoir de juridiction exclusif; réglementation du commerce, de l'industrie, de la navigation et de l'armement. Ainsi un parlement provincial ne peut laisser obstruer une rivière navigable par l'érection de booms (barrages).

Le Dominion peut réglementer toute question rentrant dans les sujets où il y a une juridiction exclusive, même si cet acte modifie une loi provinciale sur le même objet.

Terminons cette courte étude en résumant les principes que nous nous croyons en droit d'établir:

1. Le Parlement du Dominion possède le privilège exclusif d'incorporer les compagnies admises à exercer dans le Dominion. Ce privilège est fondé sur la clause initiale de la section 91 du B.N.A.A.

Le *Parlement du Dominion* ne peut donner à une compagnie le droit d'exercer une entreprise que si cette compagnie exerce ce droit conformément aux lois de la province. Si le but de la compagnie est tel que, seul, le parlement du Dominion peut la réglementer, les pouvoirs de la compagnie ne pourront être amoindris par une autorité provinciale.

4. Si une compagnie, incorporée par le parlement du Dominion confine l'exercice de ses pouvoirs à une province, bien qu'incorporée pour un but non provincial, sa capacité, comme corporation, ne se trouve pas touchée.

5. La capacité d'une compagnie provinciale en tant que corporation est déterminée par son acte d'incorporation. Ses pouvoirs doivent lui venir de l'autorité législative qui a sur elle juridiction pour son principal objet. Le caractère des pouvoirs que le gouvernement provincial peut accorder est limité aux pouvoirs et droits à exercer dans la province. Une compagnie, a, en plus, la capacité d'accepter des pouvoirs et droits extra-provinciaux. Les compagnies provinciales sont pour le surplus soumises aux lois fédérales.

CHAPITRE II

DEFINITION DES COMPAGNIES
DES DIFFERENTES SORTES DE COMPAGNIES
COMPARAISON AVEC LE PARTNERSHIP

Dans le chapitre premier nous avons vu quels étaient les domaines des deux législations fédérales et provinciales. Nous étudierons dans celui-ci les compagnies régies par ces législations. Ne pouvant exposer en détail, dans le travail que nous présentons sur la condition juridique des sociétés par actions au Canada, toutes les législations provinciales, nous nous bornerons, en ce qui les concerne, à l'étude des législations propres aux provinces de l'Ontario et de Québec, tout en donnant, au cours de la discussion, des aperçus sur les autres législations provinciales.

I. — *Définition de la compagnie*

Les compagnies visées par les actes doivent être incorporées. Cette incorporation se fait par la concession de lettres patentes, ou par l'adoption d'un « act spécial » par le parlement fédéral ou provincial.

Les lettres patentes ont pour but de soumettre la compagnie aux parties I du Dominion Act ou du Québec Act (1), et à l'Ontario Act, et de lui donner les pouvoirs correspondants aux buts poursuivis par elle, tout en restant dans les principes régissant la partie I.

L'acte spécial d'incorporation, au contraire, soumet la compagnie à la partie II des Dominion Act et Québec Act sur les compagnies, tout en lui donnant le droit de modifier les articles de leur contrat constitutif, de les interpréter comme les fondateurs désirent qu'ils le soient.

____

(1) Statuts refondus de Québec 1926. Statuts refondus du Dominion 1905. Statuts refondus Ontario 1914, étant tenu compte des statuts publiés depuis jusqu'en 1926 inclusivement.

Le résultat de l'incorporation est, comme nous le disent les Acts, de constituer la compagnie en une corporation ou *politic body* (art 5 Stat. Rev. Canada; Art. 6, Stat. révisés Québec ch. 223, art. 3; 2 Geo. V.c. 31, Statuts Ontario).

Art. 5, § 1. — *Le Secrétaire d'Etat du Canada peut, par lettres patentes portant son sceau accorder une charte à tous pétitionnaires, au moins cinq, les constituant eux et ceux qui souscriront au mémorandum ci-dessous mentionné et qui deviendront actionnaires de la compagnie qui sera créée en une corporation (a body corporate and politic) pour tous buts ou objets relevant de l'autorité législative du Parlement du Canada, sauf la construction et l'entreprise de chemin de fer, de lignes ou télégraphiques ou téléphoniques, l'assurance, les trusts, les prêts et la banque et l'émission de papier-monnaie. Etant entendu que cela n'interdit pas aux compagnies de changer des contrats d'indemnités réciproques contre une perte par le feu ou autre, en vue d'inter-insurance.*

§ 2. — Rien dans l'Act ne peut être interprété comme autorisant la compagnie à émettre des billets au porteur ou promesse devant circuler comme monnaie ou billet de banque ou de s'engager dans les affaires de banque ou d'assurance.

§ 3. — Une compagnie peut être constituée en compagnie privée par la prescription dans ses lettres patentes ou lettres patentes supplémentaires:

a) De restrictions du droit de transférer ses actions;

b) D'une limite du nombre de ses membres à 50 (à l'exclusion des personnes qui sont à l'emploi de la compagnie ou qui étaient actionnaires lors de cet emploi et ont continué après la cessation de cet emploi à être membres de la compagnie);

c) De la défense d'inviter de quelque manière que ce soit le public à souscrire des actions ou des débentures de la compagnie.

Qu'est-ce qu'une corporation?

Nous allons en quelques lignes tracer l'histoire de la corporation:

Au temps de la conquête de l'Angleterre par les Normands, les villes et les cités dépendaient du roi et des seigneurs; à cette époque leur population ne comprenait que des marchands et des travailleurs. Avec le rétablissement de la paix dans le pays, le commerce se développa; les relations devinrent de plus en plus fréquentes entre les villes. Les bourgeois virent leurs affaires se développer et la prospérité renaître. Les cités les plus riches purent se libérer contre argent de leur dépendance vis-à-vis du suzerain; ainsi Henri Ier donna à la ville de Londres une charte, qui comportait, entre autres privilèges, le choix par les bourgeois des officiers de la municipalité. De nombreuses villes furent investies de tels privilèges. Le gouvernement local se généralisa dans toute l'Angleterre sous le règne de Jean Ier, de 1199 à 1216. Une cité ne pouvait se constituer en organisme indépendant du roi et des seigneurs qu'en vertu d'un pouvoir accordé dans une « charte ». Cette charte les autorisait à percevoir sur les habitants des impositions dont le produit était affecté à l'exécution des services municipaux. Elle dotait la ville d'une personnalité juridique, lui permettant d'agir comme une personne physique. A cette institution juridique fut donné le nom de « corporation ». Ainsi est née en droit anglais la notion de la personne morale que les Anglais, hommes pratiques, eurent l'occasion d'utiliser.

En effet, cette époque coïncide avec les expéditions de commerçants audacieux. Ils allaient chercher en Orient les épices demandées en Angleterre, et vendre dans les pays du Nord les étoffes de drap que fabriquaient les drapiers britanniques. Les risques étaient grands, aussi s'unirent-ils. Ils formèrent rapidement une puissance qui eut bientôt à son service plus de deux cents voiles sur mer. Cette puissance commerciale pouvait entrer en lutte avec les souverains. Ces derniers, pour se les concilier, leur accordèrent des privilèges et contribuèrent même à leur formation.

Ces commerçants constituèrent un fonds commun en prévision des pertes possibles et en lui attribuant une personnalité juridique, utilisèrent l'important avantage qu'ils avaient obtenu du roi dans la charte. Un rapprochement par analogie se fit avec les pouvoirs que les corporations municipales formées aussi par charte, avaient sur les fonds municipaux; la pratique judiciaire donna à l'association des commerçants le nom de compagnie et à la personne morale ainsi constituée celui de corporation.

Cette conception, suivie au moyen-âge, fut reprise avec

les grandes compagnies coloniales. Toutes furent constituées sur le même principe. Blackstone étudie cette évolution dans ses commentaires, où il constate qu'il existe plusieurs sortes de corporations: *les corporations de common law et les statutory corporations;* il les classe suivant les pouvoirs qu'elles ont et les range en trois catégories: *la public corporation, la quasi public corporation, et la private corporation* (1). Nous parlerons plus loin de ces corporations.

La corporation est une personne qui n'a pas d'existence réelle, elle est une simple abstraction légale. Son existence ne dépend pas de celle de ses membres; elle a une « *entity* » distincte de ces derniers; elle ne forme pas un « *aggregate* » de ses membres. C'est ce que nous pouvons déduire de quelques grands procès, bien que la question ne fut jamais posée de savoir si on devait attribuer la personnalité morale à la corporation; mais les juges n'ont jamais manqué de déclarer « corporation » tout être abstrait ayant les attributs de la personne morale.

Un exemple nous est donné en Angleterre par Salomon Salomon et Broderip/Salomon, où un certain Salomon avait constitué une compagnie composée exclusivement de membres de sa famille, ces derniers ne prenant que les parts strictement nécessaires pour être en conformité avec l'Act. L'apport Salomon à la compagnie était son fonds de commerce, il était notoirement solvable, et il restait administrateur de la société. Mais la société ne réussit pas et fut liquidée. L'actif ne suffisant pas aux créanciers de la compagnie; ceux-ci poursuivirent Salomon en paiement des dettes, se considérant comme créanciers personnels de Salomon. Le juge William Maugham admit leur prétention. La cour d'apppel la confirma, en déclarant qu'il y avait de la part de Salomon une intention de frauder l'act, car sa famille n'était qu'un paravent lui permettant d'obtenir la responsabilité limitée. Il y avait usage abusif de l'Act. d'autorisation. Cette interprétation ne fut pas retenue par la Chambre des lords qui admit la régularité de la constitution, s'appuyant sur le fait que cette compagnie avait reçu légalement tous les attributs d'une corporation, entre autres la discrimination entre les biens sociaux et les biens des associés. Cet exemple montre

---

(1) Ontario Act a. 2.

que la jurisprudence admet comme trait de la corporation la distinction entre le patrimoine de la compagnie et le patrimoine des associés.

Dans un autre cas anglais, Bank of Industan/Allison (1870 L.R. 6. C. P. 54) il est établi que la Banque de l'Indoustan est une corporation. L'arrêt s'appuie sur ce que l'action émise par la Banque ne concède qu'un simple droit au partage dans les bénéfices de la compagnie, et non un intérêt dans la propriété réelle ou personnelle de la compagnie.

Ces traits de la personnalité morale se retrouvent dans les relations admises entre l'actionnaire et la compagnie:

1° L'actionnaire n'a pas individuellement la saisine sur un bien de la compagnie, qu'il se base sur la commonlaw ou même sur l'equity. L'actif de la société constituée en corporation est la propriété de la compagnie, et non la propriété des actionnaires actuels.

2° Un membre d'une compagnie peut contracter avec elle, comme le ferait un étranger; ce qui montre bien que l'actionnaire est distinct de la compagnie, car on ne peut contracter avec soi-même. Cette situation relative de l'actionnaire persiste encore au moment de la liquidation. Il peut, comme tiers, présenter une réclamation pour toutes les sommes à lui dues par la société, mais il ne le peut pas en tant qu'actionnaire. On aurait pu présumer qu'il pourrait y avoir lieu à compensation, le jour où l'actionnaire deviendrait propriétaire d'une part sociale par suite de la liquidation; il n'en est rien, car il n'y a partage entre les actionnaires que le jour où la dernière dette de la compagnie a été payée.

3° Le contrat passé avec la compagnie ne donne pas le droit à son co-contractant d'agir contre les membres de la compagnie pour obtenir l'exécution de la prestation qui lui est due. Le créancier de la compagnie en tant que corporation n'est pas le créancier d'un ou de plusieurs associés; il ne possède qu'un seul recours; un recours contre la compagnie; son seul débiteur est la corporation. Nous ne pouvons ici que répéter les mots du juge Perrel dans Flit crofts Case « *that impalpable thing* ». Ces derniers mots traduisent bien la notion de la corporation. Nous allons la rapprocher de quelques définitions données par des jurisconsultes anglais, que nous trouvons dans un ouvrage de Cousineau sur les corporations.

a) Définition donnée par Thompson.

La conception la plus usuelle qu'on peut se faire d'une corporation, est la réunion de personnes naturelles, assemblées par le fait de leur volonté ou par le fait de la loi pour accomplir quelque but soit pécunier, soit idéal, soit même gouvernemental. Cette réunion est autorisée par la législation d'après un plan et par des méthodes prescrites et permises avec la faculté d'user avec continuité, comme un individu, d'un nom sous lequel elle peut contracter, obtenir des droits, poursuivre et être poursuivie, et agir comme une personnalité dans les limites des buts en vue desquels elle a été créée.

Cet homme de loi insiste sur l'importance de la continuité, de la succession dans le temps, et donne une certaine personnalité au nom.

b) Définition d'Angel et Ames.

La corporation est un corps créé par la loi, composé d'individus sans aucune communauté; les membres peuvent se succéder; cependant elle subsiste malgré le changement des individus et pour certains buts elle est considérée comme une personne morale.

La compagnie est une corporation qui ne peut pas avoir un capital divisé en actions (1). Les actes canadiens, notamment le Dominion Act dans la section 7 et le Québec Act, Part. III, Ontario Act s. 6, prévoient des compagnies constituées sans intention de faire un gain pécuniaire, mais dans un but national, patriotique, religieux, philanthropique, charitable, scientifique, artistique, social, professionnel, athlétique ou autre. C'est l'association du droit français, avec des pouvoirs plus larges, ne se basant pas sur les mêmes principes, puisqu'elle repose sur le principe de la « corporation ».

A ce propos signalons une théorie assez curieuse sur la qualité des biens d'une compagnie qui a été soutenue aux Etats-Unis, sous le nom de *Trust Fund*. Il a été soutenu qu'une corporation qui n'a pas de biens en propre, n'est qu'un trustee détenant les biens pour les actionnnaires et les créanciers. Il en découlerait pour ceux-ci le droit de poursuivre tout tiers débiteur vis-à-vis de la compagnie, si celle-ci leur semblait trop tarder à commencer des poursuites. Il y aurait abus de confiance « breach of trust ». Le Tribunal jugeant en équité peut remettre aux ayant-droits la possibilité de forcer la compagnie à exercer ses devoirs corporatifs.

Ce raisonnement nous semble, comme au juge Broadly, ne pas être en accord avec la loi anglaise quant à la nature des corporations. En effet qu'est-ce qu'une corporation? C'est une « distinct entity ». Pour nous Français, la société est une personne entièrement distincte de ses actionnaires. Comme telle, elle a droit à détenir un bien comme un être réel. Mais comme en Angleterre la notion de personnalité morale est inconnue, ainsi que nous l'avons dit, les hommes de loi ont essayé de l'adapter et sont arrivés aux mêmes conséquences que nous. puisque des juristes, comme Lindley, déclarent qu'une *incorporated company* a un actif, que cet actif est sa propriété et non celle de ses actionnaires actuels, que ses fonctionnaires sont vis-à-vis d'elle ses employés, qu'ils lui doivent des comptes pour toute « fraud » ou même pour « misadministration », mais que vis-à-vis des créanciers la corporation n'est qu'un débiteur ordinaire, il en résulte que sa propriété n'est pas donnée en trust aux créanciers, et que ces derniers n'ont pas sur ses biens un privilège.

Art. 7a. — *Quand il s'agit de créer une corporation devant poursuivre sans bénéfice pécuniaire, dans plus d'une province du Canada, un but national, patriotique, religieux, philanthropique, charitable, scientifique, social, professionnel, sportif ou autre de ce genre, les requérants qui sollicitent des lettres patentes à cette fin, et qui doivent avoir vingt et un ans accomplis, doivent déposer au secrétariat d'Etat une requête spécifiant:*

« a) *Le nom que projette d'adopter la corporation, et qui ne doit être celui d'aucune autre corporation, association ou compagnie connue, constituée en corporation ou non, ni être tel qu'on le puisse confondre avec l'une d'elles ni être autrement inadmissible pour des raisons d'intérêt public;*

« b) *Les objets pour lesquels est demandée la constitution en corporation;*

« c) *Le lieu, au Canada, où la compagnie doit avoir son siège principal;*

« d) *Les noms et prénoms au long, ainsi que l'adresse et la qualité de chaque requérant, avec mention spéciale des noms d'au plus quinze et d'au moins trois d'entre eux, qui doivent* être les premiers administrateurs ou les administrateurs ou trustees provisoires de la corporation.

« (2) La requête doit être accompagnée d'un memorandum d'association, fait en double, énonçant les statuts ou règlements de la corporation et contenant, plus particulièrement, des statuts ou règlements concernant:

« a) Les conditions d'admission pour les membres, ainsi que pour les sociétés ou compagnies qui désirent faire partie de la corporation;

« b) Le mode de tenir des assemblées, le droit d'y voter et de passer, abroger ou modifier des statuts ou règlements;

« c) La nomination et la destitution des administrateurs, des trustees, du comité ou des fonctionnaires, leurs pouvoirs respectifs et les honoraires qui peuvent leur être attribués;

« d) Les stipulations relatives à l'audition des comptes et à la nomination des vérificateurs;

« e) L'autorisation, pour les membres de se retirer de la corporation ou les conditions à remplir pour se retirer;

« f) Les stipulations relatives à la garde du sceau social et à l'authentification des pièces délivrées par la corporation.

« (3) Les requérants peuvent faire incorporer dans les lettres patentes tous statuts ou règlements qu'ils désirent, mais sans pouvoir désormais les abroger ou modifier si ce n'est par l'émission de lettres patentes supplémentaires.

« (4) Les statuts ou règlements, non incorporés dans les lettres patentes, peuvent être abrogés ou modifiés, mais ces changements ou modifications ne peuvent être mis en vigueur ou faire loi avant d'avoir été approuvés par le secrétaire d'Etat du Canada.

« (5) Toute corporation existante sans capital actions constituée en vertu d'une loi du parlement du Canada ou sous son régime pour réaliser l'un des objets énumérés au paragraphe 1 du présent article, peut, sous l'empire du présent article, solliciter des lettres patentes la constituant en une corporation conforme aux dispositions de la Partie I de la présente loi qui régissent les corporations constituées en vertu du présent article; et, dès que ces lettres patentes sont délivrées, lesdites dispositions régissent la corporation ainsi constituée.

« (6) 1. Les dispositions suivantes de la Partie I de la présente loi ne s'appliquent pas aux corporations constituées sous *le régime du présent article, savoir: les articles 7, 7B, 8, 9, 26, 33, les articles compris entre 38 et 43 inclusivement, entre 43A et 43D inclusivement, entre 45 et 54 inclusivement, entre 54A et 54F inclusivement, entre 55 et 68 inclusivement, entre 80 et 84 inclusivement, entre 86 et 88 inclusivement, les alinéas (d) et (e) de l'article 89, l'article 90, les articles compris entre 94A et 94C inclusivement, entre 101 et 104 inclusivement, les alinéas (j) et (k) du paragraphe (2) de l'article 105, et les articles 114 et 115.*

« 2. Les autres articles de la Partie I de la présente loi s'appliquent aux corporations formées en vertu du présent article.

« (7) Dans l'application, aux corporations formées en vertu du présent article, des articles de la Partie I de la présente loi qui régissent de telles corporations,

« a) Le mot « compagnie » est censé signifier une corporation ainsi constituée;

« b) Le mot « actionnaire » est censé signifier un membre d'une telle corporation;

« c) Lorsqu'une disposition requiert pour un certain objet le vote d'actionnaires représentant une partie déterminée de la valeur du capital d'une compagnie, cette disposition est censée signifier que la réalisation de cet objet exige le vote d'un nombre de membres de la corporation égalant la proportion déterminée en valeur.

A part ce cas exceptionnel, le capital est divisé en actions ayant une valeur nominale. Cependant, il est permis aux compagnies, dans le Dominion Stat. R. Ch. 79 a. 7 b, modifié en dernier lieu par chap. 33, 13. Geo V. et dans Québec Ch. 223 a. 8 S.R.Q. d'émettre des actions sans valeur nominale. Ces deux législations ont suivi la législation des Etats-Unis; car cette dernière a une certaine influence sur la législation canadienne, en raison de son voisinage et aussi de la concurrence que certains Etats des Etats-Unis peuvent faire dans le but d'obtenir l'incorporation de sociétés. Il arrive fréquemment par exemple que des Canadiens, fondant une société, la font incorporer dans le nouveau Jersey.

Les états de New-York, Delaware, Maryland, et autres, connaissent cette coutume.

Je n'insisterai pas davantage sur les points communs des législations voisines du Canada.

Au Canada ces actions sont données dans la pratique comme prime aux obligataires ou pour rémunérer les apports et les démarches qui ont pu être faits par les fondateurs. Ces actions sont considérées comme entièrement libérées ainsi que nous dit l'article 7 *b*. Nous en parlerons de nouveau à propos des actions et des obligations.

II. — *Des différentes Compagnies*

La compagnie du type le plus fréquent est une corporation ayant un capital composé d'actions évaluées au pair et dont les *possesseurs ont une responsabilité limitée.*

Ces actions peuvent être souscrites par le public et dans ce cas, un prospectus est publié.

L'actionnaire a pu répondre à l'appel d'une personne connue, ayant elle-même confiance dans la moralité du fondateur, et, dans ce cas, la compagnie se trouve réduite à un petit nombre d'actionnaires. Pour leur permettre de se connaître entre eux, la législation canadienne autorisa des restrictions relativement aux transferts. C'est la *Private Company* Anglaise que nous retrouvons dans la législation fédérale 43 c (2) Ch. 79 R. S. C. et dans l'Ontario S 2 (c) où elle porte aussi le nom de *Private Company* par opposition aux autres types de compagnie.

Aʀt. 43 C. — (2) *Le présent article ne s'applique, ni à une société privée, ni à une compagnie ayant procédé à une répartition d'actions ou d'obligations antérieurement au premier jour de janvier* 1818.

(3) *Pour l'application de la présente loi, l'expression « private company » s'applique à une compagnie dont les lettres patentes ou lettres patentes suplémentaires:* .

a) *restreignent le droit de transfert de ses actions;*

b) *limitent le nombre de ses membres (en dehors de ses employés actuels, et de ses anciens employés qui étaient membres de la compagnie et ont continué de l'être après avoir quitté leur emploi) à cinquante;*

c) interdisent tout appel au public pour la souscription de ses actions ou obligations.

(4) Pour pouvoir se transformer en compagnie publique, une compagnie privée, pourvu que rien dans ses lettres patentes ni dans ses lettres patentes supplémentaires ne s'y oppose doit, après vote par résolution spéciale à une assemblée générale de la compagnie convoquée à cette fin, déposer au secrétariat d'Etat du Canada une déclaration tenant lieu de prospectus, comme elle aurait eu à le faire si elle avait été compagnie publique, avant de procéder à la répartition de ses actions ou obligations, et elle doit obtenir des lettres patentes supplémentaires confirmant la résolution de la compagnie.

(5) Lorsque deux ou plusieurs personnes possèdent en commun une ou plusieurs actions d'une compagnie, elles sont considérées, en ce qui concerne l'interprêtation du présent article, comme ne formant ensemble qu'un seul actionnaire de la compagnie.

Signalons que l'acte sur les Compagnies, but de notre étude, est comme la loi générale des Compagnies. Cependant le Parlement a voulu tout en s'appuyant sur ces principes réglementaires, réglementer différentes entreprises; ainsi furent promulguées les lois suivantes:

Bank R. S. C. (1906) c. 34.

Railways R. C. (1919) c. 68.

Insurances Company R. S. C. (1906) c. 34.

Loan Company (1914) c. 40.

Trust. Company (1914) c. 99.

Ces différentes lois nécessiteraient à elles seules un travail aussi important que celui qui est l'objet de cette étude, et je me contenterai de les signaler.

III. — *Comparaison avec le Partnership*

Quand on parle de la compagnie, on veut tout de suite l'opposer au Partnership. Le partnership est régi par la Common Law. En droit anglais, non pas comme en droit français, le droit commercial n'est pas distinct du droit civil; autrefois ce furent deux droits séparés, car les commerçants eurent jusqu'à la fin du XVIIe siècle leur juridiction spéciale.

Les cours royales, jalouses de cette juridiction spéciale, s'approprièrent une partie des prérogatives des tribunaux de commerce. La *law merchant*, (jurisprudence commerciale) fut incorporée en bloc à la Common law à la suite des décisions du grand juge Lord Mansfield ainsi que l'indique Kent dans son « Short History of English Law ». La conséquence de cette assimilation fut d'appliquer au civil les usages commerciaux. C'est ce que nous voyons dans le Partnership.

Le *Partnership* est resté en droit anglais à l'état de relation contractuelle; il n'est pas devenu une institution spéciale comme la société dans le droit français, depuis que nous avons reconnu à la société, même civile, une personnalité. C'est plus qu'une co-propriété. Cette relation contractuelle n'existe qu'entre personnes dont le nombre n'est pas supérieur à cinq, et qui font des affaires en commun, dans le but de réaliser des bénéfices; elle peut exister pour l'exécution d'une seule affaire. Cette société a un nom, une raison sociale dénommée « firm ». Depuis quelques années de nombreux auteurs essaient d'y voir une personnalité morale que le partnership ne possède pas.

Les associés sont les uns vis-à-vis des autres dans la situation d'un *mandataire* vis-à-vis d'un *principal* (mandant). Les associés ne se trouvent tenus vis-à-vis des tiers que pour les actes faits intra vires. Il y a cependant eu récemment un essai d'en faire une personne morale en donnant aux tiers la possibilité de poursuivre directement la « firm » non de poursuivre individuellement les associés.

Les créanciers peuvent saisir la part en propriété d'un associé quand ils ont obtenu un jugement contre lui (Partnership act angl. 1890 a. 23). Ce que nous venons de dire démontre bien que le partnership n'est qu'un contrat et qu'il n'a pas le caractère d'une personnalité; cependant les associés y sont tenus responsables conjointement des dettes de la société; c'est une société *intuitu personæ*, composée de cinq associés au plus; les associés n'y peuvent transférer leur part à d'autres qu'avec le consentement de tous.

Ces quelques observations montrent combien la compagnie est distincte du partnership.

Je ferai remarquer que si le partnership de la Common Law est admis par la législation fédérale et par celle de l'Ontario, au contraire, le législateur de Québec admet notre société en nom collectif du droit français et lui reconnaît la personnalité morale d'après les principes suivis en France.

Je signalerai en terminant, que de nombreux auteurs, en particulier Lindley et Palmer, déclarent que les compagnies ne sont que des partnerships à pouvoirs plus étendus. Ce principe est admis par la jurisprudence fédérale canadienne; il a servi de base pour justifier le droit réclamé par un créancier, de bénéficier de la subrogation à la suite d'un emprunt *ultra vires*, dont l'argent aura servi à payer d'autres frais; ce principe admis également en Angleterre fut appliqué pour une compagnie fédérale, dans Wenleck Rives Dec. Cᵒ. Mais la jurisprudence de Québec n'a pas suivi; elle s'est appuyée au contraire sur un principe français: « On ne peut s'enrichir aux dépens d'autrui ». Puisque la somme a enrichi la société, celle-ci doit rembourser.

CHAPITRE III

LES FONDATEURS DE COMPAGNIES

Avant que les futurs membres d'une compagnie soient en état d'adresser une pétition au gouverneur ou de présenter un projet d'acte au parlement pour obtenir leur constitution, un travail préliminaire a été effectué dont je dois parler ici. Une ou plusieurs personnes agissant pour leur propre compte, ont eu l'idée de vouloir exploiter une industries ou un commerce. Souvent, après des modifications dans leur projet primitif, ils sont arrivés à mettre sur pied un projet provisoire. Ils ont alors recherché les moyens pratiques d'exécution ;des démarches ont été entreprises en vue d'obtenir des apports de particuliers, de sociétés, ou même l'aide de l'administration; des options leur ont été consenties pour la location ou l'achat des terrains, usines ou maisons de commerce. Des prix avantageux ont été envisagés pour la fourniture de matières premières; des marchés provisoires passés avec des commerçants pour vendre les produits de la future entreprise; des capitalistes ont accueilli favorablement leur proposition et ont promis leur participation ou leur aide financière. Ces hommes dont nous venons de parler, ce sont les fondateurs.

Ces personnalités, au cours de leur travail, encourent une certaine responsabilité vis-à-vis des actionnaires de la future compagnie. Leurs exposés n'avaient peut-être pour but que d'obtenir l'argent des souscripteurs en vue de l'engloutir dans la rémunération de leurs recherches, l'affaire n'ayant aucun avenir.

Ils se sont présentés aux tiers comme des représentants officiels de la compagnie; ils ont contracté des obligations. Les tiers auront-ils un recours contre eux? En auront-ils un contre la compagnie? Cette dernière pourra-t-elle exiger des fondateurs que ceux-ci la fassent bénéficier des contrats passés par eux? Quant à eux, ne pourront-ils pas s'attribuer des avantages personnels dans ces contrats? Pourront-ils se faire indemniser de leurs frais?

Qu'est-ce qu'un fondateur?

Avant de répondre à toutes ces questions, indiquons comment on reconnaît un fondateur. Nous trouvons dans quelques grands procès une définition assez précise du fondateur ou « *promoter* »: ainsi dans l'affaire Whaley bridge Green, le juge Bowen déclare: que c'est un terme de droit, un terme d'affaire sous lequel on fait rentrer un certain nombre d'opérations familières au monde commercial, à la suite desquelles une compagnie est créée.

Le grand jurisconsulte Lindley dans l'affaire Lydney and Wigpool contre Bind (1) dit: « Ce mot a un sens ambigu; il est nécessaire d'établir pour chaque évènement les actes qu'accomplit réellement le fondateur avant d'encourir des obligations.

Le juge Masten dit, dans son ouvrage sur les corporations: l'état de fondateur n'a pas un statut légal aussi défini que celui de l'actionnaire, auquel la loi attache certains droits en même temps que certaines charges. Ce mot n'a pas reçu de définition précise; cependant dans la pratique on considère comme fondateur toutes personne responsable dans le « getting-up » (mise en marche de la compagnie), tous les négociateurs des accords préliminaires, ceux qui donnent des instructions aux sollicitors, les administrateurs provisoires.

Le juge White dans son ouvrage sur les corporations déclare que ce mot n'a aucune signification technique; il s'applique en effet à toute personne qui prend une part active ou qui donne l'idée de former une compagnie, qu'elle y reste ou n'y reste pas. Il ajoute aussi qu'il ne suffit pas d'avoir l'intention d'être un fondateur, qu'il faut l'être en fait. Sur ce dernier point, aucune règle générale n'existe.

La solution à la question: qui est le fondateur? est une question de fait; ainsi qu'il est dit dans le procès Emma, Silver, Mining C° (2), où il s'agissait de savoir si un homme qui s'était présenté comme fondateur en raison de ses actions pouvait être reconnu comme tel et jusqu'à quel point.

Les fondateurs ne sont pas seulement ceux qui forment ac-

---

(1) 1880 Q.B.D.
(2) 1886 33 Ch. D. 85.

tuellement la compagnie, mais tous ceux qui y ont participé à un moment quelconque, comme il a été jugé dans le cas précédemment cité, où des tiers, se refusant à être reconnus comme fondateurs, s'étaient entendus avec le propriétaire d'une mine pour la vendre à une compagnie, que justement formait celui que nous avons toute raison d'appeler fondateur. Après cette vente, les tiers incriminés avaient été nommés courtiers en métaux de la compagnie. Dans l'enquête qui précéda le jugement, ils furent considérés comme fondateurs en raison du rôle qu'ils avaient joué dans la formation de la société et tenus de dévoiler aux actionnaires leur contrat particulier.

Quand une personne est dite « fondateur » d'une compagnie elle ne doit pas, en raison de sa situation, obtenir un un avantage secret (*Derive a secret advantage*). C'est la conséquence générale de l'état de fondateur; c'en est même une essentielle; car les futurs membres d'une compagnie n'ont eu confiance dans un fondateur que parce qu'ils présumaient de sa part dans tous ses exposés une bonne foi entière. Le juge estime que si les « promoters » obtiennent un avantage en raison de leur situation, leur honnêteté exige qu'ils le fassent connaître. En cas de non divulgation, ils encourent une responsabilité vis-à-vis de ceux dont ils sont devenus les mandants.

Cette obligation de révéler aux membres de la compagnie les avantages secrets qu'ils ont pu obtenir résulte des rapports existants entre eux et la compagnie qu'ils créent. Leur situation, en tant que fondateur, leur donne un pouvoir considérable dans la direction et le contrôle de l'affaire. Cette influence se fera sentir bien longtemps après la création de la société. Il ne faut pas oublier que c'est du travail des fondateurs que dépend l'avenir de la compagnie. Aussi, comprend-on qu'une « *fiduciary relation ship* » soit considérée comme existant entre les promoteurs et la compagnie. La fiduciary relation ship, ainsi qu'elle est conçue en conformité avec les principes d'équité fait qu'aucune personne ne peut, en raison de sa situation, influer par son contrôle sur l'esprit ou les actions de l'autre. Ce sont les mêmes rapports qui existent entre un mandat et son mandataire à propos des « profits secrets » (1).

Ce principe a été reconnu et clairement énoncé pour la

____

(1) Digeste Jenks a. 523.

première fois dans l'affaire Erlanger contre New Sombrero Phosphate C° (1878 3 App. Cas. 1218).

La relation contractuelle fiduciaire existant entre les fondateurs et la compagnie diffère du trust, c'est-à-dire de l'achat par les fondateurs en vue d'une rétrocession à la compagnie future. Cependant un homme qui achète une maison avec l'intention de la revendre à une compagnie future n'est pas rendu par là, *ipso facto*, fondateur, même s'il avait en vue sa formation future; celle-ci formée, il n'en est pas rétroactivement fondateur.

A proprement parler, la situation de fondateur vis-à-vis d'une compagnie n'est réelle que du jour où la société existe. Cependant, il faut estimer que le promoteur se trouve lié avec elle du jour même où il commence à agir en faveur de la compagnie qu'il a l'intention de fonder. L'opinion commune est que le fondateur ne peut, en travaillant au profit de la compagnie, rechercher aucun avantage personnel. Si jamais il voulait s'en faire adjuger, il devrait les révéler intégralement à la compagnie dont il est le représentant.

Ce principe est bien fixé dans un cas d'Ontario: Benett contre Havlock (1) où quatre fondateurs avaient reçu du vendeur une portion du prix d'achat et n'avaient pas révélé ce paiement. Ils furent tenus d'en rendre compte à la compagnie. On peut citer également dans ce sens le Re British Seamless Paper Bow C° (1881 17 Ch. D. 1867).

2. — *Que doit faire le fondateur vis-à-vis de la compagnie?*

Dans le cas de bénéfices retirés de ses relations pécuniaires avec la compagnie au cours de la fondation, il doit la pourvoir d'un corps indépendant d'actionnaires qui protègeront la compagnie, qui jugeront sur le contrat qu'elle doit passer: Les principes énoncés dans: Gluckstein/Barnes (2) et Bennett/Havlock confirment cette règle. On ne considère pas comme régulier un conseil composé uniquement de personnalités fictives désignées par le fondateur, c'est-à-dire des hommes de paille. Quand aucun profit secret n'a été stipulé ou qu'il n'y a eu aucun essai

---

(1) 21 O.L.R. 120.
(2) 1900 A.C. 240.

de cacher un tel contrat, le fondateur n'est pas obligé de le révéler, même si les articles d'associations mentionnaient que le marché serait passé au prix fixé. On comprend que dans de tels cas il en soit dispensé et que la compagnie ne soit pas astreinte à former un Conseil (Omnium électric Baines 1914 1, Ch. 332).

Le fondateur sera dispensé de former un conseil si tous les membres de la compagnie connaissent les faits et approuvent la transaction. Il en sera de même s'il n'y a aucune émission publique d'actions.

Dans le procès intenté par l'Attorney général à Standard trust, où l'acte incorporatif autorisait l'achat de certains biens, comme toutes les personnes intéressées dans le capital concouraient à l'achat, et qu'elles conaissaient toutes les circonstances de la transaction, les fondateurs furent considérés en droit de garder la totalité du profit retiré de cette vente.

Que se passe-t-il en cas de non convocation du conseil? et quand il n'existe aucune dispense de le former? Le fondateur sera forcé d'abandonner tout profit (Gluckstein Barnes) (1900 A. C. 240). Si ce profit consiste en actions entièrement versées, elles seront annulées. S'il consiste en sommes reversées par un vendeur, l'argent ne pourra être conservé. Quand la rescision ne sera pas possible, une procédure en dommages-intérêts sera généralement intentée (Leeds/Hanley 1902 2 Ch. 1909).

Le plus souvent, nous entendons parler de « *secrets profits* », quand un fondateur vend à une compagnie une propriété qu'il avait acquise, lui étant fondateur; la compagnie peut prétendre qu'il n'a acquis que comme agent ou *trustee* pour la compagnie et même un révélation du contrat antérieur ne pourrait lui permettre de garder par devers lui un bénéfice. Car ici nous devons considérer la compagnie comme représentée par le fondateur.

La jurisprudence canadienne a suivi dans Graham/Canadian development (1913 12. D. C. R.) la thèse de Palmer exposée par ce professeur dans son livre sur les compagnies. Cependant, signalons que le juge Sargant l'a critiquée dans Omnium électric palace/Baines (préc. cit.). Notamment dans ce dernier procès, il fut admis qu'un fondateur pouvait occuper vis-à-vis d'une compagnie la position de vendeur, qu'il n'était pas nécessairement un *trustee*, qu'il n'y avait là qu'une question de fait dépendant des circonstances. Les juges d'appel Cozens, Hardy et Swinfen Eady confirmèrent cette opinion.

Le fondateur peut, au moment de la formation de la compagnie, avoir entre ses mains, un bien, qu'il possède à un titre juridique quelconque, et désirer le transférer à la compagnie. Il ne lui est pas interdit de réaliser un bénéfice au cours de cette vente.

Un exemple nous est donné dans Highway Advertising Cº. Ellis 1904, 7.O. L. R. 504; les fondateurs avaient acquis une patente, avant l'incorporation d'une compagnie qu'ils formaient et cela avant qu'ils eussent fait leur premier acte en tant que fondateurs. Le juge d'Ontario estima qu'ils avaient droit de garder le prix, « *considération* » qu'ils avaient reçu.

Si un fondateur vend un bien à une compagnie, ainsi que nous l'avons dit plus haut, il la pourvoira d'un office impartial entre lui et elle, et s'il ne le fait pas, le contrat passé pourrait être rescindé. Souvent cette rescission est devenue impossible et la compagnie se trouve sans recours contre le fondateur si elle ne peut prouver une fraude ou la fausseté de l'exposé fait par le « promoter ».

Le fondateur peut encore être un membre du syndicat qui a acheté le bien, puis a formé la compagnie pour acquérir ce bien; plus tard, il est devenu administrateur et, dans sa fonction, a voté l'achat sans faire connaître l'intérêt qu'il avait pris dans l'affaire. La compagnie a la liberté de rescinder ce contrat, mais elle ne peut pas demander seulement le remboursement du profit, sauf en cas de fraude ou d'exposés faux. Si la rédaction du prospectus indiquait que les membres du syndicat étaient des administrateurs de la compagnie et que, de plus, un profit avait été retiré de l'opération, cela constituerait une sorte de « disclosure » (1).

Le prospectus rédigé par des fondateurs- vendeurs, mentionnera qu'ils sont les vrais vendeurs et, en cas d'irrégularités, ils seront tenus de dommages-intérêts vis-à-vis de la com-

---

(1) Cette déclaration est exigée par le Dominion Act. Sect. 43 et l'Ontario Act. Part. 7. La province de Québec a suivi cette règle dans ses derniers statuts refondus Ch. 225 et exige que la révélation de ces contrats soit faite dans un exposé remis au Secrétaire de la Province.

pagnie. Ils ne peuvent nullement se dissimuler derrière un *trustee*. La compagnie pourra leur réclamer la différence entre la valeur exacte de la propriété et le prix de vente payé par elle.

3. *Le fondateur peut-il se faire rembourser les dépenses exposées?*

Le fondateur peut, au cours de ses démarches constitutives, faire des dépenses dont le but n'est pas d'en retirer un profit pour lui, mais seulement pour la future compagnie, aussi peut-il chercher à se faire rembourser ces dépenses. Nous devons entendre par là uniquement celles qui sont en connexion avec la formation et l'organisation de la compagnie; le droit payé au secrétaire d'Etat pour l'émission des lettres, le coût de la préparation de la pétition, les frais occasionnés par la tenue des premières assemblées, la préparation du prospectus, l'impression des actions.

Quand les fondateurs s'engagent ou font les dépenses énumérées plus haut, ils sont des « *agents* » contractant pour un « *principal* » inexistant. La compagnie n'est pas liée par leurs engagements (English colonial Produce/Rotherham C°). Aussi pour obvier aux inconvénients de cette règle, a-t-on pris l'habitude d'insérer parmi les pouvoirs de la compagnie une clause lui permettant de payer les dépenses engagées pour sa formation. Mais la situation n'est pas plus favorable pour le fondateur (Empress Engineering C°) car les tiers peuvent toujours se retourner contre lui; certes il aura la possibilité, grâce à la clause ci-dessus énoncée, d'intenter une action en remboursement contre la compagnie. La compagnie n'a pas, du fait de cette clause, la possibilité de passer par-dessus la tête du fondateur pour obtenir des tiers des avantages analogues à ceux que celui-ci avait déjà obtenus, et dont il demeurerait responsable vis-à-vis d'eux.

Ainsi un fondateur se trouve tenu de certaines obligations en raison de sa situation; il ne peut, n'étant pas considéré comme un agent de la compagnie, se faire rembourser les dépenses préliminaires que si, dans l'acte de formation, il a fait insérer une clause spéciale.

4. *La Compagnie ne peut-elle profiter des contrats que le fondateur a passés?*

La compagnie, étant inexistante jusqu'au jour de l'incorporation, ne peut pas ratifier, au sens juridique du mot, ce que ses fondateurs avaient fait dans la période précédente; mais, par un nouveau contrat, elle peut « assumer » (prendre à sa charge) un contrat fait par un fondateur. Le grand juriste anglais Lindley admet cette manière de faire et la confirme en disant: une résolution prise simplement en vue d'adopter ou de ratifier ce qui a été fait est insuffisante pour lier la compagnie. Cette façon de voir est admise dans un cas de Québec: la compagnie générale de Boissons canadiennes Duquesne.

Le fait que dans la suite, les parties exécutent les termes du contrat, croyant que la compagnie est liée, n'enlève pas à cette dernière le droit de ne pas assumer le contrat, mais elle doit le faire expressément (re Northumberland avenue hôtel (1886 33 Ch. D. 16). En conséquence les fondateurs qui contractent au nom de la compagnie le font à leurs risques et périls. Ils peuvent se trouver personnellement responsables si la compagnie, après son incorporation, opte pour le refus de l'obligation. Le seul responsable tenu est le fondateur et non la compagnie; puisque cette dernière n'existait pas, au moment où le contrat est passé, elle ne peut être le débiteur principal.

Cette responsabilité du fondateur découle des règles mêmes du contrat auxquelles on peut emprunter aussi le principe suivant: la Compagnie a le droit de réclamer le bénéfice des actes des fondateurs.

Quelquefois des règles expresses dans le statut, permettent à la Compagnie de réclamer le bénéfice de contrats faits avant l'incorporation. Les relations juridiques existant entre une Compagnie et ses fondateurs ne permettent pas à ces derniers de garder par devers eux un bien qu'ils n'ont acquis qu'en vue de la formation de la Société, ainsi que nous l'avons vu plus haut.

Le titre juridique établissant les droits des fondateurs peut être transféré *ipso facto*, en raison d'une règle contenue dans l'acte. Cependant il est prudent, pour avoir la preuve de ce transfert, de passer une « *conveyance* ».

5. Quelle sorte de responsabilité encourent les fondateurs?

Il est bon de donner quelques précisions sur ce point car, pour former une Compagnie, des dépenses sont toujours faites et on peut se demander qui en sera tenu en cas de non-formation? Ce sont les fondateurs qui en sont tenus vis-à-vis des créanciers; ils se trouvent, en un certain sens, être des « parteners ». Cependant, ils n'encourent pas la responsabilité des associés ordinaires. C'est ce qu'a expliqué Boyd dans Sandusky Coal Co/Walker (1). L'ensemble des futurs « corporators » n'est pas nécessairement tenu comme les associés en ce qui concerne les actes accomplis avant l'incorporation.

Nous nous trouvons en présence d'un quasi-partnership, en ce sens que tous ceux qui prennent une part active dans l'exécution des actes ou qui sanctionnent ou qui ratifient la conduite des affaires, deviennent tenus comme des associés. L'étendue ou le montant de la responsabilité entre eux dépend du nombre des actions qu'ils détiennent et non de leur nombre. C'est sur ce pied que se répartissent les profits et les pertes. Il en résulte une différence pratique au point de vue de la preuve: les associés sont tenus, sans avis de l'obligation encourue; au contraire la preuve devra être établie que le fondateur avait connu l'obligation ou y avait consenti.

Dans la province de Québec, il est admis que la signature de la pétition d'incorporation rend ceux qui la signent tenus conjointement et solidairement des frais dus à l'homme de loi pour obtenir l'incorporation: Auger/Corneillier [1891 R. J. Q. B. 293.)

Ce fondateur ne peut poursuivre un co-promoter pour rémunération de service en l'absence d'accords expressément établis. Ainsi dans un procès. Des demandeurs avaient transféré des mines à un défendeur, fondateur d'une Compagnie; celui-ci leur avait promis un nombre proportionné de bons et d'actions qu'il obtiendrait à la suite d'un arrangement avec la nouvelle Compagnie lors de sa mise en marche. Il devait réunir ses biens à ceux des autres; mais pour mettre ces mines en valeur il fut obligé d'emprunter à un tiers de l'argent. L'em-

---

(1) 1896 27. O. R.

prunt ne fut consenti que contre remise d'une partie des « securities » de la nouvelle Compagnie qu'il avait obtenues en raison du transfert de ses biens. Le fondateur fit une déduction importante sur le montant des bons qu'il avait à remettre aux demandeurs, le tribunal n'admit pas ce moyen de recouvrer l'argent avancé puisque le défendeur n'avait pas obtenu l'accord des demandeurs.

6. *Rapports entre les fondateurs et les actionnaires*

Bien souvent avant la souscription du capital par les actionnaires, des exposés sont faits par les fondateurs, soit par écrit soit dans des conversations, n'ayant pas d'autre but que d'inviter à souscrire. Une déclaration faisant croire que la future Société fera de bonnes affaires, même en exagérant ou en déformant un peu la réalité, est tolérée; l'ensemble des souscripteurs doit être assez au courant des affaires projetées pour pouvoir discriminer ce qui est exact et se décider en toute liberté. Les faits doivent être dits tels qu'ils sont; on ne peut les transformer. La loi a voulu protéger les futurs souscripteurs, non contre l'exagération, qui ne peut provoquer qu'un *dolus malus* qui est cependant toléré, mais surtout contre l'inexactitude ou la fausseté des exposés.

Art. 43. — *Dans la présente loi, à moins que le contexte n'indique le contraire, le mot « prospectus » a le sens qui lui est assigné ci-après, à savoir: « prospectus » signifie toute notification, circulaire, annonce, ou autre invitation, adressée au public pour lui offrir des actions ou obligations mises en vente ou en souscription.*

Art. 43 A. — *Tout prospectus émanant d'une compagnie ou publié au nom d'une compagnie ou relatif à une compagnie doit être daté, et cette date, sauf preuve du contraire, consitue la date de publication de ce prospectus.*

Un exemplaire de tout prospectus, signé par tous ceux qui y sont désignés comme administrateurs au administrateurs proposés, ou par leur représentant autorisé par écrit, doit être remis au secrétaire d'Etat du Canada pour enregistrement au plus tard le jour même de la date de publication, et aucun exemplaire ne doit en être délivré avant cet enregistrement.

(3) *Le secrétaire d'Etat du Canada ne doit enregistrer aucun prospectus qui ne serait pas daté et signé comme il est spécifié dans le présent article.*

(4) *Tout prospectus doit porter, en tête, la mention qu'un exemplaire en a été enregistré comme il est spécifié dans le présent article.*

(5) *Un prospectus, publié sans avoir été enregistré comme il vient d'être spécifié, rend la compagnie et toute personne ayant sciemment participé à sa publication passibles, par jugement sommaire, d'une amende maximum de vingt dollars par jour à partir du jour de la publication dudit prospectus jusqu'au jour de son enregistrement.*

Art. 43 B. (1). — *Tout prospectus publié par une compagnie, ou en son nom, ou par une personne engagée ou intéressée dans la formation de cette compagnie, ou l'ayant été, ou au nom de cette personne, doit énoncer :*

a) *Le contenu des lettres patentes et des lettres patentes supplémentaires, avec les nom, qualité et adresse des signataires de la requête, et le nombre d'actions souscrites respectivement par chacun d'eux; le nombre de parts de fondateur, d'actions de dividende ou d'actions différées, ainsi que la nature et l'importance de l'intérêt des porteurs dans les propriétés et les bénéfices de la compagnie;*

b) *Le nombre d'actions, s'il y en a, fixé par les statuts pour la qualification d'un administrateur, et les conditions voulues par les statuts de la compagnie pour la rémunération des administrateurs;*

c) *Les nom, qualité et adresses des administrateurs ou des administrateurs proposés;*

d) *Le minimum de souscription imposé pour que les administrateurs puissent procéder à une répartition, et le montant à verser lors de la souscription et lors de la répartition; et dans le cas d'une seconde émission ou d'une émission ultérieure d'actions, le montant offert en souscription, à chaque répartition antérieure dans les deux années précédentes, ainsi que le montant réellement réparti avec versements, s'il y en a, effectués sur le prix des actions ainsi réparties;*

e) *Le nombre et le montant des actions et obligations émises ou dont l'émission a été convenue pendant les deux années précédentes, entièrement ou partiellement libérées au-*

trement qu'en espèces. Dans ce dernier cas, le prospectus doit établir jusqu'à quelle concurrence ces actions ou obligations doi- vent être libérées ainsi et, dans l'un ou l'autre cas, contre quel versement ces actions ou obligations ont été émises ou propo- sées, ou leur émission projetée;

f) Les nom et adresse des vendeurs de toute propriété ache- tée ou acquise par la compagnie, ou dont elle se propose de faire l'achat ou l'acquisition, payable pour tout ou partie sur les recettes effectuées par suite de l'émission annoncée dans le prospectus, ou dont l'achat ou l'acquisition n'était pas complé- tée à la date de publication du prospectus avec le montant paya- ble au vendeur en espèces, actions ou obligations. S'il y a plus d'un seul vendeur ou si la compagnie est sous-acquéreur, le montant payable à chaque vendeur, pourvu que, si certains vendeurs sont constitués en firme, ils ne soient pas traités comme vendeurs séparés;

g) Le montant (s'il y en a) payé ou payable comme prix d'achat, en espèces, actions ou obligations, pour l'acquisition de toute propriété, comme il est dit ci-dessus, en spécifiant le mon- tant (s'il y en a) attribué au fonds de commerce (good will);

h) Le montant (s'il y en a) payé pendant les deux années précédentes, ou payable à titre de commission pour le place- ment ou la souscription d'actions ou d'obligations de la compa- gnie avec le taux des commissions. Quant aux commissions payables à ceux qui auraient traité avec les personnes ayant garanti un certain chiffre de souscriptions (subunderwriters) il n'est pas nécessaire d'en indiquer le montant;

i) Le montant ou l'estimation des frais préliminaires;

j) Le montant payé dans les deux précédentes années, ou devant être payé, à tout promoteur, et la contre-prestation de ce paiement;

k) Les dates de tout contrat avec le nom des contractants, l'indication du lieu et du temps où chaque contrat, ou sa copie, pourra être facilement consulté, sauf, en ce qui concernerait un contrat relatif aux affaires traitées ou à traiter pour le com- merce habituel de la compagnie, ainsi qu'en ce qui concerne tout contrat remontant à plus de deux ans avant la date de publi- cation du prospectus;

l) Les noms et adresse des vérificateurs des comptes de la compagnie (s'il y en a);

m) *Des détails complets sur la nature et l'importance des intérêts (s'il y en a) possédés par tout administrateur dans la promotion de la compagnie ou dans des propriétés que la compagnie se propose d'acquérir, ou, si les intérêts de tel ou tel administrateur consistent à être associé dans la firme, la nature et l'importance des intérêts de la firme, avec une note de toutes les sommes payées ou à payer à cet administrateur ou à la firme, en espèces, actions ou autrement, par toute personne, soit pour l'engager à devenir administrateur ou pour lui procurer ses actions statutaires, soit pour d'autres services rendus par lui ou par la firme, se rapportant à la promotion ou à la formation de la compagnie;*

n) *Si la compagnie a des actions de plus d'une classe, le droit de vote aux assemblées de la compagnie est conféré respectivement à chacune de ces classes d'actions.*

(2) *Pour l'application du présent article, toute personne ayant figuré dans un contrat ferme ou conditionnel, pour la vente ou l'achat, ou option d'achat, concernant une propriété acquise ou à acquérir par la compagnie, est tenue pour vendeur dans les cas suivants:*

a) *Si le prix d'achat n'est pas entièrement versé à la date de publication du prospectus;*

b) *Si le prix d'achat doit être payé ou converti, en tout ou partie, sur les opérations d'émission faites par le prospectus;*

c) *Si la validité du contrat ou son exécution dépend du résultat de cette émission.*

(3) *Lorsqu'une propriété que la compagnie doit acquérir est prise à bail, le présent article s'applique comme si le terme « vendeur » signifiait aussi bailleur, et comme si l'expression « prix d'achat » comprenait aussi le prix du bail, et l'expression « sous-acquéreur » celle de sous-locataire.*

(4) *Est nulle toute condition invitant ou obligeant un souscripteur d'actions ou d'obligations à renoncer aux prescriptions du présent article, ou ayant pour but de l'influencer en vertu d'un contrat, document ou affaire, non spécifié dans le prospectus.*

(5) *Lorsque le prospectus, tel qu'il est décrit dans le présent article, est publié en annonce de journal, il n'est pas nécessaire de spécifier, dans cette annonce, le contenu des lettres patentes et lettres patentes supplémentaires, ni les noms des*

signataires de la requête, ni le nombre des actions souscrites par eux.

(6) En cas de non-observation des dispositions du présent article, un administrateur, ou toute autre personne responsable du prospectus, n'encourt aucune responsabilité relativement à cette non-observation s'il prouve:

a) Qu'il ignorait les affaires non révélées; ou

b) Que la non-observation des prescriptions résulte d'une ereur de fait commise par lui de bonne foi.

Toutefois, en ce qui concerne les infractions aux prescriptions de l'alinéa m du paragraphe 1 du présent article, l'administrateur, ou une personne responsable, n'encourra de responsabilité à ce sujet que s'il est prouvé qu'elle avait connaissance des affaires dissimulées.

(7) Le présent article ne s'applique pas à une circulaire ou à un avis invitant les membres actuels ou les obligataires d'une compagnie à souscrire des actions ou des obligations de la compagnie, avec ou sans la faculté de transporter leur droit à d'autres personnes; mais, sauf ce qui est dit plus haut, le présent article s'applique à tout prospectus publié relativement à la formation d'une compagnie ou en vue de cette formation, ou subséquemment à cette formation.

(8) Les dispositions du présent article concernant : les lettres patentes et lettres patentes supplémentaires, la qualification, la rémunération et les intérêts des administrateurs; les nom, qualité et adresse des administrateurs ou des administrateurs proposés; le montant ou l'estimation des frais préliminaires, ne s'appliquent pas à un prospectus émis plus d'un an après la date à laquelle la compagnie a commencé ses opérations.

(9) Rien, dans le présent article, ne limite ni ne diminue aucune des responsabilité encourues en vertu du droit commun ou, exception faite pour le présent article de la présente loi.

Art. 43 C. (1). — Une compagnie ne doit procéder à aucune répartition de ses actions ou obligations sans avoir, au préalable, déposé au secrétariat d'Etat du Canada une déclaration tenant lieu de prospectus signée par toutes les personnes désignées come administrateurs ou administrateurs proposés de la compagnie, ou par un mandataire autorisé par elles par écrit, dans la forme prescrite par la Formule F de la première annexe *à la présente loi, et contenant tous les renseignements exigés par ladite formule.*

Art. 43 D. (1). — *Lorsqu'un prospectus invite le public à souscrire des actions ou des obligations d'une compagnie, toute personne étant administrateur de la compagnie au moment de la publication du prospectus et toute personne ayant autorisé que son nom fût inscrit dans le prospectus comme administrateur ou comme ayant consenti à devenir administrateur de la compagnie, soit immédiatement, soit pour une époque ultérieure, ainsi que tout promoteur de la compagnie et que toute personne ayant autorisé la publication de ce prospectus, est passible de dommages-intérêts envers tout souscripteur des actions ou obligations, qui lui auraient valu des pertes ou dommages causés par un renseignement inexact contenu dans ce prospectus ou dans un rapport, ou memorandum inséré en tête ou incorporé par renvoi ou publié simultanément, à moins que cette personne, administrateur ou promoteur, ne prouve :*

a) En ce qui concerne tout renseignement inexact n'étant pas donné comme basé sur l'autorité d'un expert, ou d'un document officiel, qu'il était suffisamment fondé à estimer que le renseignement était exact et qu'il l'avait cru tel jusqu'au jour de la répartition des actions ou obligations, suivant le cas;

b) En ce qui concerne tout renseignement inexact donné comme basé sur une copie ou un extrait de rapport ou d'évaluation d'expert, ou sur un renseignement d'expert, que cette reproduction a été faite avec exactitude et fidélité. Cependant l'administrateur ou la personne citée comme tel ou le promoteur, ou celui qui a autorisé la publication du prespectus est passible de dommages-intérêts comme il est dit ci-dessus si l'on établit qu'il n'était pas raisonnablement fondé à estimer que celui qui avait fourni le renseignement ou rédigé le rapport ou établi l'évaluation avait compétence pour ce faire;

c) En ce qui concerne toute affirmation inexacte prétendant être émanée d'un personnage officiel ou être la copie, ou un extrait d'un document officiel public, que la reproduction était exacte et conforme, à moins qu'il ne soit démontré:

i) Qu'après avoir consenti à être administrateur de la compagnie, il a retiré son consentement avant la publication du prospectus et que cette publication a été faite sans son autorisation ou son consentement;

ii) *Que le prospectus a été publié à son insu et sans son consentement, et que lorsqu'il eut appris cette publication il a immédiatement donné avis suffisamment public que ledit prospectus avait été publié à son insu ou sans son consentement; ou*

iii) *Que, après la publication de ce prospectus et avant répartition en conséquence, en apprenant que ledit prospectus contenait des inexactitudes, il a retiré le consentement qu'il avait donné à sa publication et, par avis suffisamment public, il a fait connaître ce retrait et le motif de ce retrait.*

(2) Lorsqu'une compagnie, existante au 1er septembre 1917, a émis des actions et obligations et, dans le but d'augmenter son capital au moyen d'une émission d'actions ou d'obligations, publie un prospectus, un administrateur n'est responsable d'aucun renseignement contenu dans ledit prospectus que s'il en a autorisé la publication, ou s'il l'a accepté et ratifié.

(3) Lorsque le prospectus contient le nom d'une personne citée comme étant administrateur de la compagnie, ou ayant consenti à le devenir, alors que cette personne n'y a pas consenti ou a retiré son consentement avant la publication du prospectus, et n'a pas autorisé cette publication ou n'y a pas consenti, les administrateurs de la compagnie, sauf ceux à l'insu ou sans le consentement desquels le prospectus est publié — ainsi que toute autre personne se trouvant dans le même cas — sont tenus d'indemniser la personne nommée comme il vient d'être dit, pour tous dommages, frais et dépenses qui peuvent lui incomber par suite de l'insertion de son nom dans le prospectus, ou par suite de la nécessité où elle se trouve mise, par ce fait, d'avoir à se défendre contre tout procès ou action légale intentée contre elle à ce sujet.

(4) Toute personne qui, comme administrateur ou désignée comme tel ou ayant accepté de devenir administrateur, ou ayant autorisé la publication du prospectus, devient passible de paiement en vertu du présent article, peut obtenir remboursement, par exemple en cas de contrat, de toute autre personne qui, si elle avait été actionnée séparément, aurait été passible d'effectuer le même paiement, à moins que la personne ainsi devenue passible ne soit coupable d'allégation frauduleuse et que l'autre personne ne le soit pas.

(5) Pour l'interprétation du présent article:

L'expression « promoteur » s'applique à un promoteur

ayant participé à la préparation du prospectus ou à la partie dudit prospectus contenant le renseignement inexact, mais ne comprend aucune personne employée, du fait de sa participation, à titre professionnel, par les personnes engagées dans la formation de la compagnie;

L'expression « expert » comprend les ingénieurs, les priseurs, les comptables et en général tous ceux dont la profession donne autorité à leurs déclarations ».

Ainsi qu'on l'a vu plus haut l'article 43 précise ce qu'il faut entendre par fausseté: ces règles ne s'appliquent qu'aux sociétés qui émettent un prospectus en vue de réunir un capital par souscription publique. Le prospectus sera daté, signé par celui qui l'envoie, l'émetteur; il sera soumis au Secrétariat d'Etat pour l'enregistrement; aucun exemplaire ne pourra être délivré avant enregistrement. Si ce prospectus a été publié sans être enregistré, toute personne qui a sciemment participé à sa publication se rend passible d'une amende qui peut monter à 20 dollars par jour à partir du jour où il a été offert au public jusqu'au jour de son enregistrement.

Par qui est-il publié? Par une personne engagée ou intéressée dans la formation de cette Compagnie, ou qui l'a été ou en son nom.

Que doit-il énoncer? L'art. 43 B nous l'indique.

Il est bien entendu que les contrats qui devront être portés à la connaissance du public seront des contrats qui, en raison de leur nature, peuvent influer sur l'avenir de la Société. Si le souscripteur les avait connus, il n'aurait pas souscrit. Les connaissant, il apprécie les aléas qu'il peut courir en devenant membre de la Compagnie.

Connaissant les obligations incombant à un fondateur dans la confection du prospectus, étudions la responsabilité qu'il encourt en cas de non-observation des dispositions du présent article.

La sous-section 6 délimite cette responsabilité:

Elle n'est pas encourue: 1° en cas d'ignorance des affaires non révélées;

2° si la non-observation des prescriptions ci-dessus résulte d'une erreur de faits commise de bonne foi.

De même l'article 43 B 2 indique: « Le fondateur n'est pas passible des dommages-intérêts envers un souscripteur pourvu qu'il prouve avoir rempli les conditions énoncées sous *a b c* de l'article 43 *b* précédemment cité.

Cette responsabilité est fondée sur un *tort;* donc la maxime *actio personalis moritur cum persona* s'applique. L'action est forclose par la mort de l'administrateur. Cependant, si les victimes de la manœuvre frauduleuse du fondateur peuvent prouver que ce dernier en ait retiré un bénéfice appréciable en argent, une action en remboursement peut être ouverte contre les héritiers [1917 2 Ch. 108].

Que peuvent réclamer les souscripteurs? Ils ne peuvent réclamer que la perte subie par eux en raison de l'exposé incorrect. Il est facile d'évaluer le dommage. En effet, il consiste en la différence qui existe entre la somme souscrite et la valeur en bourse des actions au moment de « l'allotment » (Shepheard /Brome 1904, A. C. 342).

Si le souscripteur ne conservait pas les actions, dans ce cas seul il pourrait réclamer la totalité de son versement.

Quel exposé peut donner à un actionnaire un droit à un recours? Il faut que l'assertion mensongère « material » y figure, Bettie/Lord E. Bury 1872.

Ainsi on ne se basera pas sur l'intention du fondateur; tout revient à une question de fait. En dehors de ce point, il s'agira de rechercher si l'actionnaire n'a été amené à souscrire qu'en raison de l'exposé. La jurisprudence anglaise a admis qu'une expression ambiguë serait assimilée à une expression mensongère. Le jurisconsulte Halsbury a déclaré: « Il est suffisant de prouver que, dans la suite ordinaire des événements, l'effet naturel et probable d'un exposé faux était d'influencer l'esprit d'un être normal « *representee in the man alleged* ».

Le recours n'est admis que si l'actionnaire a été « *misled* » (induit en erreur) et a souscrit des actions en raison de l'exposé; il faut que sa perte puisse être attribuée au rapport; son recours ne se base que sur le trop de confiance qu'il a mis dans l'exposé; Smith/Chadwick 1894 9 Ac. 1897.

Quelle sera la nature du recours? Le recourant peut agir contre le *promoter* lui-même par l'action de « deceit » ou contre la Compagnie ou se servir de ce motif comme « defence » lors d'un appel sur les actions ou agir au criminel contre les administrateurs. L'action de « deceit » repose sur une « *mis repre-sentation* », déclaration fausse ou inexacte ou une omission. Cette dernière constitue l'artifice par lequel une personne en trompe une autre. Cette manœuvre sera « fraudulent »; elle devra porter sur fait substantiel; elle sera sciemment fausse, elle doit tromper effectivement et causer un dommage, en cela c'est un délit. Aussi considére-t-on que l'intention de tromper de la part de l'auteur est la preuve essentielle à administrer. Ce dernier trait l'oppose à l'action en rescision dont nous aurons l'occasion de parler plus loin.

Le simple silence « n'est pas un motif à l'action en « deceit » sauf dans certains cas; au contraire, il l'est pour une action en rescision. La fraude, étant l'élément essentiel, devra être prou-vée pour permettre au plaignant de recourir ». Derry/Peek 1889 14 A. C. 337.

La preuve du faux exposé doit être administrée. Quand l'exposé a été cru exact par les fondateurs, l'action tombe, ainsi que nous l'avons vu, à propos de l'art. 43 B. Aussi, pour faire admettre leur prétention, les demandeurs devront prouver la mauvaise foi des fondateurs.

Action en rescision

C'est une action découlant du contrat, elle est dirigée con-tre la Compagnie et non, comme la précédente, contre les fon-dateurs. Ici, on considère la matérialité du fait invoqué, c'est ce que la preuve devra établir, car c'est en raison de ce fait que le souscripteur a agi et a subi un dommage; il n'est pas du tout ici question de tromper. Même si le contrat est exécuté, l'actionnaire est en droit de demander la rescision (Farrel/Man-chester 1908 40 S.C.R. 339). Cependant l'opinion contraire a été admise par certains tribunaux.

L'action étant intentée contre la Compagnie, une preuve préliminaire est requise; elle montrera que le prospectus est bien l'acte de la Compagnie ou qu'elle en est tenue en raison d'un pouvoir général ou spécial donné à un agent de la Compagnie. Notamment quand il est publié par des fondateurs, le prospec-tus sera un véritable acte de la Compagnie si celle-ci a réparti les actions souscrites.

Le droit de rescinder comprend le refus, de la part de l'actionnaire, de conserver sa situation d'actionnaire, donc il ne peut garder devers lui ses actions et poursuivre pour dommages.

Ce contrat, passé à la suite d'un faux exposé est annulable et non nul; donc, le droit de rescinder peut se perdre par suite d'une confirmation. L'actionnaire peut avoir connu l'*inexactitude* des faits et passer un acte qui tient lieu « *d'affirmance* ».

Le souscripteur peut aussi perdre son droit à la rescision par son retard à intenter une action. Il a intérêt à agir promptement car, comme nous venons de le dire, son inaction pourrait être tenue comme une confirmation ou comme une preuve d'acquiescement à l'exposé. Le délai ne commencera à courir que du jour où il a eu connaissance, où il s'est rendu compte, de la fausseté des exposés. Tout revient à une question de fait pour savoir s'il y a eu retard. Nous pourrions rapprocher cette situation du dol en droit français.

Le droit à la rescision se perd par suite du « *winding-up* », liquidation de la Compagnie. La responsabilité du souscripteur est devenue une responsabilité statutaire, l'obligeant à verser le montant non payé de ses actions; le montant dont il est redevable est considéré comme un « *asset* », actif de la Compagnie et une « *debt* » due à la Compagnie. Le droit de l'actionnaire va à l'encontre des créanciers et des contributories. Cependant, le droit de rescision est sauvegardé si la demande en justice a été intentée avant le winding up order; le demandeur pourra être autorisé à continuer sa procédure (Johnston/Eward 1907 31 Qu. S. C. R. 36). De même si, au cours d'une demande de la compagnie pour appel de fonds, il a formé une demande reconventionnelle, le souscripteur lésé peut reprendre les motifs qu'il aurait pu exposer dans l'action même (1).

Au cours d'une défense à une action pour appel de fonds une souscription obtenue au moyen d'exposés faux servira de moyen de défense. Le défendeur devra également prouver qu'il a répudié ses actions, qu'aucun de ses actes n'indique de sa part l'intention d'assumer le statut d'actionnaire. Rappelons que la Compagnie est tenue par tout exposé « material » fait par un « agent », qu'elle a autorisé à faire des démarches auprès de personnes suscepibles de devenir actionnaires.

---

(1) Dans la pratique, les actions en *deceit* et en *rescision* se combinent en une seule.

Les administrateurs peuvent être aussi poursuivis au criminel en raison de la S. 444 du Code Criminel pour exposés faux insérés dans un prospectus.

Qui a droit au recours? Ordinairement c'est le souscripteur originaire; car on ne voit pas comment le transféré pourrait agir en rescision ou en dommages-intérêts pour faux exposé contenu dans un prospectus; il faudrait qu'il fût en état de prouver qu'il a subi une perte en raison du trop de confiance qu'il a mise dans le prospectus. Cette perte a pu résulter des relations qui existaient entre le rédacteur du prospctus et lui et ce n'est qu'en raison de celles-ci qu'il est devenu un « allottee » (Peek/Gurney 1873, L.R. 6 H.L. 403). Cependant, quelquefois le prospectus ne s'adresse pas seulement aux souscripteurs, mais aussi aux futurs acheteurs qui les obtiendront des souscripteurs. Ici aucun doute ne peut subsister, car un recours est possible de la part du « transferee » (Andrews/Mac Far 1896, I.Q.B. 372). Cela permet d'élargir le droit au recours pour « deceit ». Le droit à un recours sera enlevé à tout signataire de la pétition et du memorandum. Nous pouvons invoquer à cet effet deux décisions: La première rendue à Québec: Bergeron/Jonquière 1913, 22 Q. K. 341, et la seconde en Ontario; Buff Pressed Buck C°/Ford 1915 33 Ont. L. R. 264.

Ainsi les signataires, en raison du dommage qu'ils risquent d'encourir, seront intéressés les premiers à contrôler l'exactitude des déclarations qui leur sont faites par les fondateurs, ainsi un premier contrôle s'exercera vis-à-vis des fondateurs. Souvent il est bien illusoire car les pétitionnaires seront généralement des fondateurs qui seront enclins à être partiaux pour eux-mêmes.

CHAPITRE IV

DE LA FORMATION DES COMPAGNIES

Les fondateurs dont nous avons défini les rapports existant entre eux et la future compagnie, contribuent, avec les futurs employés de la nouvelle Société, à former cette dernière. Quelles formalités doivent-ils remplir pour arriver au but désiré?

§ 7. — *Les requérants doivent avoir au moins vingt et un ans révolus.*

Ils déposent au département du Secrétaire de la province une requête contenant les déclarations suivantes:

a) Le nom projeté de la compagnie qui ne doit être celui d'aucune autre compagnie connue, constituée ou non en corporation (sauf si cette dernière y consent), et qui ne peut être confondu avec quelque autre dénomination sociale, ni être autrement inadmissible pour des raisons d'intérêt public;

b) Le ou les objets pour lesquels la constitution en corporation est demandée;

c) La localité, dans la province, où sera établi le bureau principal;

d) Le montant projeté du capital-actions;

e) Le nombre des actions et le montant de chaque action;

f) Les noms en toutes lettres, ainsi que l'adresse et la profession de chaque requérant, avec mention spéciale des noms d'au moins trois d'entre eux qui doivent être les premiers directeurs ou directeurs provisoires de la compagnie;

g) Le nombre et montant des actions souscrites par chaque requérant.

La Québec Co (art. 7, 8, 9, 10, 11, 12), ainsi que la Ontario Co Art. a 5 reprennent les mêmes termes en remplaçant le Secrétaire d'Etat par le Lt. Gouverneur (Je ne parle que de la formation de Compagnie par demande de lettres patentes).

Cet article exige que les pétitionnaires aient au moins 21 ans. Ils seront au moins cinq, aucun minimum d'actions détenu par les futurs membres n'est fixé. Il semble (et la jurisprudence paraît le confirmer) qu'il n'est pas illégal de former une Compagnie dénommée « one man » si toutes les formalités régulières ont été remplies. Nous pouvons citer à l'appui Salomon (Salomon 1897 A. C. 22 et Lagunas Co, Lagunas Syndicate 2, Ch. 392, ainsi que le propose M. Masten dans On Company Law.

Les premiers souscripteurs doivent être majeurs. Si l'article était tourné, la Compagnie n'acquérait pas une existence légale.

Les requérants doivent déposer au service compétent une requête. Ce qu'elle contient nous est indiqué dans l'article 7 qui est repris presque textuellement dans S.R.Q. 7 Ch. 223 et Ont. Co. Art. 6.

1° Le nom projeté sous lequel la Compagnie est constituée et qui ne doit être celui d'aucune autre compagnie connue, constituée en corporation ou non, ni être tel qu'on le puisse confondre avec quelque autre dénomination sociale, ni être autrement inadmissible pour des raisons d'intérêt public. D'où la nécessité pour une Compagnie, avant d'adresser sa demande, de faire des recherches sur la possibilité de prendre le nom envisagé. Du reste, le fonctionnaire qui recevra la pétition peut, conformément à l'art. 12 du Dom. ou 8 Ontario, 10 Quebec, donner à la Compagnie un nom différent de celui qui a été proposé par les requérants s'il le trouve sujet à objection. Rien d'analogue n'existe en France.

Une compagnie existante peut autoriser une future compagnie à prendre son nom à la suite d'un accord écrit signé par tous ses membres, les signatures ayant été certifiées sincères et véritables. De même l'usage du mot « Impérial » ou de toute dénomination pouvant faire croire à un appui Royal ou Gouvernemental, comme: Couronne, Roi, Reine, n'est autorisé que pour des motifs pouvant se justifier. Les Autorités ne veulent pas que les tiers croient le Gouvernement intéressé dans cette affaire. La même règle peut être invoquée quand on trouve dans le nom les mots « Canadian » ou « Dominion ».

Ce nom pris, et la compagnie nouvelle incorporée, seulement à ce moment tous ceux qui subiraient un préjudice du fait de ce nom peuvent demander, suivant la procédure ordinaire, au Secrétariat, le changement de nom de la compagnie. Quand les raisons invoquées sont péremptoires, le Secrétaire d'Etat peut prendre un arrêté changeant ce nom; sinon le ministre en sera averti et tranchera entre les parties, mais non vis-à-vis des tiers. Aussi s'est-on demandé si le litige pouvait être porté devant les tribunaux; la Cour, en accordant les lettres patentes en particulier le nom, a concédé une franchise irrévocable; le droit d'en jouir ne saurait être mis en question devant les Cours (Travellers/Travellers 20 O. K. 8.437). Comme en Angleterre où la procédure consiste à adresser une injonction à la cour, cette pratique est suivie par les cours canadiennes.

A ce propos citons l'article 21 Dom. C° 19 Québec C°, 8 Ont. C°:

21. S'il est démontré, à la satisfaction du Secrétaire d'Etat que le nom de la compagnie, que ce nom lui ait été donné soit par les premières lettres patentes, soit par des lettres patentes supplémentaires, ou à la suite d'une fusion, est le même que celui d'une compagnie existante, constituée ou non en corporation, ou y ressemble tellement qu'il puisse être confondu avec ce nom, le Secrétaire d'Etat peut ordonner la délivrance de lettres patentes supplémentaires relatant les lettres patentes antérieures et changeant le nom de la compagnie en quelque autre qui est indiqué par les lettres patentes supplémentaires.

L'art. 21 du Dom. Co indique quelles sont les compagnies qui peuvent formuler une objection: c'est une compagnie existante constituée en corporation. Au contraire, un simple individu, un groupe et même un « partnership » n'a aucun droit en raison de cet article, mais garde ses droits en vertu de la Common law, en prouvant l'artifice ou la « *contrivance* » (1). Mais ce cas ne rentre plus dans le droit des compagnies au vrai sens du mot. Cette protection est accordée aussi à une compagnie étrangère qui a un marché établi dans le pays. Quels motifs peuvent invoquer ces tiers ou le Secrétaire d'Etat?

Le secrétaire a admis la compagnie Linde Canadian Refrigeration C° Ltd à côté de la Linde British Refrigeration C° Ltd mais n'a pas admis British Canadian Canners à côté de Domi-

nion Canners; ni la Laing Packing and Provisiens C° à côté de
Laing C° 1904 Q.R. 25, S. C. 344.

D'une façon générale, les grands principes invoqués sont
ceux qui sont allégués en matière de « *trade mark* », marque de
fabrique: similitude d'affaire, d'entreprise autant que de nom.

Une compagnie peut obtenir le consentement d'une compagnie co-existante à se servir de son *trade-name*: (Montréal
Litographing 1899, A. C. 610). Au contraire, une compagnie
provinciale ne peut prendre le nom d'une compagnie fédérale
(Semi Ready/Semi Ready 1910 15 B. C. R. 301). Dans un autre
procès: Montreal/Travellers 1911 20 K. B. Que 437, une compagnie américaine avait intenté un procès pour interdire à une
société canadienne de continuer à porter un nom qui, suivant
elle, n'avait été choisi que pour induire en erreur le public,
pour le « deceive ». Il fut jugé, vu que la compagnie a été incorporée par un acte du parlement, qu'il n'est pas permis aux
cours d'intervenir quand il s'agit de l'usage du nom qui a été
conféré par le parlement; car cela reviendrait à refuser à une
compagnie canadienne les droits que lui a remis le parlement.
En prononçant ce jugement, le juge Lavergne s'appuyait sur
ce fait que cette compagnie avait été incorporée par un acte
du parlement. Il en serait de même pour une Compagnie autorisée par lettres patentes.

2° *L'objet pour lequel est demandé la constitution en corporation.* Les pétitionnaires définiront avec grand soin ce qu'il
faut entendre par objet. Nous ne pouvons ici citer que Palmers
dans: Company Law où il montre l'importance d'avoir défini
avec précision l'objet d'une compagnie: « En résumé, l'expérience prouve qu'il vaut mieux, en fixant l'objet, être explicite,
et éviter autant que possible les doutes et les difficultés surgissant inévitablement de l'interprétation d'un exposé trop concis.
C'est la raison pour laquelle nous trouvons si fréquemment des
exposés plus ou moins travaillés. Certes, nous ne pouvons le
cacher, ils pêchent un peu trop par l'excès de détail, mais un
travail plus que fini vaut mieux que trop de concision. Rien ne
sera plus gênant pour des administrateurs que de se trouver en
présence de pouvoirs mal définis qu'ils seraient amenés à préci-
ser eux-mêmes; ils pourraient se voir empêchés de faire une
affaire ou ne pas la réussir suivant les espoirs qu'ils en avaient
fondés simplement parce qu'un rédacteur de memorandum

d'association aura rédigé ces pouvoirs sans retenir tous les cas qui peuvent être raisonnablement prévus et n'aura pas demandé les avis nécessaires, et qu'il avait pensé, contrairement à ce qui a lieu en fait, que l'homme d'affaires connaissait suffisamment en raison de son expérience les pouvoirs qui sont ordinairement remis à une Compagnie, et qu'il lui suffisait d'en indiquer, d'une façon concise, les objets.

Aussi, pour obvier à cet inconvénient, les objets seront donc indiqués d'une façon claire et en termes bien réfléchis; les premiers rédacteurs n'omettront, pour aucun motif, des clauses que l'expérience a précédemment montrées et montre encore comme nécessaires pour la marche d'une entreprise; mais il n'est pas indispensable de répéter dans les lettres patentes les pouvoirs que le statut donne à la compagnie, ni ceux que les statuts lui enlèvent. Nous aurons l'occasion dans le chapitre suivant d'étudier d'une façon plus complète les différents pouvoirs remis à une Compagnie en vertu des statuts.

3° Le Lieu où doit être admis le siège principal de la compagnie.

4° Le montant projeté du capital social. Le capital dont il est question ici est le capital autorisé et non le capital que la socété peut émettre.

5° Le nombre des actions et le montant de chaque action.

6° Les noms des requérants; les noms des administrateurs provisoires.

7° Le montant des actions souscrites par chaque demandeur ainsi que celui du versement qui a été déjà fait et comment il s'est effectué.

8° Les différentes sommes d'actions que la compagnie a l'intention de créer.

8. *La requête doit être conforme à la formule A de l'annexe de la présente Partie, et peut demander l'insertion dans les lettres patentes de toute disposiion qui, sous l'empire de la présente loi, pourrait être établie par les règlements de la compagnie ou par règlement des directeurs, approuvés par un vote des actionnaires; et la disposition ainsi insérée ne peut, à moins d'énonciation contraire dans les lettres patentes, être révoquée ni modifiée par règlement.*

9. *La requête doit être accompagnée d'un mémoire de*

convention, fait en double et scellé; ces deux pièces peuvent être dans des termes analogues et, dans leur teneur essentielle, doivent être conformes aux formules A et B de l'annexe de la présente loi.

10. Préalablement à la délivrance des lettres patentes, les requérants doivent établir, à la satisfaction du Secrétaire d'Etat la suffisance de leur requête et de leur mémoire de convention, la vérité et la suffisance des faits y énoncés, et que le nom proposé pour la compagnie n'est celui d'aucune autre compagnie connue, constituée en corporation ou non, ni un nom susceptible d'être confondu avec tel autre nom; et le secrétaire d'Etat reçoit à cet effet et conserve en dépôt toute déposition nécessaire, faite par écrit, sous serment, sous affirmation ou sous déclaration solennelle.

13. Le Secrétaire d'Etat du Canada doit immédiatement donner avis de la concession de lettres patentes par un insertion dans la Gazette du Canada, suivant la formule C de l'annexe de la présente loi; et dès lors, à dater de l'émission des lettres patentes, les personnes mentionnées dans ces lettres, ainsi que les personnes qui ont souscrit le mémorandum d'association ou qui deviennent subséquemment actionnaires de la compagnie, et leurs successeurs, constituent une corporation et un corps politique sous le nom mentionné dans les lettres patentes.

Cette pétition sera faite conformément à la formule A, que le Dominion C° Act donne en annexe; il peut y être inséré toute réglementation qui sera faite dans la suite par les administrateurs et qui aurait été approuvée par les actionnaires; l'effet de son insertion sera, à moins d'énonciation contraire, de ne pouvoir être révoquée ou être modifiée par un règlement. Cette requête sera accompagnée (S. 8 D.) d'un mémoire de convention qui sera conforme à la formule B de l'annexe, où les requérants conviennent de prendre séparément et non solidairement le nombre d'actions qui a été émis en regard de leurs noms et d'accepter d'être actionnaires pour ce nombre. Ce memorandum, comme la pétition, sera signé par tous les requérants et par les témoins qui attesteront la conformité de la signature comme l'indique l'art. 10 précédemment cité.

ART. 4. — *Les dispositions de la présente partie relatives aux formalités à observer pour obtenir des lettres patentes ou lettres patentes supplémentaires ne sont que réglementaires; et des lettres patentes ou lettres patentes supplémentaires obtenues en vertu de la présente partie ne sont ni nulles ni annulables à raison de quelque irrégularité dans ces formalités.*

Cet article qu'on retrouve dans art. 5 et R.S.Q.c. 223) établit la validité d'une charte d'une compagnie, incorporée en vertu de cet article, ne peut, en aucune circonstance être « Collateraly Attacked » ou mise en question dans une action intentée par ou contre la compagnie dans une autre intention.

En conséquence de la règle de l'article 4 D, la charte d'une compagnie incorporée en vertu de l'acte ne peut être mise en discussion même dans une action intentée dans ce but en raison d'une simple irrégularité dans la procédure préliminaire à l'accord de la charte. De plus, la forfaiture de la charte ne peut être arguée par une personne privée; elle ne peut l'être que par l'Attorney général; la procédure à suivre par un tiers sera de solliciter de l'Attorney ou du ministre de la justice une autorisation pour intenter l'action en leur nom.

L'article 111 confirme cette règle en déclarant que personne n'a le droit de prétendrequ'une compagnie est non-existante ou illégale jusqu'à ce qu'un décret ait été pris dans ce sens par la Cour à la suite d'une procédure régulière. Signalons de suite qu'aucun texte analogue n'existe dans l'Ontario Act. Aussi dans Hamilton/Townsend 13 A. R. 534, il a été permis à des défendeurs de prouver qu'une compagnie n'avait jamais eu un caractère corporatif, en raison de la non-exécution des conditions qui sont ordinairement exigées pour obtenir cette reconnaissance. En effet, les pétitionnaires n'étaient que des mineurs, parce que certains d'entre eux n'avaient pas la capacité exigée d'après l'Act. Cependant, une simple irrégularité relativement à la « machinery » est tolérée; un certificat ne pourrait pas être attaqué pour ce motif. De même dans les travaux préparatoires à la constitution d'une société, des incorporators qui avaient signé la pétition étaient en nombre insuffisant; cette compagnie qui rentre dans le cas suivant peut être déclarée « *invalid* » inexistante si: 1° les buts qu'elle se propose sont entièrement en dehors de l'acte en vertu duquel l'incorporation est demandée; 2° s'il y a fraude ou un exposé faux dans une demande d'incorporation. Dans Québec de toutes petites irrégularités peuvent être corrigées par le secrétaire de la province qui peut prendre sur lui d'émettre des lettres correctes.

Une fois constitués en corporation les actionnaires vont pouvoir organiser la nouvelle compagnie.

En Ontario, les premières assemblées sont réglementées comme en Droit anglais a 43 et 117.

Dans la pratique une réunion des administrateurs provisoires est convoquée, au cours de laquelle il est procédé à la lecture des lettres patentes et à la répartition des actions souscrites par les pétitionnaires dans le memorandum. Les actionnaires effectuent le versement. Une première assemblée est fixée avec son ordre du jour; des avis sont envoyés à tous les actionnaires indistinctement, ce sera l'assemblée constitutive (1). Son rôle est: 1° Approuver la conduite des administrateurs provisoires, ce qui entraîne l'approbation des lettres patentes; 2° Elire des administrateurs permanents; 3° Voter les by-laws « règlements » qui fixeront l'administration de la compagnie, le nombre d'actions qui devront être détenues par les administrateurs, les droits des employés à contracter au nom de la compagnie, la possibilité pour la compagnie d'emprunter à une banque, d'obtenir une ouverture de crédits.

Les administrateurs définitifs se réunissent après cette assemblée, exécutent les « by-laws » acceptés par l'assemblée constitutive et nomment les employés.

Une deuxième assemblée d'actionnaires est convoquée en vue de ratifier les by-laws qui ont pu être pris par le conseil d'administration. Souvent, le jour de cette deuxième assemblée a été fixé au cours de la première. Les administrateurs nommeront les premiers « auditors » et fixeront leur rémunération. Ils donneront à la compagnie (1) en plus de ses livres de compte et de tous ceux qui sont nécessaires aux affaires de la compagnie: 1° Le share certificate book; 2° Le minut book (où figurent le rapport des assemblées d'actionnaires et le compte-rendu des séances du Conseil d'administration; 3° Le livre des transferts; 4° Le livre des actionnaires prescrit par l'art. 89. Ces derniers livres sont ouverts à l'inspection de tout actionnaire (2).

---

(1) Cette assemblée n'est pas prévue dans la loi fédérale et celle de Québec.
(2) Voir Chap. VII.

Cette compagnie pourra commencer ses affaires dans le délai fixé par la charte.

A ce propos signalons que des règles spéciales ont été édictées.

26. *La compagnie ne peut commencer ses opérations ni contracter aucune obligation avant que dix pour cent de son capital autorisé n'aient été souscrits et versés.*

Elles se retrouveront dans le chap. 23 Québec Cᵒ et dans l'Ont. Cᵒ.

Cette clause interdit à une compagnie de faire des affaires avant qu'une certaine partie du capital ait été souscrite et versée. Ce principe joue également quand le capital est formé par actions sans valeur nominale. Il n'en faut pas déduire que pour tout contrat passé avec les administrateurs de la compagnie la conséquence sera de rendre les administrateurs responsables avec la compagnie. Le contrat passé dans ces conditions reste valable. Ainsi que le croit le juge Cameron dans un procès du Manitoba: Muldowan/German Canadian Land Cᵒ 1909 19 Man L. R. 667. Ce raisonnement pourrait se déduire du fait qu'un tiers traitant avec les personnes menant les affaires d'une compagnie a le droit de supposer que ce qui est fait ou qui peut être fait est conforme aux statuts de l'association. C'est ce raisonnement sur lequel nous nous appuierons pour rendre valables les actes faits par un *officer de facto*, c'est-à-dire un agent nommé hors statut. Nous pourrions en rapprocher le French Gas. Saving Cᵒ/Desbarats Advertising Agency 1912 D. L. R. 136, où des administrateurs furent condamnés conjointement et solidairement avec la Compagnie.

N'oublions pas qu'une compagnie qui a commencé ses affaires trop tôt peut voir sa charte forfaite.

Une compagnie peut se transformer par suite d'amalgamation: 1ᵒ par un transfert de son caractère corporatif avec ses franchises, capacités et pouvoirs à une autre corporation; 2ᵒ par un transfert de son actif corporatif, de ses droits et obligations actuels ou accessoires à d'autres compagnies; 3ᵒ par une transmutation de ses membres à une autre; 4ᵒ par une novation des droits des créanciers de telle sorte que leurs droits et prétentions contre elle n'existent plus et qu'une nouvelle société soit devenue leur débitrice.

Comment s'effectue l'amalgamation? 1° Par un acte d'une législature provinciale; 2° en vertu de la section 10 Ontario et 18 Québec; 3° D'après un pouvoir de la charte de vendre l'entreprise contre actions d'une autre compagnie, quand tous les actionnaires concourent à l'amalgamation.

Nous pouvons rapprocher de l'amalgamation la « reconstruction » qui, elle, n'est faite que pour permettre à une compagnie d'obtenir d'autres pouvoirs ou de les élargir: ainsi d'émettre des actions de préférence. Pour obtenir la reconstruction on suit les mêmes méthodes que pour l'amalgamation.

Plus loin, nous aurons l'occasion de parler des lettres supplémentaires qui interviennent pour étendre ou réduire les pouvoirs d'une compagnie (chapitre V), pour modifier le capital (chapitre VI).

Forfaiture

L'article 27 D que nous retrouvons dans 27 Québec C° et 28 Ontario C° énonce :

27. *La compagnie encourt la déchéance de sa charte par le non-usage, pendant trois années consécutives, ou faute de commencer réellement ses opérations dans le délai de trois années à compter du jour où elle a été accordée.*

Qu'est-ce qui est désigné sous le nom de forfaiture ou annulation?

La Couronne a pu accorder l'incorporation, à la suite de manœuvres frauduleuses ou d'une faute ou d'une erreur causée par ignorance d'un fait matériel ou par ignorance des limites de sa prérogative; elle peut retirer ce qu'elle avait accordé auparavant. De même, elle a pu accorder à plusieurs ce qu'elle ne peut donner qu'à un seul; aussi ce dernier pourra-t-il lui demander de révoquer les lettres par elle données. En raison du droit concédé, un dommage a pu être causé à autrui, ce dernier pourra être autorisé à se servir du nom de la Couronne dans une procédure de Scire Facias.

La forfaiture peut résulter aussi de l'arrivée d'un événement comme le prévoit l'art. 27 cité plus haut et sera obtenue à la suite du Scire Facias. Ce droit de forfaire une charte n'appartient qu'à la Couronne ou à l'Etat quand la charte n'a pas été accordée suivant les règles; il peut être exercé à tout moment. Il le sera aussi contre tout fonctionnaire d'une corporation qui agirait contrairement aux règles de la charte ainsi que pour toute autre cause pouvant mettre en danger l'existence de la corporation. Remarquons qu'en Ontario ce droit n'est pas remis aux Cours; il n'appartient qu'au lieutenant-gouverneur en conseil.

Ainsi que nous l'avons déjà dit, l'illégalité d'une charte ne peut être invoquée, comme moyen de défense; seul le Pouvoir supérieur a le droit d'émettre un doute sur la légalité d'une charte. Cependant, cette règle n'est pas toujours suivie, notamment dans Québec; ainsi il a pu être invoqué comme défense quand une compagnie se trouve complètement désorganisée, qu'elle n'a plus ni président, ni administrateurs (C° du Cap Gibraltar/Lalonde M. L. R. 50 E. 127), de même si elle a violé son acte d'incorporation (Windsor Hôtel/Murray).

Nous ferons remarquer qu'aux Etats-Unis si des privilèges sont accordés sous condition de les exercer dans un certain temps pour l'accomplissement d'un acte dans un temps déterminé, tous les Etats ne s'accordent pas pour déclarer que le non-accomplissement de la condition entraîne *ipso facto* la forfaiture mais ouvre la possibilité, pour l'Etat, de révoquer l'Act. Le juge américain Thompson pense que la vraie doctrine est la suivante: il y a lieu à forfaiture quand le statut créateur d'une compagnie déclare qu'en cas d'inexécution de la condition, ses pouvoirs en tant que corporation sont éteints, et ses franchises sont révoquées de telle sorte que la compagnie cesse d'exister *ipso facto* dans l'Etat, sans qu'il soit nécessaire pour lui de déclarer législativement la forfaiture ou de rendre un jugement à la suite d'une procédure de forfaiture. Pour lui, établir si l'action est collatérale ou directe toutes les fois qu'il est nécessaire de le faire pour protéger des droits ou redresser des torts, est une question de fait.

Signalons à ce propos qu'il y a deux sortes de forfaiture: celle qui résulte de common law et celle qui découle du statut.

Dans la première, le gouvernement n'a aucun droit pour déclarer la forfaiture, si ce n'est après avoir suivi une procédure en vue d'établir son droit à la requérir. Dans la seconde, le gouvernement la déclare immédiatement en vertu de son droit législatif de modifier les conséquences de la procédure du common law.

Tout revient donc à une interprétation du statut. Cette question a été discutée dans Dominion Salvage and Wrecking C°/Attorney Générale of Canada 1892, S. C. R. 72; un act d'incorporation prévoyait la mise en marche de l'affaire dès la souscription de 100.000 dollars et le paiement de 30 0/0 à une *chartered* banque, le tout devant être fait dans les six mois; alors seulement les administrateurs provisoires pouvaient convoquer une assemblée et commencer les opérations; mais 60.500 dollars seulement furent souscrits; une action fut intentée au nom de l'Attorney général pour révoquer la charte; la Cour suprême déclara que la souscription de 100.000 dollars faite de bonne foi était la condition préalable à une organisation légale de la compagnie. A ce propos le juge Taschereau déclarait que la condition était subséquente à l'incorporation en même temps que préalable à une organisation de la compagnie, et elle était par là impérative et non simplement « directory »; les pouvoirs des administrateurs provisoires cessent; l'incorporation provisoire tombe. La non-exécution d'une condition n'éteint pas *ipso facto* une compagnie, mais l'extinction peut être obtenue sur demande spéciale de l'Attorney général (R/Compagnie de Chemin de fer M. et O. 14 Q. L. R. 255.)

Cette condition peut être « subséquente ». La Cour suprême ayant eu à se prononcer sur ce point estima que le forfait n'en serait pas la conséquence immédiate mais seulement pourrait servir de motif à une procédure intentée au nom de l'Attorney.

Certains avaient pensé à demander par *scire facias* l'annulation partielle des lettres; comme ce serait un moyen indirect de créer une corporation contraire à l'intention de la Couronne, cette espèce d'annulation n'a pas été admise. La corporation sera donc entièrement éteinte. L'effet de la procédure est d'enlever à la compagnie la possibilité de contracter, de poursuivre, d'être poursuivie et même d'arrêter le cours de toutes actions. L'actif pourvoira au paiement des obligations corporatives.

Procédure. — Deux modes sont en présence: 1° Ainsi que nous l'avons dit, un writ of Scire facias (bref de justice) qui sera donné contre la corporation dont on veut révoquer la charte ou contre un corps prétendant exercer sans charte des droits corporatifs ainsi on pourra mettre en question la validité des droits corporatifs; ou 2° une action de Quo Warranto quand l'intention n'est que d'obtenir la suspension momentanée des franchises d'une corporation sans la révoquer et sans poser la question de son existence légale, ou quand en fait le corps poursuivi n'est pas une corporation.

La différence entre ces deux modes consiste en ce que, dans le premier cas, la compagnie est un corps légal et existant qui peut agir mais qui a commis un abus de pouvoir. En tant que corps existant il ne peut être imputé de « deliquency » sans être entendu.

La question ne se pose pas quand la compagnie n'est pas un corps existant: cependant, une procédure est nécessaire, car un corps inexistant peut vouloir agir comme une corporation organisée. De même en droit français un acte nul doit être déclaré inexistant pour que ses suites en soient déclarées illégales. L'action sera intentée au nom de l'Attorney général qui donnera son fiat (remarquons qu'en Ontario le lieutenant-gouverneur peut révoquer et annuler une charte).

Qu'est-ce que la procédure Scire facias? C'est un *judicial writ* (ordonnance judiciaire) appuyé sur un « *record* » (requête); le poursuivi devra montrer pour quel motif le requérant ne peut pas arguer du record; ce dernier, à son tour, prouvera que le record ne doit pas être repoussé. En droit, on considère le writ comme une action quand il est rédigé pour obtenir la révocation des lettres patentes irrégulièrement accordées; ce peut être un *original writ* (ordonnance à comparaître); lorsqu'il renvoie devant le chancelier ou un juge de la Cour suprême. Remarquons que nous ne trouvons rien de pareil dans le *Judicature act* ou dans la règle de la Cour suprême. Comme ce writ est judiciaire et qu'il est le début d'une action en vue d'un jugement on peut se demander s'il n'est pas aboli du fait que les règles nouvelles édictées par le Judicature Act disent que toute action commencera par un writ of summons. Ce point peut être mis en doute.

Quand l'Attorney a le pouvoir d'accorder le fiat, les principes sur lesquels il s'appuie sont indiqués avec précision dans le memorandum; nous les trouvons dans une décision rendue sur la demande de quelques actionnaires de la Dominion cold storage.

Les motifs invoqués étaient: la compagnie était incorporée suivant les règles de l'Act; les lettres portaient 28 septembre 1895. Bien que la pétition fît valoir que 50 0/0 avaient été souscrits et 10 0/0 versés, il n'y avait pas eu de souscription conforme à l'act et aucun paiement n'avait été fait en raison de la souscription; cependant la pétition indiquait l'existence de ces 10 0/0 représentés par un crédit au compte de MM. Mc Cashill qui le détenaient pour la compagnie. Ces dollars, était-il dit, n'étaient que l'escompte fait à la Molson Bank d'une *note* pour se soumettre aux règles de l'act; l'argent n'était jamais entré dans la caisse de la compagnie.

Il n'est pas nécessaire d'examiner le motif pour lequel ils ont laissé s'écouler plus d'un an entre la démission des administrateurs et le moment d'intenter des poursuites de liquidation, sans faire des démarches pour obtenir l'annulation de la charte; le passif s'élevait à 25.000 dollars dont une grosse partie était née depuis la démission des administrateurs; on pouvait demander ici un *writ* mais ce fait provoquerait de la confusion et causerait de gros dommages aux créanciers si la charte était annulée; donc il valait mieux ici autoriser la liquidation qui amène à la dissolution plutôt que de recourir au writ. Cette solution est la plus raisonnable puisqu'aucun avantage ne peut être retiré d'une irrégularité des lettres, dans la période préliminaire à l'émission et que de plus l'équité n'entre pas en ligne de compte quand un actionnaire prétend qu'une charte a été obtenue sur un faux rapport à la Couronne ou au concédant (Lindley, page 99).

Quant à déterminer d'après quelle règle un Attorney se décide, d'après quelques cas que nous pouvons examiner, nous voyons qu'il agit en toute liberté et n'est tenu vis-à-vis de la juridiction dont il relève que du bon accomplissement de sa charge: ainsi une accusation ne saurait être justifiée contre lui si ce n'est pour une exécution négligente ou erronée de son travail. Il se trouve donc libre de décider sur quelles informations ou en échange de quelles conditions de garantie il permettra la poursuite de l'action; la manière dont il exerce ses pouvoirs et dont il mène une procédure n'est pas sujette au contrôle de la

Cour où la procédure se déroule (Grant Law of Corporation, p. 299).

Le pouvoir remis à l'Attorney ne pouvait être exercé en faveur de demandeurs dans le Dominion Cold Storage précédemment cité) où la compagnie était sur le point d'être liquidée. Il ne pourrait le faire avec raison et en droit que par exemple si un actionnaire n'était pas au courant des défauts et irrégularités de l'incorporation, pouvant causer la révocation de la charte; il n'en est pas de même lorsque l'administrateur demandeur qui était au courant des irrégularités était resté silencieux parce qu'il avait misé sur l'avenir de la compagnie dépendant des tractations passées avec des gens de bonne foi, devenus par là créanciers. Dans ce dernier cas on comprend qu'il serait trop tard pour lui quand de telles responsabilités ont été encourues d'invoquer les défauts de la compagnie au préjudice des créanciers.

Le fiat donné par l'Attorney pourra être révoqué par lui: Sir Hibbert Tupper a énoncé ce principe et a exposé la question dans Re Ontario Western Lumbern Cº.

D'après le joint stock Act, le gouverneur en conseil peut accorder des lettres patentes: la pétition met en avant certains faits, entre autres le capital souscrit et le dépôt fait; le demandeur peut, en vertu de la s. 10 (1), à la demande du Secrétaire d'Etat, établir la vérité et la suffisance des faits avancés. Dans 111 D. il est dit que, dans toute action ou procédure, on ne remémore pas le mode d'incorporation; le nom seulement est cité, l'avis dans la *Gazette du Canada* sera preuve, *prima facie*, de son contenu; sa production fera présumer de la réalité de la notice.

Dans la procédure du scire facias en vue de révoquer des lettres, celles-ci seront preuve décisive de ce qui y est avancé.

Dans 4 D. (2) les règles relatives à l'émission de lettres sont jugées directives; toute irrégularité ou insuffisance ou absence d'avis ne les rendent pas nulles, de même que toute irrégularité préliminaire à leur émission.

Dans Re Ontario Western Lumbern Cº le « *prayer* » (requête) était suffisamment large pour faire admettre une action;

---

(1) Précédemment cité.

elle se rapportait à une déception, causée par un exposé illégal et une suppression de faits. Les défendeurs invoquaient comme obstacle à l'action la concession des lettres; les requérants y ajoutaient que la fraude et l'illégalité invoquées ne pouvaient être pas établies sans une intervention de l'Attorney, pour obtenir un recours, et qu'aussitôt le fiat accordé, une action serait intentée pour non conformité de la charte avec les lois sur les compagnies; les irrégularités et manquements dans la période préliminaire servaient de base. Dans ce cas, les demandeurs se plaignent non pas du non-paiement du capital, mais d'une souscription incorrecte.

Il fut prétendu qu'il n'y avait aucun motif pour accorder un fiat puisque l'Act avait été exactement suivi et qu'il ne s'agissait que d'une discussion relative à des droits des fondateurs.

A cette occasion il fut déclaré : « Ici on peut se plaindre que dans le C° Act. il ne leur soit pas possible de prouver la fraude ».

A ce propos la question fut posée: « Un fiat, une fois accordé, peut-il être révoqué? » Dans la case Queen/Frosser, p. 813, XI Beaven, Lord Lingdale dit: « L'attorney agissant correctement à tout point de vue conduit l'action de scire facias qu permet sa poursuite d'après son propre jugement et peut, quand il le pense, arrêter la procédure ou prendre un *nolle prosequi*. Le contrôle qui s'exerce sur lui est le même que sur tout fonctionnaire public; il sera tenu de toute négligence ou erreur qu'il a pu commettre. Aussi ce juge pouvait-il dire : « Je pouvais contrôler ce procès, mais dans la circonstance je ne pouvais pas intervenir ».

Peut-on dire que le commencement d'affaire est une condition? Dans une affaire, la charte interdisait de commencer tout *trade* avant la souscription de la moitié du capital et le paiement d'au moins 50.000 dollars; cependant un certificat faux fut donné par les administrateurs au président du Conseil : le juge déclara que pour abus ou « *misuse* » une compagnie pouvait être dissoute; il observait qu'il y a une condition implicite ou tacite annexée à tous ces « *grants* »; qu'en cas de non-observation, il y a forfaiture; mais il faisait la remarque suivante: une déviation légère n'est pas nécessairement un abus ou un mauvais usage.

Le juge Talford signale qu'il y a condition enfreinte quand il y a commencement d'affaires avant le paiement d'une somme fixée et après remise d'un certificat par des administrateurs connaissant leur faute. Le juge Gwynne déclare: « Avant de faire ses opérations, une compagnie avait réuni des souscriptions pour 100.000 dollars dont 90.000 versés; bien que le versement n'ait pas été fait dans les six mois, elle avait rempli durant deux ans l'entreprise en vue de laquelle elle était fondée; elle avait passé des contrats et pris des engagements qu'elle n'avait pu tenir; elle fut mise en liquidation; un jugement fut rendu dont l'effet fut qu'en raison de sa non-conformité avec le texte de la 5e section, l'act d'incorporation n'avait plus d'effet et ne pouvait être maintenu. Un tel jugement serait gros de conséquence en raison des dommages que subiraient les créanciers qui, durant les deux ans qu'a duré la compagnie ont traité avec elle comme si elle était *de jure*.

Certes, beaucoup d'irrégularités existent relativement à la formation des sociétés au Canada. Il est significatif qu'on ne peut mentionner aucun cas où, en l'absence de grande fraude l'attorney ait attaqué une compagnie publiée sous le grand sceau comme corporation et considérée comme ayant donné satisfaction pour le Secrétaire d'Etat ou tout autre fonctionnaire chargé par le gouverneur de faire un rapport sur la compagnie.

Encourager des attaques de ce genre contre les chartes serait désastreux pour les affaires du pays; aussi le juge a-t-il raisonnablement décidé de prendre un *nolle prosequi* dans le Re Western Lumbern.

Signalons que, comme dans l'Alberta, si une compagnie est forfaite, les actionnaires sont en droit de recouvrer l'actif social qui, par suite, ne devient pas *bona vacantia*, et le surplus de l'actif après le paiement de toutes les obligations leur revient.

Pour terminer cette partie de notre étude nous ferons remarquer que une compagnie doit faire suivre son nom du mot « limited ».

Ce nom sera peint ou fixé à l'extérieur de tout bureau où la compagnie est établie. Il sera placé à un endroit d'où l'inscription peut être vue et en lettres assez grosses. Il sera aussi gravé sur le sceau de la compagnie et imprimé sur tous avis, avertissements et autres publications officielles de la compagnie de même que sur les lettres de change ou promesses de payer, sur un endossement, sur des chèques ou ordres pour de l'argent ou des marchandises, que doit signer la compagnie ou un tiers à son profit, sur toutes listes de marchandises ou factures ou reçus de la compagnie. C'est ce que nous dit l'art. 33 du D. Cᵒ.

33. La compagnie doit toujours tenir son nom avec ces mots « à responsabilité limitée (limited) » à la suite, peint ou affiché en évidence et en caractères facilement lisibles, à l'extérieur de chaque bureau au lieu où elle exerce ses opérations; et faire graver son nom avec ces mêmes mots sur son sceau en caractères lisibles, et faire mettre son nom avec ces mots à la suite, en caractères lisibles, dans tous ses avis, annonces et autres publications officielles, et dans toutes lettres de change, billets à ordre, endossements, chèques et ordres pour deniers ou marchandises, paraissant signés par elle ou en son nom, ainsi que dans toutes ses factures, envois et quittances.

Une pénalité a été prévue par l'art. 114 Dominion de 20 dollars par jour de défaut qui est payable non seulement par la compagnie mais aussi par tous administrateurs ou directeur agissant sciemment: ces derniers encourent une responsabilité personnelle, même agissant au nom de la compagnie (115 D.): Atkin/Wordle.

On peut cependant employer l'abréviation Ltd: ainsi Thomas Ltd/Standard du Canada, sans que cette réduction enlève à la compagnie l'avantage d'une Cᵒ Ltd.

Ces mêmes articles se retrouvent dans l'Ontario Cᵒ.

Remarquons que les compagnies antérieurement constituées en vertu d'une loi spéciale ou générale, soumises à une loi provinciale ou à une loi fédérale, peuvent obtenir des lettres supplémentaires de manière à être soumises à la nouvelle loi sur les compagnies; elles devront suivre en ce cas une procédure que nous indique la loi. Ainsi le prévoit pour le Dominion Act la s. 14; pour le Québec Act, l'art. 14 et pour l'Ontario Act la s. 11.

14. Toute compagnie antérieurement constituée en vertu soit d'une loi spéciale, soit d'une loi générale, pour quelque objet pour lequel la présente Partie permet de délivrer des lettres patentes pour exercer ses opérations sous l'empire de la présente Partie; et le Secrétaire d'Etat, avec l'approbation du gouverneur en conseil, peut ordonner la délivrance de lettres patentes constituant les actionnaires de ladite compagnie en corporation comme compagnie tombant sous l'empire de la présente Partie.

2. Tous les droits et obligations de l'ancienne compagnie passent dès lors à la nouvelle, et toutes les procédures qui auraient pu être continuées ou commencées par ou contre l'ancienne compagnie peuvent être continuées ou commencées par ou contre la nouvelle compagnie.

3. Il n'est pas nécessaire d'énoncer les noms des actionnaires dans les lettres patentes.

4. Après la délivrance de ces lettres patentes, la compagnie est réglée à tous égards par les dispositions de la présente Partie, sauf que la responsabilité des actionnaires envers les créanciers de l'ancienne compagnie reste ce qu'elle était lors de la délivrance des lettres patentes.

La compagnie sera soumise aux dispositions de la présente partie sans que la responsabilité des actionnaires soit modifiée envers les créanciers de l'ancienne compagnie; elle reste ce qu'elle était lors de la délivrance des nouvelles lettres.

Art. 17. — *Tout compagnie constituée sous l'autorité d'une loi générale ou spéciale d'une province du Canada, et toute compagnie dûment constituée sous les lois du Royaume-Uni ou d'un pays étranger en vue de quelques-uns des objets pour lesquels des lettres patentes peuvent être délivrées sous le régime de la présente Partie, et qui, à l'époque de la demande, est une corporation existante et valable, peut demander des lettres patentes sous le régime de la présente Partie; et, si on prouve d'une manière satisfaisante au Secrétaire d'Etat que la loi de constitution ou la charte de la compagnie requérante est valable et subsiste, qu'aucun intérêt public ou privé ne peut être lésé par là, il peut délivrer des lettres patentes constituant les actionnaires de la compagnie requérante en compagnie sous la présente Partie, en limitant, si cela est nécessaire, les pouvoirs de la compagnie aux fins et objets qui eussent été déterminés si les actionaires se fussent adressés d'abord au secrétaire d'Etat pour obtenir des lettres patentes sous le régime de la présente Partie; et, dès lors, tous les droits et obligations de la première compa-*

gnie passent à la nouvelle compagnie; et toutes procédures peuvent être continuées ou commencées par ou contre la nouvele compagnie comme elles eussent pu l'être par ou contre l'ancienne.

2. Il n'est pas nécessaire de donner dans ces lettres patentes les noms des actionnaires.

3. Après la délivrance des lettres patentes, la compagnie est régie à tous égards par les dispositions de la présente Partie, excepté que la responsabilité des actionnaires envers les créanciers de l'ancienne compagnie reste ce qu'elle était à l'époque de la délivrance des lettres patentes.

L'article 17 du Dominion permet de transformer une compagnie provinciale en une compagnie fédérale: on y envisage l'incorporation d'une compagnie fédérale à laquelle sont transférés les droits et obligations de l'ancienne compagnie: Nevell Canada Southern Railway 1883 9 A R 310. Ce procédé est rarement employé, souvent on liquide la première et l'on donne des actions de la seconde aux actionnaires de la précédente.

Une compagnie peut se former par la création d'une nouvelle affaire obtenue grâce à un capital neuf.

Un autre cas fréquent est celui où une entreprise, autrefois menée en partnership par quelques intéressés qui ont supporté tous les risques et qui veulent maintenant les limiter est apportée à une compagnie en formation; les anciens partners reçoivent souvent des actions en raison de leur contribution à la formation.

Plusieurs compagnies peuvent vouloir se réunir. Nous allons étudier les différents modes de réunion; à Québec la fusion ou amalgamation; en Ontario, l'amalgamation et la reconstruction; nous y avons fait déjà allusion plus haut.

A Québec la fusion n'est envisagée que pour des compagnies poursuivant la même fin ou des fins similaires. Comment procèdent-elles à la fusion? Chacune, de son côté, rédige un acte d'accord énonçant les termes et conditions de la fusion. Elles le soumettent à leurs actionnaires en une assemblée générale convoquée à cet effet; deux tiers en valeur des actions représentées par les actionnaires présents doivent se prononcer en faveur de cet accord; les deux compagnies présentent ensuite une requête conjointe de demande de lettres au lieutenant-gouverneur. Les droits des créanciers, dans chacune des compagnies, sur les biens de ces dernières restent les mêmes, mais les dettes et obligations des deux compagnies seront à la charge de la nouvelle compagnie.

Il en est de même en Ontario (C. 178, S. 10 13.)

La fusion peut envisager: 1° le transfert de l'entité corporative avec les franchises, capacités, pouvoirs à une autre corporation; 2° le transfert de l'actif corporatif: 3° les actionnaires de la dernière compagnie devenant actionnaires de la nouvelle; 4° novation des droits des créanciers de l'ancienne compagnie sur la nouvelle.

Bien souvent la fusion ne consiste que dans le transfert d'une part de l'actif à une compagnie existante ou à une nouvelle où les membres deviennent ou ont le droit de devenir actionnaires.

En pratique on transfert l'actif, les droits et obligations; une liquidation a lieu dans ce but et la distribution de l'actif entre les actionnaires est représentée par des actions ou des obligations de la nouvelle compagnie. Une indemnité est payée par la compagnie rachetée pour ces responsabilités et obligations.

La reconstruction ou réorganisation ne concerne qu'une compagnie; elle peut être nécessaire afin de donner à celle-ci d'autres pouvoirs ou des pouvoirs plus larges pour la conduite de ses affaires; ainsi la compagnie peut être autorisée à émettre des actions de préférence ou à réduire son capital. Dans ce cas, on forme une nouvelle compagnie à laquelle on transfert l'ancienne, et l'on suit la même procédure que s'il s'agissait d'une fusion. (Palmers précédemment cité).

Une compagnie peut abandonner sa charte: c'est-à-dire se liquider. Dans le Québec Act s. 25 et Ontario Act, section 31, ainsi que dans le Dominion Act, S. 27 *a*, il est dit:

27a. *Une compagnie constituée en corporation sous l'empire de la présente Partie peut renoncer à sa charte si elle établit à la satisfaction du secrétaire d'Etat du Canada :*

a) Qu'elle n'a ni dettes ni obligations;

b) Qu'elle a aliéné ses propriétés, réparti son actif équitablement entre ses actionnaires ou membres, ou qu'elle n'a pas de dettes ni passif;

c) Qu'elle a dûment pourvu aux dettes et obligations de la compagnie ou que celles-ci sont protégées ou que les créanciers de la compagnie ou autres personnes qui les détiennent consent à la constitution nouvelle;

d) Que la compagnie a donné avis qu'elle demande la permission de se désister en publiant cet avis une fois dans la Gazette du Canada et une fois dans un journal publié dans la localité où la compagnie a son siège social ou aussi près que possible.

2. Ces dispositions étant régulièrement observées, le secrétaire d'Etat peut accepter un abandon de la charte, en ordonner l'annulation et fixer la date à compter de laquelle la compagnie doit être dissoute. En conséquence, la compagnie sera par ce moyen et dès lors dissoute.

La Compagnie doit auparavant faire approuver par tous ses actionnaires: *a)* qu'elle n'a ni dettes, ni obligations; *b)* qu'elle se départit de ses biens qui seront à diviser proportionnellement entre ses actionnaires (actif) et n'a pas de dettes (passif); *c)* qu'il a été pourvu aux dettes et obligations ou que le paiement n'a pas été assuré ou que les créanciers ou leurs ayant droit y consentent. Une publication de la demande sera faite dans les journaux.

En Ontario, S. 32, une compagnie non incorporée par lettres peut adresser une pétition au lieutenant-gouverneur en vue d'obtenir un order (permis de liquidation).

Mentionnons qu'une *private company* peut se transformer en une publique compagnie. Ontario 14 Dominion 43 C. (1)

CHAPITRE V

POUVOIRS DES SOCIETES

Après avoir vu comment se forme une Compagnie, examinons quels sont ses pouvoirs. Nous pouvons les connaître en nous reportant à l'acte régissant la Compagnie et à son mémorandum d'association. De ces deux titres nous déduirons tous ses pouvoirs, car la Compagnie n'est qu'une création déduite du statut; ces pouvoirs : 1° sont inclus dans les objets mentionnés dans le mémorandum ; 2° sont occasionnels ou donnés comme pouvant faciliter l'exécution de sa mission Riche/Ashbury Atty Gl./ Gr. E. Ry).

Les actes qui ne rentreront pas dans ceux qui sont déterminés par les pouvoirs sont ultra-vires et nuls. Ce principe s'applique aussi bien aux Compagnies formées par chartes que par lettres. Cependant, il est admis que les Compagnies formées par chartes, du fait que leur incorporation résulte d'un acte du souverain, ont un statut analogue à celui des corporations de common law : Bonanza Creek/the King (1916 I. A. C. 566).

Auparavant on appliquait cette théorie à toute Compagnie formée en vertu de la loi, que ce soit par charte ou par lettre patente; depuis ce procès, ainsi que le dit Masten (1) il est établi que la doctrine de l'ultra-vires ne jouera pas en l'absence d'une restriction statutaire.

Cette Compagnie a la capacité d'une personne ordinaire pour acquérir des droits et des pouvoirs. S'il lui est interdit de faire un acte et que celui-ci soit fait, cela pourra donner lieu à une procédure de *scire facias* en vue du retrait de la charte. Au cours d'un procès cité plus haut, il fut jugé que le Bonanza Creek, une Compagnie minière d'Ontario, incorporée par lettres patentes qui ne peut exercer ses pouvoirs hors de cette province, pourra en raison de son statut, occasionnellement être

____

(1) Masten on company law, p. 99.

autorisée par les autorités fédérales à exploiter et à louer des mines dans le Yukon. Il s'agissait de savoir à ce propos si le paragraphe 3 de la S. 29 délimite implicitement les pouvoirs de la Compagnie. Les juges ont remarqué que le statut canadien de 1864 contenait cette même règle : « Dès qu'elle est constituée sous le régime de la présente partie, la Compagnie est immédiatement saisie de pouvoirs, privilèges, et immunités nécessaires ou inhérents à l'exécution de son entreprise comme si elle était constituée par une loi spéciale du parlement » et l'ont interprété comme habilitant la Compagnie et non la restreignant à ce qui peut se trouver dans la loi. Donc une Compagnie sera capable pour tous buts, sauf le cas où une restriction législative existe. Il semble donc qu'une *dominion company* a les pouvoirs d'une corporation de common law, sauf là où la législation intervient, dans ce cas, l'acte est ultra-vires : Palmers C° Law, p. 3 (British South Africa/De Beers 79 L. J. Ch. 345.)

Les cours canadiennes avaient admis antérieurement la doctrine ultra-vires pour des Compagnies incorporées par des lettres patentes :   Union Bank/Mc Killop. O'Neill/London Jockey.

Cette interprétation était suivie dans l'affaire Hepburn Connaught où une Compagnie fédérale acheta un champ en vue d'un hippodrome aux environs d'Ottawa ; l'objet de cette Société était suivi des mots « les opérations de la Compagnie peuvent se produire dans tout le Canada » ; malgré ces termes généraux il lui fut refusé d'établir un autre hippodrome.

A la suite du procès Bonanza Creek, un amendement à l'acte des Compagnies d'Ontario fut voté en vue de doter de la capacité générale une Compagnie formée par une charte comme si elle était de common-law. Dans un jugement de la Cour suprême d'Ontario, ce principe fut établi: Edwards/ Blackstone... où le juge Masten a soutenu la non-application de la doctrine d'ultra-vires à une Compagnie créée par chartes.

Que vaut l'acte de la Compagnie? Il peut rentrer dans deux catégories : 1° Pouvoirs remis en raison de son incorporation; 2° Pouvoirs ne figurant que dans l'acte constitutif. Ces derniers doivent être exercés comme l'indique l'Act.

En cas d'exercice de pouvoirs, en contravention avec le statut, l'acte est ineffectif/Henderson/Strong (1919, 450 L. R. 215.)

Les actes de la Compagnie peuvent être illégaux s'ils sont contraires à la loi publique ou au droit.

Parmi les actes considérés comme faits en vertu de pouvoirs *incidental*, nous pouvons citer le changement de nom d'une Compagnie [21] le pouvoir d'obtenir des lettres patentes supplémentaires [34], le pouvoir d'établir des bureaux et agences [30], le pouvoir d'acheter des actions en vue d'une consolidation ; le pouvoir de poursuivre un actionnaires [99] ou se défendre contre lui.

Il est encore d'autres pouvoirs. L'interprétation act R.S.C. 1906 C. 1, S. 8 30 en donne l'énumération : « Donner à la Compagnie le droit de poursuivre, d'être poursuivie, de se servir de son nom corporatif, d'avoir un sceau commun, de modifier, de changer comme elle le veut, et d'avoir des biens, de les détenir en tant que propriétaire ou à autre titre d'immeubles ou de meubles pour les buts pour lesquels elle est constituée ou de les aliéner. Donner à la majorité de ses membres le droit de lier la minorité par ses actes; d'exempter de toute responsabilité personnelle ses membres pour les dettes et obligations ou actes de la Compagnie. »

Naturellement une même Compagnie possède ces pouvoirs si aucune déclaration contraire ne les écarte (Powell/Anglo). Car l'act ne contient pas que des pouvoirs mais aussi des restrictions : S. 26, début de l'affaire, interdiction d'acheter des actions d'une autre Compagnie, à moins d'un by law, interdiction de faire des prêts à un actionnaire [44], défense d'entamer le capital pour payer un dividende.

Dans le cas d'emprunt si les actionnaires s'y opposent, peuvent-ils obtenir un décret pour faire rendre l'argent à la Compagnie ?

Quand une Compagnie a des droits, elle les utilisera de manière à ne pas causer de tort à autrui (Hopkins/Hamilton). La règle générale (qui se trouve exposée dans Fieldhouse/Toronto) est qu'aucune action faite conformément à l'acte d'autorisation ne peut être l'objet d'une poursuite, alors même que dans toute autre circonstance elle pourrait donner lieu à une action judiciaire.

Les pouvoirs remis à une Compagnie ne peuvent être transmis ou délégués ; ainsi les pouvoirs des administrateurs ne peuvent être exercés que par eux et non par le président. Cependant, ce dernier a le droit d'exercer les actes *ministerial,* s'il agit en sous-ordre, ainsi que ceux d'administration.

Un parlement provincial ne peut exclure une Compagnie fédérale et en appeler à une cour provinciale pour invalider des contrats faits en exécution de sa charte: John Deere/ Wharton ; de même une province ne peut s'opposer à l'exercice d'une Compagnie fédérale si son statut implique des pouvoirs pouvant être exercés dans tout le Canada; cependant, comme nous l'avons dit dans le chapitre II, une Compagnie fédérale se trouve soumise dans la province à la législation de celle-ci, conformément à la S. 92 B. N. A. (Colonial Building/ Atty; Citizens Pearsons).

Les juges n'ont jamais émis sur ce point aucun principe; ils reconnaissent qu'une province peut faire des lois s'appliquant à toutes les Compagnies et exiger de celles qui ne sont pas incorporées en vertu de son Act, qu'elles soient enregistrées en vue de certains buts, ou encore demander caution pour frais de justice. Dans le Sask est exigé l'enregistrement ; dans la province du prince Edouard, un rapport produit sous serment est requis. Dans la province Manitoba la Société sera enregistrée sous peine d'amende. La province d'Ontario n'exige qu'une licence.

Résumons en quelques lignes les caractéristiques de l'acte intra-vires. C'est tout acte qui rentre dans le but principal de la Compagnie; aussi faut-il se rendre compte de ce but et s'il fait partie des pouvoirs spéciaux remis pour remplir ce but. S'il ne rentre dans les deux catégories, il peut être accessoire ou une conséquence ; dans ce dernier cas on examinera s'il est raisonnable de l'avoir fait : Atty/Mersey Ry.

Pour déterminer l'objet principal on s'appuiera sur la règle du « *primary object* » : si les pouvoirs sont énumérés dans plusieurs paragraphes, en premier lieu on détermine le « *dominant object* », les autres seront accessoires au premier et non pas des pouvoirs indépendants.

Qu'est-ce qu'un acte ultra-vires? C'est un acte « void », expression juridique anglaise correspondant en français au mot *nul,* qui ne peut être ratifié même par une résolution unanime des actionnaires; aussi faut-il le distinguer de l'acte illégal. Ici, la question de légalité n'entre pas en cause, c'est une question de compétence plutôt que de capacité pour la Compagnie, la seule sanction sera de le déclarer nul : G.N.W.C./Charlebois. Hughes/Northern. Une Compagnie a toujours le droit de déclarer que l'acte fait par elle ou que le contrat passé dépassait ses pouvoirs: Baronness Wenlock/Rives Dee. Ceux qui ont traité avec elle ne peuvent lui imputer des pouvoirs qu'elle n'a pas, sauf, si la Compagnie n'a pas observé des règles d'administration intérieure, car c'est à elle qu'incombera la faute; elle devait veiller à ce que toutes les formalités soient remplies. Remarquons bien qu'aucune poursuite ne peut être intentée contre une Compagnie pour un acte ultra-vires, mais peut être ouverte contre les administrateurs, car ces derniers encourent une responsabilité envers les tiers qui les ont crus capables de traiter. C'est en quelques mots la théorie de la garantie de droit « *implied warranty* » que nous exposerons plus complètement à propos des pouvoirs des fonctionnaires d'une Compagnie. De même il a été admis en cas d'emprunt ultra-vires que le tiers peut se faire subroger aux avantages obtenus par la Compagnie, si elle a payé des dettes garanties avec l'argent remis par lui. C'est la théorie de la quasi subrogation Blackburn/Cimliffe, Sinclair/Brougham.

Les pouvoirs inhérents ou occasionnels. — Une Compaguie possède des pouvoirs non en tant que corporation « body », mais parce qu'il est raisonnable et nécessaire qu'elle ait la possibilité de pouvoir agir conformément aux objets pour lesquels elle s'est constituée. Aussi dans ce but lui seront remis des pouvoirs implicites, c'est-à-dire des pouvoirs qui ne sont pas spécifiquement mentionnés dans le titre de création: Ashbury/Riche.

Comment allons-nous les déterminer? Ce sera une question de fait. Souvent nous trouvons dans les lettres patentes ou le statut les mots suivants : « tous les pouvoirs, privilèges, immunités nécessaires à l'exécution de son entreprise ». Cette théorie n'a plus qu'un intérêt doctrinal depuis l'insertion de l'article 28*a* qui réserve aux Compagnies, lors de la rédaction des lettres patentes le droit d'inscrire les pouvoirs pouvant les intéresser et d'y spécifier ceux qui lui sont refusés.

Art. 28. — *Tous pouvoirs conférés à la Compagnie par les lettres patentes ou par les lettres patentes supplémentaires, sont exercés conformément aux dispositions et avec les restrictions que contient la présente partie.*

Art. 28 A. — *Une Compagnie possède à titre de pouvoir subordonné aux pouvoirs énoncés dans les lettres patentes et s'y rattachant :*

a) Exercer toute industrie (manufacturière ou non) qui peut sembler à la Compagnie être exercée convenablement en relation avec son industrie ou de nature à accroître directement, indirectement la valeur des biens ou des droits de la Compagnie ou à les rendre profitables;

b) Acquérir ou entreprendre la totalité ou une partie quelconque de l'industrie, des biens et obligations de quelque personne ou Compagnie exerçant une industrie que la Compagnie a l'autorisation d'exercer ou possédant des biens convenant aux fins de la Compagnie;

c) Demander, acheter ou autrement acquérir tous brevets d'inventions, permis, concessions, et choses de même nature conférant un droit exclusif ou non, ou limité d'utiliser une invention ou quelque renseignement secret ou autre au sujet d'une invention qui peut paraître susceptible d'être utilisée pour l'une des fins quelconques de la Compagnie, ou dont l'acquisition peut paraître de nature à profiter directement ou indirectement à la Compagnie et d'utiliser, exercer, mettre en valeur ou faire valoir autrement les biens, droits ou renseignements ainsi acquis ou de mettre en valeur ou accorder des permis à leur sujet;

d) D'associer ou conclure des conventions pour le partage des profits, la fusion des intérêts, la coopération, les risques communs, les concessions réciproques ou autres avec toute autre personne, ou Compagnie exerçant ou faisant ou sur le point d'exercer ou de faire une transaction que la Compagnie est autorisée à exercer ou faire ou une industrie ou une transaction susceptible d'être conduite de façon à profiter directement ou indirectement à la Compagnie, et de prêter des fonds à cette personne ou Compagnie, garantir ses contrats ou autrement l'aider et prendre ou autrement ou acquérir des actions et valeurs de toute pareille compagnie, et les vendre, détenir, réémettre avec ou sans garantie ou autrement en disposer;

e) *De prendre ou autrement acquérir et posséder des actions de toute autre Compagnie dont les objets sont semblables ou en partie à ceux de la Compagnie ou exerçant une industrie susceptible d'être conduite de façon à profiter directement ou indirectement à la Compagnie ;*

f) *Conclure des conventions avec les autorités municipales locales ou autres qui semblent conduire aux fins de la Compagnie ou à l'une quelconque de ces fins et obtenir de ces autorités des droits, privilèges et concessions que la Compagnie peut croire désirables d'obtenir et exécuter ces conventions, exercer ces droits, privilèges et concessions et s'y conformer;*

g) *Etablir, maintenir des associations, institutions, fonds fiducies et installations de toute nature à profiter aux employés ou ex-employés de la Compagnie (ou de ses prédécesseurs en affaires) ou aux personnes à la charge ou parente des employés ou aider à leur établissement et maintenir, accorder des pensions et allocations et faire des paiements dans un but d'assurance et souscrire ou garantir des fonds pour fins de charité ou de bienfaisance ou pour toute exposition ou pour tout objet général ou utile;*

h) *Favoriser toutes Compagnie ou Compagnies dans le but d'acquérir la totalité ou partie des biens et obligations de la Compagnie ou pour toutes autre fin qui peut paraître directement ou indirectement de nature utile à la Compagnie;*

i) *Acheter, prendre à bail ou en échange, louer ou autrement acquérir tous biens personnels et tous droits ou privilèges que la Compagnie peut juger nécessaires ou convenables pour les fins de son commerce et en particulier toute machinerie, matériel d'exploitation et fonds de commerce;*

j) *Construire, améliorer, entretenir, mettre en service, administrer ou contrôler tous chemins, voies d'embranchements ou voies d'évitement, ponts, réservoirs, cours d'eau, quais, manufactures, entrepôts, usines d'énergie électriques, ateliers, magasins et autres usines et installations qui peuvent sembler de nature à favoriser directement ou indirectement les intérêts de la Compagnie et contribuer à leur construction, amélioration, entretien, exploitation, administration, exécution ou contrôle, les subventionner ou autrement les aider ou y prendre part;*

k) *Prêter des fonds aux clients et autres en relations d'af-*

faires avec la Compagnie et garantir l'exécution des contrats par ces personnes;

l) Tirer, faire, accepter, endosser, exécuter et émettre des billets à ordre, lettres de change, connaissements, mandat et autres effets négociables et transférables;

m) Vendre ou aliéner l'entreprise de la Compagnie ou une partie quelconque d'elle pour la considération que la Compagnie peut juger convenable et en particulier des actions débentures, valeurs de toute autre Compagnie et les objets qui sont en tout ou partie semblables à ceux de la Compagnie;

n) Demander, obtenir, acquérir par cession, transfert, achat ou autrement, et d'exercer, exécuter et utiliser toute charte, permis, pouvoir, autorité, franchise, concessions, droits ou privilèges qu'un gouvernement ou une autorité quelconque ou une corporation ou un autre corps public peut avoir le pouvoir d'accorder et de payer, aider et contribuer à les mettre en vigueur et affecter des actions, obligations et fonds de la Compagnie pour en payer les frais, charges et dépenses nécessaires;

o) Faire enregistrer et reconnaître la Compagnie dans tout pays étranger et y désigner des personnes en conformité des lois de ce pays étranger pour représenter la Compagnie et accepter la signification de toute assignation ou poursuite pour la Compagnie et en son nom;

p) Rémunérer toute personne ou Compagnie pour services rendus ou à rendre en plaçant ou en aidant à placer ou en garantissant le placement des actions du capital de la Compagnie, ou des débentures, actions débentures, ou autres valeurs de la Compagnie ou au sujet de la formation ou de l'organisation de la Compagnie ou de la conduite de ses opérations;

q) Lever des fonds ou y contribuer pour toute autre Compagnie ou corporation avec laquelle la Compagnie peut avoir des relations d'affaires et l'aider au moyen de gratifications, prêts, promesses, endossements, garanties d'obligations, débentures ou autres valeurs ou autrement et de garantir l'exécution des contrats par toute pareille Compagnie ou corporation ou par toutes pareille personne ou personnes;

r) Prendre les moyens qui peuvent paraître à propos pour faire connaître les produits de la Compagnie et en particulier par la publicité dans la presse, par circulaires, par l'achat et *l'exposition des œuvres d'art ou d'intérêt pratique, par les publications de livres et périodiques et en accordant des prix, des récompenses et dons;*

s) Vendre, améliorer, administrer, mettre en valeur, échanger, louer ou faire valoir autrement la totalité ou partie des biens et droits de la Compagnie;

t) Faire toutes les choses énumérées plus haut ou l'une d'elles en qualité de principaux agents, entrepreneurs ou autrement et soit seul ou de concert avec d'autres;

u) Faire toutes les autres choses qui se rattachent ou conduisent à la réalisation des objets ci-dessus mentionnés.

2) Tous les pouvoirs ou quelques-uns d'entre eux peuvent être refusés par les lettres.

Art. 29. — *La Compagnie peut acquérir, posséder, grever, alliéner et transférer des immeubles, quels qu'ils soient, nécessaires à l'existence de son entreprise.*

2) La Compagnie ne peut, en aucun cas, faire de prêt à l'un quelconque de ses actionnaires;

3) Dès qu'elle est constituée sous le régime de la présente partie, la Compagnie est immédiatement saisie de tous biens et de tous droits, mobiliers et immobiliers, possédés jusque-là par elle ou pour elle par fiducie créée en vue de sa constitution en corporation, ainsi que de tous pouvoirs, privilèges et immunités nécessaires ou inhérents à l'exécution de son entreprise, comme si la Compagnie était constituée par une loi spéciale du parlement, comprenant les dispositions de la présente partie et celles des lettres patentes et lettres patentes supplémentaires émises en faveur de telle Compagnie.

Art. 29 A. — *Une Compagnie peut légalement verser à toute personne en considération de sa souscription ou du consentement à souscrire absolument ou conditionnellement pour des actions à elle ou à toute personne qui procure ou consent des souscriptions absolues ou conditionnelles, si le versement de la commission est autorisé dans les lettres et que la commission payée ou convenue n'excède pas le montant du taux autorisé, et si ce dernier pour les actions offertes au public est mentionné dans le prospectus, pour les autres dans le relevé et dans la circulaire ou l'avis; sauf ce qui est dit plus haut, la Compagnie ne peut directement ou indirectement appliquer quelqu'une de ses actions, ni son fonds capital au paiement de la commission, escompte ou allocation pour les motifs énoncés dans la section I, que les actions ou les deniers soient ainsi appliqués en les ajoutant au prix d'achat d'une propriété acquise par la Compagnie ou au prix d'une entreprise de tout ouvrage qui doit être exécuté pour la Compagnie ou que les deniers soient payés à même le prix nominal d'achat ou d'entreprise ou autrement.*

Cet article ne peut porter atteinte au pouvoir de la Compagnie de payer un courtage qui a toujours été légal à un vendeur, un fondateur (promoteur) ou autre personne recevant paiement en espèces ou actions de la Compagnie; elle a et est réputée avoir toujours eu le droit d'appliquer toute partie des deniers en rémunération de la commission dont le paiement fait directement par la Compagnie aurait été légal sous l'empire du présent article.

Quelques pouvoirs n'y sont pas mentionnés. Entre autres : 1° celui d'émettre des actions à l'escompte qui en raison de sa gravité doit être exprès; 2° celui de prêt qui ne peut être donné implicitement; 3° le droit de racheter les actions qui sera aussi expressément indiqué; 4° donner un reçu de magasins généraux « Warehouse Receipts » est encore un pouvoir qui devra être expressément indiqué, car il est considéré comme un acte très grave.

Cependant, un compromis qui provoquerait un transfert d'actions partiellement payées à un trustee est valable. Remettre au président d'une Compagnie des actions dans un but spécial, par exemple pour servir des fonds, pour donner à la Compagnie des ressources en vue de sa première organisation, sera valable. Souvent, dans un tel cas, on passe les actions en transfert à l'agent de la Compagnie qui fait fonction de trustee.

Parmi les pouvoirs encore remis à une Compagnie, citons celui d'acheter l'actif d'une Compagnie bien qu'elle ne puisse « louer, fusionner, vendre » à une autre Compagnie. La Compagnie se trouve engagée par un contrat qui est lui-même intra-vires bien que le but envisagé soit ultra-vires (1893 A.C. 170).

---

(1) Braum, p. 44.

Art. 31. — *Tout acte qu'une personne signe au nom de la Compagnie et scelle de son propre sceau, après qu'elle a été autorisée légalement par la Compagnie à agir comme son procureur, lie cette dernière et a le même effet que s'il était revêtu du sceau de la Compagnie.*

Art. 32. — *Tous contrats, conventions, engagements ou marchés faits, toutes lettres de change tirées ou acceptées ou endossées, et tous billets à ordre et chèques souscrits, tirés ou endossés, au nom de la Compagnie, par ses agents, employés ou serviteurs, dans l'exercice ordinaire des pouvoirs qu'ils ont reçus comme tels en vertu de ses règlements, sont obligatoires pour elle.*

2) Dans aucun cas il n'est nécessaire d'apposer le sceau de la Compagnie auxdits contrats, conventions, engagements, marchés, lettres de change, billets à ordre ou chèques, ni de prouver qu'ils ont été faits, tirés, acceptés ou endossés, selon le cas, conformément à quelque règlement, ou à quelque résolution ou ordre spécial;

3) La personne qui agit de la sorte en qualité d'agent, d'employé ou de serviteur de la Compagnie, ne contracte par là aucune responsabilité personnelle envers les tiers.

Du sceau

Dans l'article 31 il est dit que toute personne signant au nom de la Compagnie et avec son sceau lie la Compagnie quand cette personne est autorisée. Le sceau sera fixé au contrat. C'est un principe général qu'une corporation ne peut être liée en ce qui concerne la propriété réelle que sous son sceau. Cependant des exceptions ont dû être admises : ceci nous amène à examiner quelques cas où des contrats exécutés ont été validés, bien que n'étant pas sous son sceau : ainsi le preneur d'un bien d'une corporation n'a pu invoquer le défaut de sceau ; de même, si la Compagnie était locataire et avait pris possession, elle ne pourrait pas invoquer le défaut de sceau sur le bail. Il faut considérer qu'il y a véritablement fraude d'invoquer le défaut de sceau quand les parties avaient estimé que le contrat était valable.

Sans tenir compte de la règle expressément énoncée dans

le statut, un contrat a été passé sans sceau et a été fait conformément au but de la Compagnie; il fut jugé que pour cette raison l'exécution du contrat serait valable et, de plus, comme les marchandises avaient été fournies en raison d'un ordre résultant d'une décision d'une assemblée valablement constituée, cette Compagnie avait accepté l'exécution et ne pouvait garder par devers elle cet actif ainsi procuré tout en refusant de payer.

Il n'en est pas de même pour les contrats « à exécuter ». Ici, la Compagnie n'est pas tenue si le contrat n'est pas sous son sceau et en conformité avec sa charte; ainsi un contrat de location a été passé pour plusieurs années, la Compagnie ne sera tenue (comme nous l'avons dit plus haut), que pour le temps déjà écoulé, car ici on se trouve dans le cas des contrats « executed », mais non pour le temps à venir; de même un ingénieur a été autorisé à recouvrer la valeur du travail qui a été fait mais n'a pas été indemnisé pour le travail qu'il n'avait pas encore exécuté. Ainsi il a été jugé qu'une Compagnie commerciale a pu refuser en droit des barriques commandées par contrat écrit non scellé.

La S.S. 2 de la S. 32 a pour but d'obvier à l'inconvénient du défaut de sceau sauf dans le cas où un individu ordinaire doit en user. La doctrine de Common Law est que les corporations ne peuvent se lier que sous sceau, sauf pour des affaires de moindre importance. « La convenance donnant ici un caractère de nécessité (Pollock on Contrats 6, p. 142).

Cette manière large de comprendre la question a été admise au Canada (Mc Knight/Van Sickler 1915 51 S.G.R. 374. L. R. 3 S.P. 643). Donc les contrats passés par une *trading corporation* dans un but pour lequel elle a été incorporée ou qui semble l'être peuvent être validés (1896, 32 C.H.J. 237).

Une Société dont le but est le commerce n'a pas besoin de sceau pour les affaires pour lesquelles elle est incorporée et si elle agit par des « agents » ou « directors »; les contrats ainsi passés la lieront en droit, même s'ils ne sont pas conformes aux règles qui la régissent. Peu importe ici la « gravité » ou « l'insignifiance » de l'acte, s'il répond au but de la Compagnie.

Généralement, quand on fixe un sceau, on ajoute à l'acte une formule : peu importe l'employé qui a signé (1906 A.C. 439). Un acte pour lequel souvent le sceau est exigé est la nomination de fonctionnaires; en raison de la théorie précédemment exposée, la non-opposition de ce sceau n'enlève pas aux bénéficiaires le droit à réclamer leur salaire en cas d'inexécution du contrat.

Quand un acte est produit sous sceau, celui-ci est *prima facie* considéré comme correctement fixé. Cette présomption est sujette à réfutation. Quand l'acte a été enregistré sur les minutes sociales signées par le président, cet écrit est suffisant pour satisfaire à une condition exigée dans la S. 4 du Statut des fraudes.

Un contrat bien que fait sur sceau et étant régulier peut avoir été signé par un agent incompétent, c'est ce que nous allons examiner. Un acte a été fait par un « *agent* » ou un « *officer* » de la Compagnie car elle n'est qu'une personne artificielle (Ferguson/Wilson 1866 2 ch. 77.89).

Auparavant indiquons brièvement les cas où la Compagnie se trouve liée. L'acte sera valable si, dans le règlement, des pouvoirs ont été spécialement remis à cet agent, ainsi que nous l'indiquons ss. I. a 32 D. 3, 29 Q C°. Il y a des cas où le pouvoir de cet agent se déduit de circonstances variées; au contraire la Compagnie ne se trouvera pas liée si aucune autorité n'a été remise en fait à cet agent ou si celui-ci a excédé son pouvoir. Nous nous trouvons en présence d'une question de fait si les nombreuses décisions qui ont été rendues ne sont pas toujours conciliables. Les mêmes règles s'appliquent aux administrateurs dont nous étudierons la responsabilité dans le chapitre VII.

D'une façon générale, si les agents, officiers, administrateurs agissent dans la limite des pouvoirs qu'ils ont reçus, leur autorité ne peut être mise en doute. S'ils s'en écartent et font des actes irréguliers, les tiers ne peuvent se plaindre que s'ils ont eu connaissance de cette dernière éventualité. Aussi les tiers prendront la précaution de demander une copie de la résolution du contrat autorisant l'agent avec lequel ils traitent. Dans ce cas les intéressés se trouvent informés de la limite apportée à la capacité de l'agent.

C'est ce que nous trouvons appliqué dans une autre affaire Biggerstaff/Rowatt 1896.2, Ch. 93: un litige s'était élevé à propos de la validité de certaines dettes contractées par un administrateur ; l'administrateur délégué avait ce droit puisque les administrateurs pouvaient lui déléguer tous les pouvoirs sauf de tirer, accepter, endosser les lettres. Qui lui avait délégué ce pouvoir? Sur ce point aucune preuve ne fut fournie. Mais était-ce suffisant pour prononcer la nullité du contrat? On ne peut admettre cette nullité car il semble que la Compagnie ne peut dénier les actes faits par ses employés quand ils n'ont pas usé de leur autorité au-delà des pouvoirs qui leur ont été conférés, qu'ils n'ont pas été nommés irrégulièrement ou que les tiers n'ont pas connu l'irrégularité. C'est ce qu'admet le jurisconsulte Lindley. Ainsi un tiers qui traite avec un employé qui n'a été mandaté que pour une affaire traitera régulièrement avec la Compagnie, s'il ignore que le représentant n'est pas habilité par la Compagnie. Dans Smith/Glass C° il fut jugé que le plaignant n'avait pas à prouver le défaut d'autorisation si les administrateurs agissaient dans la limite de leurs pouvoirs. Un juge, Garrow, exprime cette pensée: Vu qu'une commande avait été faite et acceptée par un administrateur sans autorité spécifiée du conseil d'administration et que ce dernier, dans la suite, n'avait pas fait connaître son avis s'il désapprouvait cet acte, les tiers de bonne foi sont donc en droit de croire que le contrat devait lier la Compagnie. C'était, en l'espèce, un acte ordinaire pour la Compagnie, malgré son importance; il rentrait dans les pouvoirs du conseil; leur mandataire de bonne foi pouvait donc le passer; aussi les tiers devaient croire à un acte régulier.

Nous pouvons citer ici le grand juriste Palmer (1) qui considère qu'un futur contractant avec une Compagnie doit lire toutes les pièces relatives à celle-ci de manière à se rendre compte si le contrat en projet n'est pas en contradiction avec son acte d'incorporation, mais il n'a pas à savoir si les formalités intérieures ont été remplies. Il est en droit de croire que tout est régulier. Ce principe n'est basé que sur la convenance, car dans les affaires on ne peut s'assurer que succinctement si le co-contractant est un agent responsable de la Compagnie. Le même raisonnement a été soutenu par le juge Anglin dans Mc Knight Vansickler.

Il peut arriver qu'un fonctionnaire ait été nommé irrégulièrement ou ait pris irrégulièrement possession de cette charge. La jurisprudence est d'avis, en raison de la sécurité dans les affaires, que le même principe soit admis.

A ce propos, dans « Mahoney/East Holy ford », lord Hal-therley déclare : Quand des gens mènent les affaires d'une Compagnie conformément aux articles d'association, les tiers ne seront pas affectés par une irrégularité touchant l'administration intérieure. Ils sont en droit de croire que les actes externes sont faits régulièrement quand ils sont exécutés dans la forme ordinaire. Ainsi un chèque a été signé par deux administrateurs comme l'exige la règle : donc le chèque est régulier et la Compagnie est liée.

Ainsi les tiers de bonne foi se reporteront à la manière d'agir de la Compagnie.

La Compagnie peut en raison de sa manière d'agir donner à un employé capacité de la lier; elle sera liée par ces actes faits dans les limites de cette capacité.

De même si elle a permis certains actes sans « objection » et si elle y a acquiescé. On n'accorde aux tiers que le droit de se rendre compte si l'autorité est considérée *ostensible*.

On peut éviter l'application de cette règle par un avis signalant le défaut d'autorité de l'*agent*, et si le contrat n'est pas un de ceux que fait ordinairement la Compagnie.

Une Compagnie d'habitude nomme un director (1) « manager » ou un administrateur délégué avec des pouvoirs plus ou moins larges pour l'administration des affaires. Elle peut lui donner pouvoir pour toute l'administration des affaires sociales sous la direction et le contrôle des administrateurs qui seront ses supérieurs. Ses pouvoirs seront ceux que lui donnent les règlements. A lui plus spécialement s'appliquent les règles que nous venons de voir quant à l'*ostensible authority*.

Le président n'aura pas plus de pouvoir qu'un simple administrateur mais généralement en vertu des by law, des pouvoirs importants lui sont remis (12 A.C. 589). A lui s'appliquent les principes ci-dessus exposés pour un agent (1).

Quand les administrateurs peuvent poursuivre au nom de la Compagnie, généralement le président et l'administrateur délégué sont *prima facie* les fonctionnaires compétents pour remplir ce but.

Ce que nous avons dit des fonctionnaires s'applique au

---

(1) Director ou directeur veut dire au Canada administrateur; le « manager » correspond au directeur en droit français.

secrétaire (1893, A.C. 170); cependant il est admis qu'un faux fait par ce fonctionnaire notamment sur un certificat d'actions ne liera pas la Compagnie (1908 A.C. 439). Il ne lui est pas permis, sans autorisation, de signer une garantie au nom de la Compagnie, ni même de convoquer une assemblée. Cependant, dans une affaire déjà citée (Van Sickler), le secrétaire avait signé seul; alors que le président aurait dû apposer sa signature, l'acte fut tenu pour valable en raison de l'*ostensible authority*.

Le fonctionnaire qui est incompétent encourt-il une responsabilité?

Non, car il n'est qu'un agent (1) et la Compagnie, son principal, encourra la responsabilité. Cependant il est tenu de son acte vis-à-vis des tiers si la Compagnie ne lui avait pas donné le pouvoir de traiter ou si son autorité était « *défective* » ou inexistante, et s'il n'a pas fait connaître sa qualité d'agent, il devient un principal.

Ce fonctionnaire peut devenir responsable d'un contrat s'il l'a passé à son nom, le tiers ne pouvant savoir s'il est agent ou principal.

Ce cas se pose notamment pour les billets, traites et chèques, où les signataires doivent déclarer sans aucune ambiguïté qu'ils agissent au nom de la Compagnie en tant qu'administrateurs; ce simple mot de « director » (administrateur délégué) ne suffit pas. Remarquons que la preuve intrinsèque ne sera pas admise pour prouver que la promesse a été signée par un administrateur délégué (5 A.L.R. 489 1912). Nous ne parlons ici que de l'exercice d'un pouvoir en conformité avec l'acte d'association.

La ratification peut être envisagée pour des actes non autorisés. Elle est implicite ou expresse.

A côté de la responsabilité contractuelle, la Compagnie peut être tenue à un autre titre.

La Compagnie peut encourir une responsabilité pour les dommages qu'elle cause, tout particulièrement pour ceux que causent ses agents, que ce soit par négligence, par *malicious prosecution* (-poursuite faite dans une mauvaise intention), par

---

(1) Dans le sens anglais agent and principal.

libellé diffamatoire, par *assault and battery* ou par *nuisance* (contravention), par fraude

Elle peut être poursuivie et condamnée à l'amende pour manquement à une obligation imposée par la loi. Elle peut être frappée de fin de non-recevoir contre des actes de ses agents. Elle peut être tenue de négligence qu'elle a laissé commettre. De même qu'elle est responsable pour les actes accomplis au cours d'une transaction commerciale passée par un de ses employés qu'elle aurait autorisé.

Tout avis signifié à un agent est considéré signifié à la Compagnie.

Une Compagnie peut-elle obtenir de nouveaux pouvoirs?

La Compagnie pourra, si elle le désire, obtenir de nouveaux pouvoirs. Dans ce but elle se conformera aux sections 34, 35, 36 en faisant adopter par ses actionnaires une résolution qu'elle transmettra dans les six mois au Secrétaire d'Etat qui délivrera des lettres supplémentaires.

ART. 34. — *La Compagnie peut, en tout temps, au moyen d'une résolution adoptée par des actionnaires représentant au moins les deux tiers des suffrages, dans une assemblée générale spéciale convoquée à cet effet, autoriser les directeurs à demander des lettres patentes supplémntaires qui étendent les pouvoirs de la Compagnie ou réduisent à tels autres objets prévus par la présente partie.*

ART. 35. — *Les directeurs peuvent, dans les six mois qui suivent l'adoption de cette résolution, demander au Secrétaire d'Etat délivrance de ces lettres patentes supplémentaires.*

ART. 36 — *Avant la délivrance des lettres patentes supplémentaires les requérants doivent établir, à la satisfaction du Secrétaire d'Etat que la résolution qui autorise la demande a été régulièrement adoptée; et le Secrétaire d'Etat reçoit à cet effet et conserve en dépôt toute disposiion nécessaire, faite par écrit, sous serment ou affirmation, ou sous déclaration statutaire, aux termes de la loi de la preuve au Canada.*

ART. 37. — *Sur preuve dûment faite de l'adoption de cette résolution, le secrétaire d'Etat peut accorder des lettres pa tentes supplémentaires à l'effet de réduire, étendre, limiter,*

______

(1) 37 Q. C°.

*modifier, changer les pouvoirs de la Compagnie à la totalité
ou à partie des objets spécifiés dans la résolution; et le Secrétaire d'Etat en donne avis immédiatement, dans la Gazette
du Canada, suivant la formule D de l'annexe de la présente loi.*

*2) à compter de la date des lettres patentes supplémen-
taires, l'entreprise de la Compagnie s'étend aux autres objets
énoncés dans les lettres patentes supplémentaires, et les comprend absolument comme s'ils eussent été mentionnés dans les
lettres patentes primitives.*

Une Compagnie peut-elle détenir des actions d'autres Compagnies?

L'article 44 D° C° act. nous donne la solution qui est négative, sauf autorisation expressément donnée aux administrateurs, en vue de cet achat et sanctionnée par un vote sanctionnée par un vote d'une assemblée générale qui a été dûment
convoquée dans ce but : la possibilité de demander cette autorisation doit figurer dans les lettres patentes

*Art. 44. — La Compagnie, dans aucun cas, ne peut se dé-
mettre de ses fonds pour l'achat d'actions d'autres corporations,
à moins que les directeurs n'aient été expressément autorisés
par un règlement passé par eux pour tel achat, et sanctionné par
le vote d'actionnaires représentant au moins les deux tiers
des suffrages déposés à une assemblée générale de la Compagnie dûment convoquée pour délibérer sur le sujet du règlement; pourvu toujours que si les lettres patentes autorisent tel
achat, il ne soit pas nécessaire d'adopter un règlement à cet
égard.*

Une compagnie peut accepter, à titre de compromis, des
actions détenues par un débiteur et les conserver par devers
elle comme placement. Un cas fort intéressant pose bien la
question du pouvoir d'une Compagnie à investir ses actions
à d'autres Compagnies (90 L.R. 250). L'Elgin C° avait un
compte créditeur avec l'Atlas Lean C°; cette dernière désirait acheter des actions d'une Compagnie de charbon; inves-
tissement que la première n'était pas autorisée à faire;
l'Elgin prêta 55.000 dollars à l'Atlas pour acheter les actions,

devant servir de garantie à des débentures. L'Elgin pouvait se faire rembourser l'emprunt et détenait les actions comme garantie personnelle; la transaction portait qu'elle avait l'intention de recevoir 5 0/0 du prêt ou de prendre pour elle le dividende et de recevoir la moitié de la différence entre le prix d'achat et de vente en cas de vente. Le juge considéra la transaction comme de bonne foi, donna le droit à l'Elgin de se présenter comme crancier à la liquidation de l'Atlas.

Comme le dit l'act. détenir des actions ne sera légal que conformément aux règles de l'act. Une autre preuve peut être tirée d'une affaire de Manitoba: il fut jugé que les plaignants devaient prouver que le contrat en litige n'était pas justifiable d'après l'act d'incorporation.

CHAPITRE VI

DU CAPITAL ET DES ACTIONNAIRES

Pour pouvoir poursuivre ses affaires, la société, dans son acte d'incorporation, a établi le capital qui lui était nécessaire. Le montant de ce capital s'appelle le « capital autorisé ». Mais la compagnie peut n'en appeler qu'une partie : c'est le « capital souscrit » ; enfin elle peut ne demander qu'un versement partiel de ce dernier: c'est le « capital versé ».

L'action est le titre représentant une part dans le capital autorisé, part dont le montant est fixé par les statuts de la société; ce titre donne au souscripteur, qui a rempli toutes les formalités exigées par la loi, le droit d'assister aux assemblées où seront discutés les actes intérieurs de la compagnie (chapitre administration), de toucher sur les bénéfices réalisés un intérêt fixe ou un dividende variable et enfin d'intervenir s'il y a lieu dans la liquidation.

Toutes les actions d'une compagnie jouissent des mêmes droits, à moins de règle spéciale (1883 8. AC. 65).

Ces actions se répartissent en plusieurs catégories que nous allons étudier :

1° Les actions ordinaires (deferred shares) et les actions privilégiées (preference shares);

2° Les actions au porteur (shares warrants) et les actions nominatives soumises aux règles du transfert.

Au Canada, les parts de fondateurs (founder shares) sont ignorées; ce sont des parts qui ne viennent à la répartition qu'après paiement d'un dividende aux autres actions. Il ne faut pas les confondre avec les actions généralement remises comme entièrement versées aux fondateurs pour les rémunérer de leurs services. Nous aurons l'occasion d'étudier les conditions de validité à propos des modes de souscription. Elles sont soumises à une certaine publicité dans le prospectus (dont nous avons déjà parlé au chapitre « Fondation », exigé par le Dominion (s. 49 A.) et l'Ontario Act (s. 104) pour une Compagnie qui place des actions dans le public. Par contre, les Canadiens ont admis l'émission

d'actions sans valeur au pair, dont nous avons déjà parlé brièvement dans le chapitre premier.

§ 7 B. (1). — *Les lettres patentes ou toutes lettres patentes
supplémentaires peuvent contenir des stipulations pour l'émission des actions du capital social de cette compagnie sans valeur
nominale ou au pair, excepté dans le cas de stock privilégié ayant
des droits de préférence en ce qui concerne le principal;*

§ a) *Si ce stock privilégié, ou une partie de ce stock, a des
droits de préférence en ce qui concerne le principal, les lettres
patentes doivent stipuler quel montant de ce stock privilégié
comporte de tels droits de préférence, la nature de cette préférence, et le montant de chaque action privilégiée, qui peut être
cinq dollars ou un multiple de cinq, mais ne doit pas dépasser
cent dollars;*

§ (3). — *Chaque action du capital social sans valeur nominale ou au pair doit avoir une valeur égale à toute autre action
du capital social, subordonnément aux droits de préférence que
comportent les actions privilégiées, s'il en est, dont l'émission a
été autorisée. Tout certificat de titres sans valeur nominale ou
au pair doit porter en tête, en caractères lisiblement écrits ou
imprimés, le nombre d'actions qu'il représente et le nombre d'actions que la compagnie est autorisée à émettre, et aucun de ces
certificats ne doit mentionner une valeur nominale ou au pair
des dites actions. Les certificats de titres privilégiés, ayant des
droits de préférence en ce qui concerne le principal, doivent
spécifier brièvement le montant auquel ont droit, avant les porteurs d'autres actions, les détenteurs d'actions privilégiées, pour
ce qui est du surplus de l'actif porté au compte du principal de
la compagnie; ils doivent aussi spécifier brièvement tous autres
droits ou privilèges que possèdent les détenteurs d'actions de
préférence.*

§ (4). — *Les actions autorisées par le présent article, sauf
les actions de stock privilégié ayant un droit de préférence en
ce qui concerne le principal, peuvent être émises et réparties à
un prix stipulé dans les lettres patentes, ou fixé par le conseil
d'administration conformément à l'autorité que lui confèrent les
lettres patentes; à défaut de stipulation semblable dans les lettres patentes, le prix est établi du consentement des porteurs des
deux tiers de chaque classe d'actions alors impayées, dans une
réunion convoquée à cette fin, selon le mode que prescrivent les*

règlements. Chaque action et toutes les actions émises en conformité du présent article sont censées être entièrement libérées et non imposables, et le porteur n'encourt aucune responsabilité relativement à ces actions envers la compagnie ou ses créanciers.

§ (5). — a) Le montant du capital avec lequel la Compagnie doit faire ses opérations, ne doit pas être inférieur au montant global de la considération pour l'émission et la répartition des actions sans valeur nominale ou au pair qui sont de temps à autre impayées et en outre doit être ajoutée à ce montant une somme égale à la valeur totale au pair de toutes les autres actions émises et impayées du capital social;

§ b) Il est prescrit en outre que le montant du capital avec lequel une compagnie poursuivra ses opérations ne doit, en aucun cas, être inférieur à la somme de 500 dollars;

§ c) Pour les fins de l'article 26, 10 0/0 du capital autorisé d'une compagnie sous le régime du présent article est censé signifier 10 0/0 du nombre d'actions dont l'émission est autorisée sans valeur nominale ou au pair et en sus 10 0/0 du capital autorisé autre que ces actions sans valeur nominale et au pair.

§ (6). — Une compagnie à laquelle s'applique le présent article n'est pas assujettie à l'article 26 de la présente loi.

§ (7). — Une compagnie régie par le présent article ne doit pas ordonner un dividende qui réduise le capital à un montant inférieur au capital mentionné dans les lettres patentes comme étant le capital que la compagnie doit consacrer à ses opérations. S'il est ordonné un semblable dividende, les administrateurs alors en fonctions sauf ceux qui ont fait inscrire dans les procès-verbaux du conseil leur opposition à ce dividende au moment où il était ordonné, ou qui n'étaient pas présents à ce moment, sont solidairement responsables envers la compagnie et ses créanciers du plein montant de la perte que ce dividende a causée à la compagnie ou à ses créanciers respectivement.

Ces actions représentent un intérêt dans l'actif de la Société ayant une valeur égale à toute autre action de la société subordonnément aux droits de préférence que comportent les actions privilégiées, s'il en existe dans cette Société.

Pour réunir la somme nécessaire à la marche de l'entreprise, fixée par les lettres patentes, la Société déterminera le montant qui sera exigé des futurs actionnaires. Le souscripteur qui a versé en espèces le montant fixé ou celui qui a reçu des actions en temps que rémunération pour services rendus à la Société ou à un autre titre est considéré comme quitte vis-à-vis des créanciers sociaux.

Les Jurisconsultes américains (Morawetz: Harvard Law Review 1912-1913, 26) ont adopté cette doctrine en vue de permettre aux Compagnies de commencer plus tôt leurs affaires, tout en exigeant qu'aucun dividende ne soit ordonné par les administrateurs s'il réduit le capital à un montant inférieur à la somme que la Compagnie doit consacrer à ses opérations, c'est ainsi qu'il faut concevoir cette théorie.

Les actions privilégiées « Preferences shares ».

Ce sont des actions qui jouissent d'avantages particuliers sur les autres actions, comme l'indique leur nom, par opposition aux actions ordinaires « deferred shares ».

Art. 47. — *Les directeurs de la compagnie peuvent faire un règlement pour la création et l'émission d'une partie du capital social sous la forme d'actions privilégiées, en donnant à ces dernières, sur les actions ordinaires, relativement aux dividendes et à tout autre égard, telle préférence et telle priorité, qui peut être énoncée par le règlement.*

Art. 2. — *Le règlement peut porter que les porteurs de ces actions privilégiées ont le droit de choisir une certaine proportion du bureau de direction, ou peut leur donner, sur les affaires de la compagnie, tel autre contrôle qui est jugé convenable.*

Art. 48. — *Aucun règlement de cette nature n'a de force ni d'effet quelconque, qu'après avoir été soit approuvé par le vote des deux tiers des suffrages déposés à une assemblée générale de la compagnie, dûment convoquée pour en délibérer, et représentant les deux tiers du capital de la compagnie, soit unanimement approuvé par écrit par les actionnaires de la compagnie.*

Art. 49. — *Les porteurs des actions privilégiées sont réputés actionnaires au sens de la présente Partie, et, à tous égards, jouissent de tous les droits et sont sujets à toutes les obligations des actionnaires au sens de la présente Partie; pourvu, cependant, qu'à l'égard des dividendes et à tous autres égards visés par le règlement, conformément à la présente Partie, ils aient, à l'encontre des actionnaires ordinaires, les préférences et les droits donnés par le règlement.*

Cette priorité peut être de différentes sortes et porter : *a*) sur la répartition du dividende; *b*) sur la répartition de l'actif lors de la liquidation; *c*) sur le remboursement; *d*) sur le contrôle et l'administration de la compagnie; *e*) sur la possibilité d'échanger ces actions; *f*) d'avoir droit au moment d'une augmentation de capital à acheter une plus grande proportion d'actions que d'autres actionnaires.

Elles peuvent être prévues dans les lettres patentes qui délimiteront leur nombre et les droits respectifs de ces bénéficiaires. La section 54 du Dominion C° Act prévoit leur création à la suite d'une résolution des administrateurs approuvée par les 3/4 des actionnaires réunis en assemblée générale extraordinaire ou par un écrit signé de tous les actionnaires. De même l'art. a. 41 Qu. et la S. 75. Ont.

Il semble que ces actions privilégiées peuvent être assujetties à des restrictions ainsi que l'interprète la loi de Québec. (5989 Q.) Les droits qu'elles concèdent n'affectent en aucune Les droits qu'elles concèdent n'affectent en aucune façon les créanciers sociaux qui ont toujours sur l'actif les mêmes droits. Ainsi il a été considéré comme contrat *ultra vires* le fait d'accorder à un actionnaire le droit de rendre ces actions et en échange de lui rembourser son apport. Long/Quelph Lumber C°.

Nous avons dit que la faveur pouvait porter sur la répartition du dividende. Si les lettres portent que 8 0/0 des bénéfices établis dans le bilan seront distribués annuellement à ces actions, cette somme ne peut être prise sur le capital, Elle sera payable à toute éventualité mais seulement s'il y a des bénéfices permettant le prélèvement prévu.

Cependant il a été admis qu'il soit pris sur le capital, dans le cas correspondant à ce qu'en droit français on appelle les dividendes intercalaires à titre de frais de construction.

Une faveur a souvent été accordée aux actionnaires privilégiés; dans le cas où les bénéfices ne sont pas suffisants pour permettre une répartition, c'est de reporter leur privilège d'un exercice sur l'autre. Elle est « cumulative ». La jurisprudence semble admettre, quand il a été fait une répartition annuelle des bénéfices de manière à favoriser certains actionnaires, que la préférence à moins de restriction est cumulative.

En outre de ce droit à un paiement d'un pourcentage fixé aux actionnaires privilégiés, il peut leur être permis de participer avec les actionnaires ordinaires à la répartition du surplus du dividende.

Il peut encore être donné aux actionnaires privilégiés d'autres avantages sans qu'il se déduisent tous les uns des autres. Par exemple il sera prévu qu'au moment d'une répartition ou du remboursement du capital, les actions de préférence seront remboursées avant les autres.

La section 47 du Dominion Act prévoit un règlement permettant aux actionnaires de la catégorie que nous étudions de fixer le nombre d'administrateurs qu'ils pourraient nommer ou de leur donner tout contrôle jugé utile sur les affaires sociales : notamment le droit à plusieurs voix contrairement à la s. 88 (b) si le statut originaire le permet.

Signalons les actions qui n'ont droit qu'à un dividende, les « *deferred shares* » et qui ressemblent aux actions de jouissance en droit français.

Par opposition aux actions nominatives qui sont soumises quant à leur transmission à des règles spéciales que nous étudierons à propos du transfert, nous trouvons les actions au porteur, les « *shares warrants* ». Une compagnie autorisée par les lettres patentes ou par sa charte peut, en ce qui concerne les actions entièrement libérées, émettre un certificat au porteur attestant que le porteur a droit à ces actions; le transfert sera jugé valable par la simple livraison du certificat. Ce porteur pourra, s'il le veut, se faire inscrire comme actionnaire sur les livres de la compagnie en remettant le certificat à l'annulation, alors l'action ne se transmettra que par transfert à moins de nouvelle demande de certificat. Le détenteur du certificat est un véritable acionnaire, sauf qu'il ne peut en raison de la nature de ces dernières actions être éligible comme administrateur.

Il dépend de la Compagnie de lui donner le droit d'assister aux assemblées et de prendre part aux votes : ce n'est que dans ces cas que ces actions seront comprises dans le capital de la compagnie.

Ainsi l'ont prévu les Dominion Act. s. 68 A., Québec Act s. 45, Ontario Act. s. 63 à 71.

Art. 68 A. — *Une compagnie, si elle y est autorisée par ses lettres patentes ou par ses lettres patentes supplémentaires et subordonnément à leurs dispositions, peut, en ce qui concerne toutes actions entièrement acquittées, émettre sous son sceau* ordinaire un warrant énonçant que le porteur du warrant a droit à l'action ou aux actions y désignées et peut pourvoir, au moyen de coupons ou autrement, au paiement de dividendes à venir sur la ou les actions visées dans le warrant, lequel est ci-après désigné sous le nom de « share warrant ».

§ 2. — Un share-warrant donne à celui qui en est porteur droit aux actions y spécifiées, et ces actions peuvent être transférées par tradition du share-warrant.

§ 3. — Le porteur d'un share-warrant a, subordonnément aux dispositions et règlement concernant les share-warrants, contenus dans les lettres patentes ou les lettres patentes supplémentaires, droit sur remise de tel warrant pour annulation, de faire inscrire son nom comme actionnaire dans les livres de la compagnie, et cette dernière est responsable de toute perte subie par qui que ce soit à raison du fait que la compagnie aurait inscrit dans ses livres le nom d'un porteur d'un share-warrant pour des actions y mentionnées sans que ce share-warrant lui ait été remis et ait été annulé.

§ 4. — Le porteur d'un share-warrant peut, si les règlements relatifs aux share-warrants y pourvoient, être réputé actionnaire de la Compagnie aux termes de la présente loi, soit absolument, soit pour les fins prescrites par les règlements : Sauf que le porteur d'un share-warrant n'est pas, du chef des actions y désignées, éligible au poste de directeur de la compagnie.

§ 5. — Lors de l'émission d'un share-warrant relatif à une ou à des actions, la Compagnie doit rayer de ses livres le nom de l'actionnaire alors inscrit comme porteur de telle ou de telles actions, comme s'il eût cessé d'être actionnaire, et doit inscrire à son registre les détails qui suivent :

i) le fait de l'émission du warrant;

ii) Un état indiquant le nombre d'actions visées dans le share-warrant;

iii) la date de l'émission du warrant;

§ 6. — Jusqu'à ce que le share-warrant soit remis, les détails ci-dessus sont réputés être les données dont la présente loi exige l'inscription dans les livres de la compagnie relativement à cette ou ces actions; et sur remise de pareil share-warrant, la date de cette remise doit être inscrite comme étant celle à laquelle a pris fin la qualité d'actionnaire.

§ 7. — A moins que le porteur d'un share-warrant n'ait le

droit d'assister et de voter aux assemblées générales, les actions représentées par ce share-warrant ne sont pas comptées comme faisant partie du capital de la Compagnie pour les fins d'une assemblée générale.

Tous ces actionnaires du fait qu'ils entrent dans la compagnie encourent des obligations la plus importante de toutes : de s'acquitter de son versement.

Vis-à-vis de la compagnie, autrefois les membres d'une corporation partnership étaient personnellement responsables pour toutes les dettes contractées au moment où ils en faisaient partie. Pour attirer les capitaux, la responsabilité de chacun fut limitée au montant du capital souscrit. La seule obligation de l'actionnaire consiste à payer le montant dû en raison des actions détenues par lui.

L'actionnaire se trouve tenu vis-à-vis de la compagnie en raison du contrat de souscription. D'autres personnes que la compagnie peuvent lui réclamer le solde de son versement : ce sont les créanciers de la compagnie, mais seulement dans certains cas que détermine l'article 39 D.

ART. 38. — *Les actionnaires de la Compagnie ne sont point responsables, comme tels, de ses actes, manquements ou obligations, ni des engagements, réclamations, paiements, pertes, dommages, transactions ou autres choses quelconques, qui ont rapport ou se rattachent à son entreprise, au delà du montant non payé sur leurs parts respectives dans le capital social.*

ART. 39. — *Chaque actionnaire jusqu'à ce qu'il ait versé tout le montant de ses actions, est personnellement obligé envers les créanciers de la Compagnie jusqu'à concurrence d'une somme égale à ce qui reste à payer sur ses actions, mais aucun créancier ne peut le poursuivre pour cette somme avant qu'il n'ait été constaté par procès-verbal qu'une exécution exercée par ce même créancier contre la Compagnie n'a rien produit ou n'a pas suffisamment produit.*

§ 2. — *Le montant dû après l'exécution, jusqu'à concurrence de ce qui reste à payer sur les actions, ainsi qu'il est ci-dessus dit, est, avec les frais, le montant recouvrable de l'actionnaire.*

§ 3. — *Le montant, s'il est payé par lui, est considéré comme versé sur ses actions.*

ART. 10. — *Tout actionnaire peut plaider par voie d'exception, pour la totalité ou pour partie, toute compensation qu'il peut opposer à la Compagnie, excepté les réclamations pour dividendes impayés, ou toute rétribution ou allocation en faveur d'un président ou d'un directeur de la Compagnie.*

Le créancier ne peut tirer avantage de sa position que s'il rentre dans les termes de l'article et ne peut poursuivre que celui qui est actionnaire et non celui qui l'a été; il devra donc prouver que son adversaire est encore actionnaire (Denison-/Leslie). Ce droit de poursuite ne lui est remis que s'il a auparavant poursuivi la compagnie et si le résultat a été négatif. Ce point est essentiel; cette exécution ne sera pas une simple procédure illusoire et formaliste pour permettre des poursuites contre les actionnaires. La poursuite se fera avant la liquidation de la compagnie et sur le solde; car le solde fait partie de l'actif social et doit être affecté à une distribution régulière entre tous les créanciers (Shaver/Cotton).

Tout créancier peut intervenir jusqu'au moment du jugement.

L'actionnaire vis-à-vis du créancier est dans la même situation que s'il était en présence de la compagnie, sauf pour dividendes impayés et rétribution ou allocation (art. 40). Cette exception sera de même nature et plaidée au cours de l'action, comme nous venons de le dire, pourvu qu'elle se produise avant le jugement (s. 71 du Wind. Act.).

Indépendamment des cinq personnalités qui ont signé la pétition présentée au pouvoir compétent, on devient actionnaire de la façon suivante :

Par voie directe : 1° en souscrivant au memorandum avant l'incorporation;

2° en faisant connaître que l'on souscrira à une ou plusieurs actions après l'incorporation;

3° en permettant l'inscription de son nom sur le registre des actions;

Par voie indirecte : 1° par transfert de l'actionnaire à une autre personne;

2° par suite de succession.

Dans le premier cas le souscripteur est actionnaire *ipso facto*, même s'il ne signe pas la pétition, même si son nom n'apparaît pas dans la charte, et les règles ordinaires de la répartition (allotment) ne lui sont pas applicables; son engagement est définitif et il est tenu de lever les actions qui lui ont été réservées et d'en verser le montant (Tilsonnburg/Goodrich) sauf s'il y a eu fraude.

Il n'en est pas de même pour celui qui a accepté de souscrire avant ou après l'incorporation et sans avoir mis de signature sur la charte, qui jusqu'à la répartition peut refuser des actions souscrites même réparties si un retard pour exiger un paiement est imputable aux administrateurs: ainsi il pourra échapper à la responsabilité qu'il encourt comme actionnaire.

Le contrat de souscription d'action ne diffère pas des autres contrats; il ne comporte aucune solennité; s'il s'agit de faire la preuve du contrat, elle est obtenue par les faits (1899 1. Ch. 627). L'actionnaire ordinairement adresse une demande; les administrateurs lui remettent les actions demandées.

Comment se fait cette demande? Cette demande sera adressée à la compagnie; elle peut être adressée avant la formation de la compagnie; elle sera remise soit à un fondateur, soit à un courtier, soit à un administrateur, ces derniers n'agissant que pour le compte de la compagnie. Les principes ordinaires du mandant « la law of agency » jouent en l'espèce (1886 L.R. 1 Ex 109. 1869 L.R. 4 Ch. 178. 1881).

Cette demande peut être verbale, écrite ou sous sceau; il a été cependant soutenu par quelques juristes en raison de la s. 3, que celle-ci serait toujours écrite; ils ont invoqué l'avis du juge Osler : une personne qui pose son nom dans un contrat s'oblige à prendre en totalité les actions pour lesquelles il s'est engagé. Mais la jurisprudence a admis la validité de la demande verbale. (1888 12 A.R. 486. — 1883 4. O. R. 359). (28 D. L. R.).

L'allotement ou la répartition est la seconde partie de l'opération; c'est le moment où la compagnie accepte de contracter avec le souscripteur. Dans les contrats ordinaires l' « allotement » est l'acceptation de l'offre; souvent l'offre n'est pas satisfaite pour le tout mais partiellement. Certains déclarent que c'est une « appropriation » d'un nombre spécifique d'actions; elle ne rend pas le souscripteur actionnaire, mais rend définitif le contrat qui l'oblige à prendre ces actions de même qu'elle oblige la compagnie à remettre à l'actionnaire le nombre spécifié d'actions.

L'allotement est un élément nécessaire dans le contrat de souscription pour indiquer l'accord; comme nous le verrons plus loin on peut s'en dispenser (16 A.R. 543 1889), cependant l'opinion contraire est admise dans Québec (1864 15 L.C.R. 141).

ART. 46. — *Si les lettres patentes ou les lettres patentes supplémentaires ne contiennent pas d'autres dispositions expresses à cet effet, les actions de la compagnie ou les actions créées par suite de toute augmentation de son capital, lorsque la répartition n'en a pas été déterminée dans ces lettres mêmes, sont réparties aux époques et de la manière que les directeurs l'ordonnent par règlement.*

Mode d'allotement. — L'allotement se fera au moment et de la manière dont les administrateurs le préciseront dans un règlement; ces derniers n'ont pas besoin de recourir à une assemblée générale si dans les lettres patentes l'allotement n'a pas été réglé. L'allotement sera prouvé par la production du minute book du conseil d'administration et par la preuve que l'avis de l'allotement a été mis à la poste. Cet allotement pourra résulter d'une déduction et d'une induction (paiements faits par le souscripteur et acceptés par la compagnie.

L'actionnaire peut renoncer expressément aux formalités statutaires; il se trouvera lié par une allotement irrégulier et non conforme aux règles, de même que sa conduite peut entraîner sa forclusion.

Le devoir d'allotir n'appartient qu'à un conseil qui ne peut agir que s'il est au complet. (Voir administration.) La délégation de pouvoirs ne pourra jouer ici.

Cette répartition peut être sans effet en raison d'acte *ultra vires* des administrateurs; s'ils avaient remis aux actionnaires des actions au pair ou le solde du capital autorisé de manière à modifier le contrôle de la compagnie.

Il en est de même si l'allotement fait partie d'une transaction tendant à permettre à la compagnie d'émettre des actions à l'escompte, ou si n'ayant pas suivi les règles concernant l'émission des actions privilégiées elle répartit ces dernières.

Une compagnie peut-elle émettre des actions à l'escompte? L'opération est illégale; bien qu'accepté par le souscripteur, le contrat est sans valeur pour obtenir la livraison des actions; si celles-ci sont livrées, l'actionnaire se trouve privé du droit d'être considéré comme « *relieve* » libéré dans une liquidation, s'il a agi en connaissance de cause.

Tout actionnaire peut intenter une action pour annulation d'actions si un certificat d'actions est remis contre une promesse.

Peut-on dispenser de l'allotement? Cela est admis si la compagnie fait une offre à un actionnaire, ce dernier en acceptant l'offre conclut le marché et devient immédiatement actionnaire.

Avis d'allotement. Une offre ne lie que si elle est conforme à la proposition faite. Il est nécessaire de communiquer à l'intéressé la répartition pour que le contrat soit complet.

L'avis devra être fait dans un temps raisonnable pour lier l'actionnaire.

Il sera donné par écrit ou oralement, ainsi le souscripteur a pu savoir que la compagnie avait accepté sa demande. Quelquefois les circonstances de l'affaire permettent de faire croire à un consentement tacite de l'intéressé.

De même, un souscripteur peut être considéré, en raison de ses actes, comme forclos pour invoquer le défaut d'avis; il est admis qu'il y a eu avis si en raison des circonstances, il est prouvé que le souscripteur a agi comme actionnaire. Par exemple, s'il a exécuté un transfert, s'il a payé un appel de fonds sur les actions, s'il a laissé inscrire son nom sur le registre. C'est du reste un des modes admis pour souscrire.

Possibilité de retrait de souscription. — Une partie peut retirer une offre avant son acceptation comme dans tout contrat. Les règles ordinaires s'appliquent pour déterminer le moment où l'acceptation est arrivée aux mains de la compagnie. Le refus sera effectif du moment où il atteint la compagnie. Cependant on ne peut retirer une offre faite sous sceau. Cette offre ne tombe que si le souscripteur peut prouver un cas de rescision.

Cas où peut se produire un refus de la part du souscripteur après la répartition. Une souscription a pu être obtenue par « fraud » ou par faux exposé, ou moyennant une condition, ou par erreur soit sur le nom de la Compagnie, soit sur la nature des actions, ou par manque de cause, ou pour minorité du souscripteur.

Quant à la fraude ou la « *misrepresentation* », nous aurons l'occasion de reparler de cette question à propos du prospectus d'une manière générale. Disons de suite que les souscriptions de capital obtenues par surprise, fraude ou faux exposés faits par des employés de la compagnie, sont nuls. Les actionnaires sont en droit de recouvrer ce qu'ils ont déjà versé mais si, vu ces exposés, les administrateurs offrent d'annuler les anciennes actions, les actionnaires restent créanciers de la compagnie pour la somme payée.

Quant aux souscriptions conditionnelles, elles sont possibles, peuvent être subséquentes ou préalables.

La jurisprudence a admis les conditions suspensives, résolutoires, ainsi que les contrats accessoires « collateral agreement » notamment dans le cas des conditions résolutoires.

Dans un procès il fut admis que l'actionnaire le serait *de facto* et jouirait par conséquent de tous les droits, mais aussi de toutes les obligations, tout en gardant un recours contre la compagnie.

La compagnie doit tenir compte de la condition lors de la répartition des actions. Cependant, s'il est prouvé qu'il existait une condition subséquente au cours d'une liquidation, cette preuve ne peut être préjudiciable aux créanciers. Il s'agit de prouver l'existence d'une condition et si rien sur l'acte ne l'indique, la preuve testimoniale ne peut être admise.

L'actionnaire sous condition peut renoncer à cette condition soit en acceptant l'avis d'allotement, soit en se conduisant comme un actionnaire.

Quand un actionnaire voudra se prévaloir d'une contre-lettre, il devra prouver que la Compagnie l'avait connue.

Passons au second cas où un souscripteur peut refuser, prétendant qu'il y a eu erreur sur la compagnie. S'il peut prouver, le contrat est censé ne pas exister. Tout paiement qui aurait pu être fait par lui est sujet à remboursement.

Une autre erreur peut se produire : sur la nature des actions. Ce contrat manque de cause; il ne peut exister, cependant la conduite de l'actionnaire peut entraîner sa forclusion.

Un souscripteur peut arguer du manque de cause total, il peut se faire relever de son obligation et recouvrer tout ce qu'il a payé sur les actions; ce droit lui sera enlevé s'il est un des « original incorporators ».

Quant à la souscription d'un mineur, le contrat est entaché d'une nullité relative. Le mineur a seul droit de l'invoquer et perd ce droit si son refus n'est pas exprimé dans un très court délai après sa majorité. Comme tout contrat annulable, il est sujet à une confirmation expresse ou tacite. Les droits de l'enfant sont réservés jusqu'à sa majorité.

A côté de ces modes originaires de souscription nous avons un cas où le souscripteur a donné un faux nom ou le nom d'un incapable, il sera tenu responsable s'il peut être prouvé qu'il a voulu dissimuler sa souscription; souvent la question s'est posée pour des administrateurs.

Comment les actions sont-elles payées? Elles seront payées en argent. Cependant il a été admis que des immeubles, des meubles, des créances, des services passés ou à venir, même des promesses libèrent l'actionnaire. Déjà nous avons vu dans la loi du Dominion et de l'Ontario que des actions avaient été ainsi libérées. La loi de Québec admet ce paiement dans la s. 38, tout en le soumettant à quelques formalités : dépôt du contrat chez le secrétaire de la province. Ces transactions peuvent être passées et sont admises si elles rentrent dans la compétence de la compagnie. Au moment d'une liquidation, la cour n'a pas à rechercher, sauf sur la demande des créanciers, s'il y a eu contre-partie exacte entre les deux valeurs. Rappelons l'article 29, qui admet que des actions soient remises à titre de commissions.

Augmentation et réduction du capital social. — D'une façon générale le capital d'une compagnie a été fixé dans ses lettres; il est immuable pour une compagnie à charte. Cependant par le développement des affaires subséquentes, ce capital peut être modifié si l'acte le permet ou si c'est en accord avec les exigences statutaires. Ces dernières seront strictement suivies (269).

D'après l'art. 51 D. Co., p. 46 Qu. Co. a. 16 Ont. Co, le capital pourra être augmenté si une certaine proportion du capital a été souscrite et une autre versée. Ce point est essentiel. Tout acte fait contrairement est sans effet.

Art. 51. — *Les directeurs de la compagnie peuvent, à toute époque, dans les cas où la valeur nominale des actions existantes de la compagnie est inférieure à cent dollars l'une, établir un règlement consolidant ces actions en actions d'une plus grande valeur nominale; mais la valeur nominale de nulle action ainsi consolidée ne peut excéder le chiffre de cent dollars.*

§ 2. — *Pour opérer cette consolidation, la Compagnie peut acheter des fractions d'actions; et elle doit vendre dans le délai de deux années toutes les actions qu'elle a ainsi acquises.*

§ 3. — *Les directeurs de toute Compagnie peuvent, à toute époque, faire un règlement pour subdiviser ses actions existantes en actions d'une quotité moindre.*

Art. 52. — *Les directeurs de la Compagnie, à toute époque, après que cinquante pour cent de son capital social a été souscrit entièrement et qu'il en a été versé dix pour cent, peuvent faire un règlement à l'effet de l'augmenter jusqu'à concurrence du montant qu'ils jugent nécessaire pour que la compagnie puisse dûment exercer son entreprise.*

§ 2. — *Aucun règlement portant augmentation ou réduction du capital de la Compagnie ou subdivisant ses actions, n'a de force ni d'effet qu'après avoir été approuvé par le vote d'actionnaires représentant au moins les deux tiers des suffrages à une assemblée générale spéciale de la Compagnie dûment convoquée pour en délibérer, et avoir été ratifié ensuite par lettres patentes supplémentaires.*

Art. 53. — *Ce règlement doit indiquer le nombre des actions du capital nouveau, et peut prescrire la manière de les répartir.*

§ 2. — *S'il ne fixe pas ce mode de répartition, les directeurs sont investis du contrôle absolu de cette répartition.*

Art. 54. — *(1) Subordonnément à une ratification par lettres patentes supplémentaires, une Compagnie peut, par règlement, réduire son capital-actions par tous les moyens et, en particulier, sans préjudice de la généralité de ses droits antérieurs, au moyen des opérations suivantes :*

a) Extinction ou réduction de la responsabilité de ses actions en ce qui concerne le capital-actions non versé;

b) Avec ou sans extinction ou réduction de la responsabilité de ses actions, annuler une partie du capital-actions perdu ou non représenté par insuffisance d'actif;

c) Avec ou sans extinction ou réduction de la responsabilité de ses actions, rembourser une partie du capital-actions excédant les besoins de la compagnie;

Et la compagnie peut encore réduire le montant du capital-actions et, en même temps, de ses actions.

(2) Nul règlement pour la réduction du capital social de la compagnie ne sera valable ni n'aura d'effet avant d'avoir été voté par une majorité des actionnaires réunissant en valeur les deux tiers des suffrages à une assemblée générale spécialement et régulièrement convoquée à cette fin et subséquemment confirmé par lettres patentes supplémentaires.

ART. 51 A. — *Après la confirmation par la Compagnie d'un règlement pour la réduction de son capital-actions, ou bien, si cette réduction n'entraîne ni diminution de responsabilité concernant le capital-actions non versé, ni paiement à certains actionnaires de capital-actions versé, et à dater du jour de la présentation de la demande des lettres patentes supplémentaires confirmant la réduction, la Compagnie doit, jusqu'à telle date qu'il plaira au Secrétaire d'Etat du Canada de fixer, ajouter à sa raison sociale comme derniers mots les mots « et réduit », et ces mots sont considérés comme faisant partie de sa raison sociale. Sauf les cas où la réduction n'entraîne ni diminution de responsabilité concernant le capital-actions non versé, ni paiement à certains actionnaires de capital-actions versé, le Secrétaire d'Etat du Canada peut, s'il le juge à propos, dispenser la Compagnie de cette addition à sa raison sociale.*

ART. 54 B. § 1. — *Si la réduction de capital-actions proposée doit entraîner soit une diminution de responsabilité concernant le capital-actions non versé, soit le paiement à certains actionnaires de capital versé, soit d'autres cas que le Secrétaire d'Etat du Canada peut spécifier, tout créancier de la Compagnie qui, à la date de la demande au Secrétaire d'Etat du Canada de lettres patentes supplémentaires, à des titres à toute créance ou revendication pouvant être admise contre la Compagnie, même si cette date est celle du commencement de la liquidation de la Compagnie, a le droit de s'opposer à la réduction de son capital.*

§ 2. — *Le Secrétaire d'Etat du Canada dresse une liste des créanciers justifiés à cette opposition, et pour ce faire — autant que possible sans s'adresser à aucun d'eux — vérifie leurs noms, la nature et le montant de leur créance ou revendication. Il peut ensuite publier des avis fixant des délais aux créanciers inscrits sur la liste, pour qu'ils s'y fassent inscrire sous peine d'être privés du droit de s'opposer à la réduction.*

§ 3. — *Lorsqu'un créancier, figurant sur la liste comme non désintéressé, ne consent pas à la réduction, le Secrétaire d'Etat du Canada peut passer outre, s'il le juge à propos, pourvu que la compagnie établisse le remboursement de la dette dudit créancier, conformément aux indications du Secrétaire d'Etat du Canada au moyen de garanties attribuées comme suit :*

i) *Si la compagnie admet l'intégralité de la créance, ou si, tout en ne l'admettant pas, elle consent à assurer les fonds nécessaires, elle doit les assurer dans leur intégrité.*

ii) Si la compagnie n'admet pas ou refuse d'assurer les fonds nécessaires au paiement de l'intégralité de la dette ou d'une revendication, ou si le montant de cette dette est contingent ou n'est pas fixé, le Secrétaire d'Etat du Canada fixe un montant basé sur enquête et adjudication, comme si la compagnie était en liquidation.

ART. 54 C. — S'il est prouvé au Secrétaire d'Etat du Canada que tous les créanciers de la Compagnie reconnus justifiés, conformément à la présente loi, à s'opposer à la réduction, ont retiré leur opposition ou ont été désintéressés, affirmés ou garantis, le Secrétaire d'Etat du Canada peut délivrer des lettres patentes supplémentaires confirmant la réduction, en indiquant, à sa discrétion, les conditions dans lesquelles elle doit s'effectuer.

ART. 54 D. — (1) Un actionnaire de la Compagnie, passé ou présent, n'est responsable relativement à une action que pour un appel de versement ou contribution dont le montant ne dépasse pas la différence pouvant exister entre le montant versé ou, si tel est le cas, le montant réduit, considéré comme versé sur ladite action, et le montant de ladite action fixé par les lettres patentes supplémentaires.

Toutefois, si un créancier, ayant droit, en vertu d'une dette ou d'une revendication, de s'opposer à la réduction du capital-actions, se trouve, par suite de son ignorance de la procédure de réduction, ou de sa nature et de ses effets en ce qui concerne sa créance, n'avoir pas été inscrit sur la liste des créanciers et, après la réduction effectuée, si la compagnie est dans l'impossibilité dans la mesure des dispositions de la Loi des liquidations, de lui payer sa créance en ce cas :

i) Toute personne ayant été actionnaire de la compagnie à la date de la délivrance des lettres patentes supplémentaires, est passible de contribuer au paiement de ladite dette ou revendication pour un montant ne dépassant pas celui qu'elle aurait eu à payer si la compagnie avait commencé sa liquidation à la veille du jour que les lettres patentes supplémentaires ont été délivrées;

ii) Si la compagnie a été liquidée, le tribunal peut, à la de-

mande dudit créancier, et sur la preuve de son ignorance, comme il est dit ci-dessus, établir, en conséquence et s'il le juge à propos, une liste de personnes ainsi passibles de contribuer, et ordonner des appels de versement et des poursuites contre les contributeurs figurant ainsi sur ladite liste, comme s'ils étaient des contributeurs ordinaires dans la liquidation de la compagnie.

(2) Rien, dans le présent article, ne peut atteindre les droits respectifs des contributeurs entre eux.

ART. 54 E. — *Si un administrateur, gérant ou fonctionnaire de la Compagnie, dissimule volontairement le nom d'un créancier ayant le droit de s'opposer à la réduction du capital ou modifie volontairement la nature ou le montant de la créance ou du droit d'un créancier; ou si un administrateur, gérant ou fonctionnaire de la compagnie coopère à ladite dissimulation ou modification, ou en a secrètement connaissance, cet administrateur, gérant ou fonctionnaire est coupable de contravention, et passible de cinq ans d'emprisonnement ou d'une amende maximum de mille dollars, ou des deux peines à la fois.*

ART. 54 F. — *Pour toute réduction de capital-actions, le Secrétaire d'Etat du Canada peut exiger de la Compagnie la publication, dans le mode qu'il indiquera, des motifs de cette réduction, ou de tels renseignements qui seront jugés utiles au public et, s'il le croit à propos, des causes qui ont rendu la réduction nécessaire.*

ART. 55. — *Dans le délai de six mois au plus, à compter de l'approbation du règlement pour augmenter ou pour réduire le capital social de la Compagnie, les directeurs peuvent demander au Secrétaire d'Etat la délivrance de lettres patentes supplémentaires ratifiant ce règlement.*

ART. 56. — *A leur pétition les directeurs doivent joindre une copie du règlement revêtu du sceau de la Compagnie et signée par le président, ou par le vice-président et par le secrétaire; et ils doivent prouver à la satisfaction du Secrétaire d'Etat que le règlement a été régulièrement adopté et approuvé, et que l'augmentation ou la réduction du capital, ou la subdivision des actions prescrite par ce règlement, selon le cas, est opportune et a le caractère de la bonne foi.*

§ 2. — *Le secrétaire d'Etat reçoit à cet effet et conserve en dépôt toute déposition nécessaire, faite par écrit, sous serment ou sous affirmation, ou sous déclaration solennelle, ainsi qu'il est dit ci-dessus.*

Art. 57. — *Sur la preuve dûment faite de l'adoption et de l'approbation de ce règlement, le Secrétaire d'Etat peut accorder des lettres patentes supplémentaires.*

§ 2. — Le Secrétaire d'Etat donne immédiatement dans la Gazette du Canada suivant la formule E de l'annexe de la présente loi, avis de la concession de ces lettres patentes.

§ 3. — A compter de la date des lettres patentes supplémentaires, le capital est et demeure élevé ou réduit, ou les actions sont subdivisées suivant le cas, au montant, de la manière et sous les conditions exprimés audit règlement.

§ 4. — Les dispositions de la présente loi s'appliquent à la totalité du capital soit accru soit réduit, de même, autant que faire se peut, que si chacune des fractions de ce capital avait fait partie du fonds primitif de la compagnie.

Comment se fait une réduction.

Une réduction peut entraîner soit : 1° Une remise ou une diminution de responsabilité découlant du non paiement des actions; 2° Avec ou sans la remise précédente, l'annulation d'une partie du capital action qui a été réellement perdue ou qui excède l'actif de la compagnie; 3° Avec ou sans remise de la responsabilité le remboursement du capital actions excédant les besoins de la compagnie. Remarquons que la s. 54 D. comme la s. 5994 dit que la réduction peut se faire de toute manière. Il semble qu'on observera la jurisprudence anglaise récente qui ne l'admet que si elle n'est pas « injust » ou « inéquitable » quelle que soit la catégorie des actionnaires. Cependant certains actionnaires ont une préférence quant au remboursement du capital et les autres seront touchées par la réduction.

Le règlement ne sera admis que s'il a été voté par une majorité réunissant en valeur les 2/3 du capital souscrit dans une assemblée générale extraordinaire et confirmé par des lettres patentes supplémentaires.

Que deviennent les créanciers sociaux? Ceux-ci peuvent faire des objections; aussi les secrétaires de l'Etat ou des provinces dresseront une liste des créanciers qui auraient une réclamation ou une créance valable si la compagnie procédait à ce moment à une liquidation. Cette liste peut être publiée et des délais seront fixés pour permettre de connaître les créances omises. Le secrétaire peut les admettre ou assurer leur paiement en totalité; en cas de refus d'acceptation, ou si la dette est éventuelle ou non fixe le secrétaire peut après enquête comme s'il y avait liquidation fixer le montant des remboursements.

Quelle est la responsabilité de l'actionnaire relativement aux actions réduites? Il n'est tenu que pour la différence existant entre le montant versé ou réduit et le montant fixé par les nouvelles lettres. Cependant un créancier qui a ignoré la réduction et qui pouvait s'y opposer et ne peut être payé par la Compagnie devenue insolvable peut se retourner contre l'actionnaire qui contribuera au paiement de la dette pour le montant qui devrait être versé en cas de liquidation comme il a été spécifié le jour de la délivrance des lettres.

Des peines très sévères seront infligées aux administrateurs et aux fonctionnaires sociaux qui auraient dissimulé ou contribué à dissimuler le nom d'un créancier ou ses droits.

Toute réduction ou augmentation de capital seront soumises à publicité.

ART. 58. — *Un versement de dix pour cent au moins sur les actions réparties de la compagnie doit au moyen d'une ou de plusieurs demandes formellement faites, être appelé et fait payable au cours de l'année qui suit la constitution en corporation de la compagnie.*

§ 2. — La balance est versée aux époques et de la manière que prescrivent les lettres patentes ou les dispositions de la présente loi, ou les règlements de la compagnie.

ART. 59. — *L'appel est censé fait le jour où les directeurs ont adopté la résolution qui l'autorise.*

ART. 60. — *Si un actionnaire manque de faire et d'effectuer un versement auquel il est tenu au jour ou avant le jour fixé pour le faire, il est sujet à l'obligation de payer l'intérêt au taux de six pour cent par an sur la somme exigible depuis le jour indiqué pour le versement jusqu'à celui où ce versement est effectué par lui.*

ART. 61. — *Les directeurs peuvent, s'ils le trouvent à propos, recevoir de tout actionnaire qui désire en faire l'avance, la totalité ou partie des montants dus sur les actions possédées par lui, en sus des sommes dont le versement est alors exigible par suite d'appels.*

§ 2. — Sur les deniers ainsi reçus par avance, ou sur toute partie de ces deniers qui, à quelque époque que ce soit, dépasse le montant alors exigible par suite d'appels de versements sur les

actions pour lesquelles l'avance est faite, la compagnie peut payer tel intérêt n'excédant pas huit pour cent par an, dont les directeurs conviennent avec les actionnaires.

Art. 62. — *Si, après l'appel ou l'avis prescrit par les lettres patentes ou par une résolution des directeurs ou par les règlements de la compagnie, quelque versement demandé sur des actions n'est pas opéré dans le temps fixé par ces lettres patentes ou par résolution des directeurs ou par ces règlements, les directeurs peuvent, à leur discrétion, par résolution adoptée à cet effet et dûment consignée dans les procès-verbaux, confisquer sommairement les actions sur lesquelles le versement n'a pas été effectué.*

§ 2. — *De ce moment les actions confisquées appartiennent à la compagnie, et il peut en être disposé selon que les directeurs l'ordonnent, d'après les règlements de la compagnie ou autrement.*

§ 3. — *Nonobstant la confiscation, le porteur des actions, lorsqu'elle est exercée, reste responsable, envers les individus qui sont alors créanciers de la compagnie, de la totalité du montant impayé sur ces actions au moment de leur confiscation, moins les sommes qu'elles peuvent rapporter ultérieurement à la compagnie.*

Art. 63. — *Au lieu de confisquer les actions, les directeurs, s'ils le jugent à propos, peuvent, par voie de poursuite devant une cour compétente, contraindre le retardataire à verser toute somme exigible et à payer l'intérêt de cette somme.*

§ 2. — *Dans la demande, il n'est pas nécessaire d'exposer les faits spéciaux, mais il suffit d'alléguer que le défendeur est porteur d'une ou de plusieurs actions, et en en indiquant le nombre, qu'il doit telle somme d'argent à laquelle se monte son arriéré de versements, pour une ou plusieurs actions, à la suite d'un ou de plusieurs appels, en indiquant le nombre des appels et le montant de chacun d'eux, et que, par conséquent, un recours en justice est ouvert à la compagnie, sous l'empire de la présente loi.*

Art. 71. — *Les directeurs peuvent déduire des dividendes payables à un actionnaire toutes sommes d'argent dues par lui à la compagnie par suite d'appels de versement ou autrement.*

Appel

Appel « Call ». — Ce mot a deux sens : 1° L'appel de fonds; 2° La somme demandée : la somme qui sera exigée en une fois de l'actionnaire par versement pour ses actions.

Un versement de 10 0/0 au moins sur les actions réparties sera appelé dans l'année suivant la constitution de la compagnie (s. 58 D. s. 39 Q.). Cette règle n'est qu'indicative et n'a pas pour effet de mettre en demeure l'actionnaire en retard. Dans la deuxième partie de ces articles, il est dit que le solde sera appelé, comme le prescriront les administrateurs qui sur ce point sont entièrement libres. La cour n'a pas à intervenir, sauf s'il y a de leur part mauvaise foi ou partialité, comme dans le cas où ils favoriseraient certaines catégories d'actionnaires, les autres catégories n'ayant pas donné leur assentiment; ce qui est souvent dans les règlements sociaux, les administrateurs ne pourront faire profiter d'une différence de traitement des actionnaires qu'en prévenant les autres, sinon ils manqueraient à leur devoir, il y aurait « *breach of duty* ».

Rapprochons de l'appel le paiement par acompte « *installment* ». Le prospectus offre à l'actionnaire de se libérer du premier versement par acompte. Ces acomptes ne sont pas des appels; l'actionnaire ne peut voir confisquer ses actions comme cela se passe pour non paiement d'appel (s. 62 D) il sera poursuivi par les modes ordinaires.

L'actionnaire qui se trouve en retard paiera un intérêt sur la somme exigible depuis le jour du paiement (s. 5998 Q.). Comment sera-t-il donné avis de l'appel! Celui-ci scra établi conformément aux règles contenues dans les lettres patentes, ces règles sont générales, spéciales ou laissent aux administrateurs le soin de faire les appels. Dans cet avis seront mentionnés : 1° le montant de l'appel; 2° la date du paiement; 3° le lieu du paiement; 4° la date après laquelle les actions peuvent être forfaites. Cet appel aura été décidé au cours d'une réunion d'un conseil régulièrement convoqué : un quorum constitué par des administrateurs dûment élus et qualifiés aura été réuni; peu importe que des administrateurs *de facto* aient pris part au vote si le quorum précédent est atteint. Comme ce pouvoir est remis aux administrateurs « discretionnary », la délégation à un fonctionnaire n'a pas été admise (Voir Administration Intérieure). Des administrateurs ont la possibilité de confirmer un appel irrégulier pris par des fonctionnaires non habilités. La preuve de l'appel sera fournie par la copie du règlement scellé et signé par le fonctionnaire (s. 109 D.) ou par la production du registre du conseil. Comment l'avis sera-t-il porté à la connaissance des actionnaires; le service sera fait conformément à la s. 97 D que nous étudierons dans l'administration intérieure. En cas de mort de l'actionnaire, l'avis sera communiqué à ses exécuteurs testamentaires quand ils sont enregistrés mais en tout cas au domicile du défunt. De même le *cestui que trust*, le bénéficiaire du trust (*fidei-commis*) n'est pas tenu à cet avis.

En cas de non paiement d'appel les administrateurs peuvent forcer le retardataire par voie de justice à régler le solde s. 63 D s. 61 Q. ou à déduire le solde du montant des dividendes (s. 71 D. s. 71 Q.).

Cet actionnaire peut prétendre : 1° qu'il a payé. Il pourra lui être opposé que la promesse qu'il avait remise n'a pas été payée à échéance; 2° qu'il n'a jamais été actionnaire et qu'il rentrait parmi les personnes visées par la s. 41 D; 3° qu'il a transféré validement ses actions et que le transfert est inscrit sur les livres sociaux (s. 64) avant l'appel; 4° que l'appel n'est pas régulier; 5° qu'il n'a pas reçu d'avis; 6° qu'il y a fraude; 7° qu'il est mineur.

La compagnie peut après un certain délai forfaire les actions (s. 62 D. s. 6001 Q.). Le résultat de cette opération sera d'exclure l'actionnaire de la compagnie tout en le laissant tenu du solde impayé à ce moment aux créanciers sociaux avec déduction de toutes sommes revenant à la compagnie. Mais ce pouvoir doit être statutaire et sera examiné minutieusement par la cour. Les administrateurs agiront au mieux des intérêts de la compagnie et non de l'actionnaire. Tout droit leur est donné pour obtenir rapidement un paiement et leur tâche est d'obtenir ce paiement par tous moyens raisonnables; ils seront considérés comme ayant rempli leur devoir s'ils confisquent les actions d'un appelé qui n'est pas dans la possibilité de s'acquitter de sa dette.

Cette confiscation ne peut se produire quand l'actionnaire a demandé la rescision de sa souscription. Le seul recours contre la confiscation est la nullité de cette procédure.

Que deviennent ces actions? La compagnie en devient propriétaire contrairement à la règle qu'elle ne peut acheter ses propres actions; le plus souvent elle ne les garde pas, elle les revend, et le nouvel actionnaire sera tenu pour les nouveaux appels avec l'ancien qui reste encore responsable comme nous l'avons vu plus haut, vis-à-vis des créanciers sociaux. Ce pouvoir de forfaire sera exercé par les administrateurs; leurs actes ne pourront être confirmés par les assemblées d'actionnaires, même en cas d'irrégularité. Cette confiscation sera précédée d'un avis et suivie d'une résolution des administrateurs.

Un actionnaire ne peut, en dehors des prescriptions statutaires, rendre volontairement ses actions. La plus grave objection est que rendre des actions reviendrait à réduire le capital de la compagnie. Or une réduction du capital ne peut se faire que suivant des règles déterminées, peu importe que la compagnie soit solvable ou non à ce moment.

Cependant ce pouvoir de faire rembourser les actions peut être donné statutairement aux actionnaires. Ces actions seront reprises par la compagnie et non par l'intermédiaire d'un trust.

Les actions qui sont sur le point d'être déclarées forfaites peuvent être « surrender » remises à la Compagnie.

Dans une affaire canadienne Alberta Rolling Mills/Christie, le juge Anglin s'est déclaré pour la négative.

En l'absence d'un texte statutaire aucune somme ne peut être remboursée à l'actionnaire, car l'argent souscrit ne peut être détourné de son but et les créanciers sociaux ont un droit sur cet argent. Cela reviendrait à une réduction ou à un mauvais usage du capital.

Art. 64. — *Nul transfert d'actions, s'il n'est opéré par vente forcée ou à la suite d'un décret, ordre ou jugement d'une cour compétente, n'a, jusqu'à ce qu'il soit dûment inscrit sur le registre des transferts, aucun effet, excepté celui de constater les droits respectifs des parties et de rendre le cessionnaire responsable, dans l'intervalle, conjointement et solidairement avec le cédant, envers la compagnie et ses créanciers; toutefois quant aux compagnies dont les actions sont cotées et négociées à toute bourse reconnue au moyen de script communément en usage, endossés en blanc et transférables par délivrance, cet endossement et cette délivrance constituent des transports valables; le détenteur d'un script n'a pas cependant droit de vote sur les actions avant qu'elles n'aient été enregistrées en son nom dans les livres de la compagnie.*

Art. 65. — *Nul transfert d'actions dont le montant n'a pas été payé intégralement ne peut se faire qu'avec le consentement des directeurs.*

Art. 66. — *Une action ne peut se transférer avant qu'il n'ait été entièrement satisfait à tous les appels de versements jusqu'au moment du transfert.*

Art. 67. — *Les directeurs peuvent refuser d'enregistrer tout transfert d'actions appartenant à un actionnaire endetté envers la compagnie.*

Art. 67 A. — *En cas de transmission par testament ou succession après vérification des pièces prouvant la transmission remises entre les mains du fonctionnaire social, les administrateurs sont en droit de payer le dividende et de consentir au transfert.*

Art. 68. — *Tout transfert des actions ou autres intérêts d'un actionnaire décédé, qu'effectue son représentant personnel, bien que celui-ci ne soit pas lui-même actionnaire, est aussi valable que si ce représentant avait la qualité d'actionnaire au moment où il passe l'acte de transfert.*

Transfert d'actions

Qui peut valablement transférer des actions? Toute personne et toute compagnie sauf la compagnie pour ses propres actions qu'elle ne peut détenir. Le mineur peut transférer ses actions quoique un acte fait par lui est annulable et non nul, et la compagnie doit enregistrer ce transfert s'il n'est pas annulé avant la demande d'enregistrement.

Le « curateur » d'un aliéné peut transférer les actions détenues par un fou.

Pour des actionnaires décédés des règles sont édictées quant au transfert d'actions leur appartenant.

De même après une liquidation aucun transfert ne sera admis sans sanction du liquidateur autorisé par la loi.

Si aucune règle spéciale n'est stipulée dans l'acte ou la charte régissant la compagnie, une cession d'actions exécutée régulièrement par cédant et cessionnaire, avec un avis régulier à la compagnie auparavant, même sans enregistrement ultérieur, est valable.

Les Acts du Dominion (s. 64) et Québec (s. 6003) exigent un

transfert pour compléter la cession, sinon le transférant et le transféré restent tous deux solidairement responsables vis-à-vis de la compagnie et des créanciers pour le solde non encore payé des actions.

Les règles exposées plus haut ont été simplifiées dans l'intérêt des commerçants pour permettre au transféré d'être considéré comme le véritable propriétaire des actions, en permettant la livraison des actions endossées en blanc, le certificat n'étant enregistré que sur demande. Le détenteur ne devient propriétaire des actions que si le certificat est enregistré, mais il a entre les mains un titre lui permettant de se faire attribuer les actions sans risquer de voir son droit contredit par un tiers détenant son droit du propriétaire enregistré.

Cette pratique est reconnue (voir s. 64, s. 6003) pour les actions cotées en bourse au moyen de « script », actions provisoires, lequel constitue un transport valable. Le détenteur du script ne devient actionnaire que du jour où le titre est enregistré. Les transferts seront confirmés sans retard s'ils sont inattaquables. La compagnie, en raison de sa négligence à transférer, ne peut arguer du retard pour tenir le transféré responsable solidairement avec le transférant. Le transféré ne pourra tirer profit de cette exception que s'il n'a pas été, de son côté, négligent.

Les actions d'une compagnie ne se transmettent que par transfert et cependant elles peuvent circuler par tradition, mais elles sont soumises aux « equities ». Ainsi un vendeur a pu vendre à deux personnes dont l'une aura un certificat. Celle qui deviendra actionnaire sera la première enregistrée. Les règles d'équité s'appliquent.

Le détenteur d'un transfert non enregistré a une action en revendication. Mais ses droits ne sont pas plus importants que ceux de son auteur.

Ainsi il n'a aucun droit si son auteur est un voleur. Cependant toutes les oppositions qui auraient pu être faites à son auteur ne l'empêchent pas d'obtenir l'enregistrement de ses actions, notamment s'il était de bonne foi et si son auteur avait abusé de la confiance de son mandant.

Ainsi une banque a pu vendre des actions remises en garantie d'avances par un courtier alors que rien n'indiquait quel était le vrai propriétaire, vu qu'elle avait un pouvoir de transférer les actions en blanc; mais il n'en est pas de même si le certificat comporte une restriction.

Mort d'un actionnaire. — Si un actionnaire meurt, sa fortune personnelle est dévolue à ses exécuteurs testamentaires, sur laquelle ceux-ci seront responsables de toutes les dettes. Or les actions font partie du « personal estate ». Les *exécutors* ne seront membres de la compagnie que s'ils consentent à assurer les charges pesant sur les actions.

Preuve du transfert. — Un registre de transferts sera tenu par la compagnie; tous les renseignements concernant cette opération y seront relatés. De plus, toutes les indications relatées seront preuves à priori des faits à établir.

Que veulent dire les mots de la s. 64 : Le transfert n'a aucun effet, excepté celui de constater les droits respectifs des parties? C'est de conserver jusqu'à l'enregistrement la responsabilité du transférant.

Restrictions au transfert. Refus d'enregistrement. — 1° Actions non entièrement payées. D'après s. 65 D. s. 6004 Q. le consentement des administrateurs est nécessaire. Cependant il peut être déduit des circonstances. Ce point est important, car on voit dans Québec que les administrateurs sont conjointement et solidairement responsables si le « transféré » est sans moyens suffisants pour libérer les actions.

Les administrateurs peuvent-ils refuser leur consentement dans tous les cas ou seulement pour certaines raisons. Toutes ces réglementations ne sont établies que dans un but : éviter de substituer à des actionnaires solvables des actionnaires sans ressources. Aussi regardera-t-on si les administrateurs ont raisonné ainsi. Ils exerceront ce pouvoir pour le plus grand profit de la compagnie.

Ainsi ils peuvent prendre raisonnablement une résolution visant les transferts à venir, car ils pourraient sérieusement engager la responsabilité des membres de la compagnie, notamment quand il s'agit d'actions pour lesquelles il n'a pas été satisfait à tous les appels de versement et qui sont déjà enregistrées s. 66 Det. s. 6004 Q.

Les actions sont devenues des *res extra commercium;* elles ne sont pas « transferable »; les administrateurs ne peuvent consentir à ce transfert lorsque l'appel est légal et effectif.

La règle ne joue pas pour les paiements par acompte, car ces derniers sont établis conventionnellement.

Privilège que possède la compagnie à l'égard d'un actionnaire débiteur. — Le droit de refuser le transfert est un privilège qu'elle tient de ses statuts. Cependant dans un cas de Québec il est affirmé qu'aucun *lien* n'existe en raison d'une dette quelconque vis-à-vis de la compagnie si l'acte incorporatif ne lui confère ce droit et même dans ce cas aucun transfert ne saurait être empêché. La compagnie peut faire valoir son privilège contre un créancier saisissant un actionnaire.

Elle ne peut agir ainsi que sur l'actionnaire propriétaire et non sur le « trustee », même si elle n'est pas tenue à reconnaître l'existence du trust en raison d'un intérêt équitable. Ce privilège peut disparaître en raison d'une renonciation expresse ou tacite ou un accord incompatible avec la durée du lien.

Autres restrictions apportées au transfert. — A part les précédentes et celles relatives aux « private C° », les administrateurs ne semblent avoir aucun pouvoir : par exemple vis-à-vis d'un actionnaire qui transfère à des prête-noms pour bénéficier d'appuis. Certes, on a essayé d'entraver ce droit d'enregistrement en s'appuyant sur la s. 45 D. Ce règlement a été jugé non valable, car comme le dit le juge Moss (s. 45) l'article sera lu en se rapportant à s. 80, les administrateurs peuvent faire des règlements quant à la répartition des actions, les appels, la délivrance et l'enregistrement des certificats d'actions, la confiscation et le transfert d'actions. Les administrateurs ne peuvent s'opposer au transfert que dans des cas limités, mais il leur est loisible de réglementer le transfert pour assurer la correction et faciliter le trafic des titres et non pour l'empêcher.

Un exemple nous est fourni : dans un cas, des actionnaires avaient passé un accord entre eux, et chacun avec la Compagnie, accord suivant lequel aucun transfert ne pouvait être fait sans entente avec autrui, les actions restant toujours « transferable » ; il fut jugé que s'il est passé outre à la convention, le seul recours serait une action en dommages ou en une injonction pour empêcher la violation de cet accord. Ici la convention ne faisait pas partie des statuts de la compagnie. Quiconque traitait pouvait ignorer la convention qui n'est que « collateral agreement ». Il en est de même dans un cas de Québec.

En s'appuyant sur ce dernier argument, on pourrait dire

que le fait d'avoir imprimé une restriction sur le certificat montrerait que celle-ci n'était pas secrète. Il semble qu'une telle restriction au transfert sera valable si elle est insérée dans les lettres patentes.

Transfert pour échapper à la responsabilité. — Ainsi le « transferor » qui obtient son transfert avec le consentement des administrateurs échappe à toute obligation que lui imposerait sa qualité d'actionnaire à condition que ce transfert sera effectué et que l'enregistrement n'aura pas été obtenu par des moyens incorrects. On veut entendre par là agir par fausseté, ou par dissimulation pour obtenir des administrateurs leur consentement au transfert. C'est ce que confirme le juge Buckley. C'est presque toujours une question de fait. La cour se rendra compte si en l'espèce les administrateurs pouvaient connaître la vérité.

Il fut considéré que c'était un moyen incorrect d'obtenir un transfert si le « transferor » a profité de cette opération pour transférer ses actions à un homme de paille, grâce à une circonstance qui n'a été produite qu'en raison d'un manquement à quelque devoir dont les administrateurs étaient tenus vis-à-vis de la compagnie, par exemple en retardant la date où sera déclarée la liquidation ou en obtenant le consentement des administrateurs grâce à la collusion.

Il en est de même si des actions sont remises à un « transferee » comme entièrement payées alors que le détenteur est responsable des appels; pour ces actions la responsabilité reste à la charge du « *transferor* ».

2° Pour un transfert d'actions remises à titre de boni, où l'administrateur qui les avait transférées en premier, reste tenu pour manquement à un trust. s. 83. Dans ces deux cas, le transféré est tenu quitte.

Quand les transferts ne valent rien et sont sans effet celui qui a fait le transfert ne sera pas relevé de son obligation car il ne sera tenu quitte que s'il s'est défait de ses actions par quelque manière légale.

Cependant le tout dépend de la bonne foi du transféré dans l'affaire. Ainsi quand des actions sont remises à un « trustee » en vue d'une annulation qui n'est pas faite dans la suite.

Irrégularité dans la forme. — Un transfert peut être valable de bonne foi sans qu'il soit conforme à la procédure usuelle.

Cela s'est produit pour un administrateur provisoire qui désira se retirer alors que la compagnie n'était pas encore complètement organisée et ne possédait pas de registre de transfert; son nom fut biffé sur le livre social, ses actions furent remises au président, les actionnaires approuvèrent. Cette procédure fut tenu comme transfert valable.

Fin de non-recevoir. — Un administrateur, bien qu'il eût déjà cédé ses actions et que la cession eût été acceptée et enregistrée par la compagnie a payé un appel. Si un second appel a lieu par la suite, il n'est pas forclos pour invoquer l'assignement et se refuser à payer ce second appel. Dans un autre cas un transfert n'a été fait que pour permettre à une personne d'être administrateur : les premiers transferors prétendant que les titres n'étaient remis qu'en trust furent repoussés de leur action contre le légataire du transféré.

A tout moment, le transféré peut prouver qu'un transfert fait sans restrictions n'était qu'un transfert à titre de garantie. De même un actionnaire qui a reçu des actions peut à tout moment mettre en doute la légalité de l'émission. Mais il se trouvera forclos par le « winding up » (liquidation).

Forme du transfert. — Cette forme est prescrite par un règlement comme le disent les s. 45 et 80. Un « transfer book » existera, tous les transferts y figureront signés par le transferor ou par son attorney dûment mandaté; les numéros portés par les actions, l'adresse du transferor peuvent être omis même si les administrateurs connaissent ces deux indications; des numéros faux ou des adresses inexactes ne vicient pas l'inscription.

Le nom marqué sur le certificat sera le même que la signature. Souvent un témoin a signé, mais cette signature n'est pas obligatoire. Si le nom n'est pas le même en raison de mariage ou divorce, toute pièce justificative sera demandée.

De même si le transfert est fait par un exécuteur testamentaire ou un « administrator » de succession; l'original de la preuve ou lettre d'administration sera présenté. La compagnie recherchera si l'executor est le vrai (sinon elle serait obligée de reverser les dividendes) et si l'executor a le droit de vendre ces actions.

Recours en cas de refus d'enregistrer un transfert. — La compagnie doit exécuter ce transfert sauf dans les cas cités plus haut; sinon elle encourt les conséquences de son manquement;

dans le cas d'un refus préjudiciable la compagnie peut être poursuivie en « *equity* » devant le tribunal en vue d'obtenir un décret la forçant à s'exécuter. En Ontario et Québec, une ordonnance sera accordée au nom du transféré, s'il n'y a pas eu faute ou négligence de la part de ce dernier. Le droit de poursuivre en dommages est reconnu au transféré. Le « *writ* » sera pris contre la compagnie. Le montant des dommages se détermine par la valeur des actions au moment du refus.

Vente d'actions. — Relations juridiques entre l'actionnaire et le transféré. La livraison, à moins de terme, sera faite dans le délai fixé par les usages. S'il y a retard dans la remise, l'acheteur peut refuser d'accepter les actions. Bien que le contrat de vente lie implicitement le transféré à obtenir le transfert, son obligation ne sera exécutée que si le transfert est obtenu. Le transferor ne peut normalement pas empêcher ou retarder ce transfert. Signalons qu'un transféré dont les actions ne sont pas entièrement libérées et dont 80 0/0 sont encore à verser, peut exiger le paiement de ce solde par le transferor si lui, comme transféré, est refusé comme actionnaire.

Quand un acheteur refuse d'accepter les actions le vendeur peut obtenir des dommages ou une exécution en espèces.

L'exécution en espèces ne peut pas être prise si les administrateurs refusent le transfert et ne peuvent y être forcés. Ainsi à Québec, dans un cas où il y avait refus de la compagnie et du vendeur, l'accord fut déclaré nul.

A quoi se monte le dommage? C'est la différence entre le prix d'achat et le prix actuel.

S'il y a préjudice pour l'acheteur, le vendeur l'indemnisera des dommages en se basant sur le plus haut prix au moment de la rupture de contrat et gardera les actions. S'il ne garde pas les actions, l'acheteur l'indemnisera de tous appels ou obligations qui ont pu se produire, et souvent un acheteur demandera au vendeur à être relevé pour ces actions.

Remarquons que le transferor peut, bien que le transfert soit régulier, inviter les administrateurs à se prêter pendant quelques jours à faire opposition d'enquête à une ordonnance de remise.

Quelle est la situation d'un transféré achetant des actions détenues en trust par un trustee. Si les actions montrent qu'il y a trustee la vente est nulle. Dans le cas contraire s'il y a hésitation, mais le transféré n'ignorant pas ce fait, la vente sera nulle également. De même si le transferor n'est pas propriétaire, le transféré ne sera touché que s'il pouvait s'en douter. A ce propos signalons les articles

Art. 41. — *Celui qui est porteur d'actions de la compagnie en qualité d'exécuteur testamentaire, administrateur, tuteur, curateur, gardien ou fiduciaire de ou pour une personne mentionnée dans les livres de la compagnie comme étant ainsi représentée par lui, n'est personnellement sujet à aucune responsabilité, à titre d'actionnaire; mais les biens et deniers en sa possession sont obligés, de la même manière et au même degré que le serait le testateur ou l'intestat, le mineur, le pupille ou l'interdit, ou l'intéressé à la fiducie, s'il était vivant et capable d'agir, ou possédait les actions en son propre nom.*

§ 2. — Nul individu nanti d'actions à titre de garantie collatérale, n'est personnellement sujet à aucune telle responsabilité; mais celui qui a engagé ces actions en est réputé le porteur, et est par conséquent responsable comme actionnaire.

Art. 42. — *Tout exécuteur, testamentaire, administrateur, curateur, gardien ou fiduciaire en possession d'actions ainsi qu'il a été dit, les représente aux assemblées de la Compagnie, où il peut voter comme tout actionnaire; et toute personne qui a engagé ses actions peut les représenter aux assemblées, et, bien qu'elles soient engagées, voter comme actionnaire.*

Art. 50. — *La Compagnie n'est tenue de veiller à l'exécution d'aucune fiducie, formelle, implicite ou d'induction qui pourrait exister à l'égard de quelque action.*

§ 2. — Le reçu donné par l'actionnaire au nom duquel l'action est inscrite dans les livres de la compagnie, est, pour cette dernière, une délibération valable et efficace de tous dividendes ou deniers payables à raison de ladite action, qu'elle ait ou non été notifiée de l'existence de la fiducie.

§ 3. — Elle n'est pas tenue de veiller à l'emploi des deniers payés sur ce reçu.

Emprunts sur garantie d'actions. — Ils peuvent être faits de différentes manières : 1° par un endos en blanc d'actions. Le prêteur court le risque de n'avoir aucune garantie si son emprunteur fait un nouveau transfert ou n'est pas devenu actionnaire pour cause de dettes vis-à-vis de la compagnie.

2° L'actionnaire peut emprunter sur ses actions en donnant un transfert à titre de garantie, le prêteur a le droit d'obtenir un décret de forclusion et n'est pas forcé de recourir à une vente.

3° Il peut aussi remettre ses actions en trust.

Dans le cas d'actions non payées, il donne avis à la compagnie de l'acte qu'il a passé. Si elles sont payées il fait un transfert.

Certes, le prêteur peut obtenir un « *out and out transfer* » transfert sans restrictions à son nom ou à un prête-nom, il obtient ainsi une garantie pour ses avances. Quelquefois des emprunteurs ont donné en garantie de prêt des actions qu'ils n'avaient qu'en dépôt. Les prêteurs ont pu garder les actions contre le droit des déposants. Le prêteur ne peut être recherché que si le certificat porte en plus de l'endossement en blanc une mention restrictive ou n'est pas régulier.

Si le pouvoir de vente n'a pas été remis au prêteur, celui-ci l'a implicitement s'il n'est pas payé à l'échéance, si aucun terme n'est fixé pour le remboursement et s'il y a eu avis réclamant le paiement. Quant au mode de la vente, cela dépend de la loi de chaque province.

Emprunt d'actions. — L'emprunteur d'actions n'est pas tenu à rendre les mêmes actions. Il peut se libérer à tout moment, le *lender* lui retournant séance tenante la garantie qu'il avait donnée.

La compagnie peut encourir une impossibilité lors d'un transfert. Elle ne peut retirer du registre le nom d'un actionnaire que s'il y a eu un transfert. Si elle a établi faussement un transfert, la compagnie sera tenue à payer des dommages pour toute perte pouvant en résulter ou à remplacer les actions irrégulièrement transférées. Aussi quand elle recevra un transfert, elle avisera à toutes fins utiles l'actionnaire figurant sur son registre. Elle peut encore demander une caution pour le transfert présenté.

La compagnie ne peut recourir contre les transferts « *subsequent* » si les derniers transférés l'ont acquis « *bona fide* ».

La compagnie, après un transfert, donne un nouveau certificat; si, par hasard, il y a faute elle n'encourt aucune responsabilité.

Transferts à des « partnerships » ou par des « partnerships »

La compagnie n'est pas tenue d'inscrire leurs noms car les « partnerships » ne sont des personnes ni naturelles ni légales, et elles ne peuvent demander l'inscription, car l'acte ne semble envisager comme actionnaire que des « personnes »; cependant on les inscrit à titre personnel et non comme parties conjointes.

Dividendes. — Les ressources qui doivent servir au paiement des dividendes sont l'excédent des gains de la compagnie sur les dépenses engagées pour les obtenir, y compris les frais qui grèvent la compagnie. Il est admis qu'il ne faut pas attendre d'avoir payé toutes les dettes ordinaires courantes ou la fin des travaux sociaux, ou le paiement des dépenses d'organisation : et même le capital perdu qui n'a pas été remplacé n'est pas un empêchement à leur établissement. Il a été admis dans un procès (1). Si des dépenses importantes ont été entreprises au delà du revenu, celles-ci peuvent être mises à la charge du capital, de façon à faciliter la trésorerie.

Tout transféré a droit aux dividendes déclarés après la date du transfert.

Le dividende doit être payé en espèces s'il n'y a pas d'autorisation expresse et non en émettant des « debentures » ou des actions préférentielles. Sous toute autre forme, les actionnaires seront unanimes pour accepter ce mode.

La s. 80 donne aux administrateurs la possibilité de prendre des règlements quant à la déclaration et au paiement des dividendes. Les actionnaires ne peuvent sur ce point contrôler les administrateurs que si ces derniers ne suivent pas les règlements.

Une compagnie ne peut payer de dividendes que si elle a fait des bénéfices. Sinon elle les prendrait sur le capital et par ce moyen rembourserait leur capital aux actionnaires mais à leurs dépens.

Art. 70. — *Il ne peut être déclaré de dividende qui entame le capital de la compagnie.*

Art. 70 A. — *Une compagnie constituée en corporation, dont l'objet principal est l'exploitation minière, peut déclarer et*

---

(1) 1870, 5 Ch. 64.

verser des dividendes à même les fonds provenant de l'exploitation de la compagnie alors même que cela peut réduire l'actif net de la compagnie à moins que la valeur au pair du capital-actions émis ou s'il s'agit de compagnie ayant des actions sans valeur au pair, soit au moins le montant du capital avec lequel la compagnie doit exercer ses opérations. Si ce paiement ne diminue pas le reliquat de l'actif de façon à ce qu'il ne suffise plus pour acquitter toutes ses obligations alors existantes de la compagnie à l'exclusion de son capital nominal acquitté, ce dividende ne sera versé qu'après avoir envoyé un avis à chaque actionnaire à son adresse connu deux semaines auparavant, mentionnant qu'il est versé en raison de cet article et contenant le texte de l'article.

Elle diminue ou entame le capital s. 70 D. s. 95 Ont. s. 69 Q. Aussi les administrateurs qui, dans des buts frauduleux et pour faire croire aux actionnaires et au public que la compagnie est, au point de vue affaires, dans une situation splendide, déclarent des dividendes, quand il n'y a pas de profits pour en permettre le paiement, et les paient en prenant sur le capital ou avec de l'argent emprunté dans ce but, se rendent coupables d'une peine criminelle et punissable en « common law ».

Les dividendes ne seront pas payés à l'aide du capital. Que signifient ces mots? On entend par capital l'argent souscrit conformément au memorandum ou ce qui est représenté par cette somme. Est-ce qu'on y comprend les accroissements du capital qui pourraient être réalisés et distribués entre actionnaires à titre de gain supplémentaire?

Pour savoir quel est le profit disponible, les comptes établis correctement pour l'année le diront. Car bien qu'on puisse prendre pour payer un dividende des bénéfices réalisés quoiqu'il en résulte une dépréciation du capital, on ne peut considérer comme profit distribuable une « *realized accretion* » de la valeur estimée d'un *item* article du capital sans se reporter aux résultats de l'année.

Indiquons à ce propos quelques décisions anglaises. Dans un cas, les pertes relevées au cours d'une année n'avaient pas été reportées à l'année suivante en vue de les déduire des bénéfices annuels. Ils étaient simplement ignorées de manière à obtenir un départ nouveau sans charges anciennes. Les dividendes étaient basés sur l'excédent des recettes annuelles. La compagnie, en suivant cette méthode, diminuait annuellement son capital. Elle aurait dû, chaque année, compenser ses dettes antérieures avec les profits annuels si elle ne voulait pas se trouver dans un embarras financier du fait que les dépenses courantes dépassaient les recettes. Aussi la cour déclara ce mode répréhensible mais ne rentrant pas dans le cas de paiement sur le capital. La même idée se retrouve quand on admet qu'un article d'association autorise le paiement d'intérêts aux actionnaires sans permettre qu'il soit pris sur le capital. Le capital versé ne peut être employé, ni à distribuer des dividendes ni à payer des dettes. On peut dire qu'il y a eu « illegal application » du capital. De même si, pour faire face à une lourde charge, la compagnie fait un appel, on peut dire qu'aucune loi n'oblige à verser des dividendes que si le capital est rendu intact. C'est une question de conduite suivie par les hommes d'affaires honnêtes et compétents pour ne pas imposer au capital des charges particulières.

Certaines dettes encourues au cours de la marche des affaires peuvent être correctement et d'une façon permanente mises à la charge du capital.

Quelquefois des dépenses ne sont supportées par le capital que dans le but de gonfler les bénéfices apparents; cependant on ne peut en déduire que le dividende est pris sur le capital.

Une compagnie avait débité son compte profits et pertes en raison d'une grosse dépréciation : construction machines, matériel. Depuis, par la suite, la dépréciation indiquée n'exista plus. Pour faire disparaître cette dépréciation qui montrait que le capital était entamé on fit une évaluation nouvelle qui permit de radier la dette antérieure. Aussi quand les actionnaires prétendirent que le dividende avait été pris sur le capital et que les administrateurs auraient dû d'abord rétablir l'ancien capital, ceux-ci repoussèrent la demande.

Qu'est-ce que le capital fixe? Les auteurs canadiens le définissent ainsi (1). Ce que la Compagnie garde sous forme d'*asset* (actif) sous lequel le capital souscrit a été dépensé, qui produit lui-même des revenus ou qui, gardé par la Compagnie, sert à en produire.

Qu'est-ce que le capital circulant? De même, ils déclarent:

---

(1) [Définition donnée par le J. Swinfen Edy].

c'est le capital souscrit dont l'utilisation a été laissée temporairement dans l'affaire sous forme d'argent, marchandises; celles-ci et leurs produits reviendront à la Compagnie avec un accroissement et toujours de même.

Ces termes ne conviennent que pour distinguer l'un de l'autre et pour connaître les bénéfices disponibles. Toute somme dépensée à l'achat de marchandises ou de matières premières sera une charge imputable au passif ou déduite des recettes avant que le montant des bénéfices puisse être déterminé. Cette distinction est fort importante; ainsi le capital fixe peut être « *sunk* », dans le cas d'une mine qui se déprécie lors de l'extraction ou « *lost* » et produire cependant un excédent de recettes sur les dépenses. A cette occasion une règle spéciale à ces Compagnies a été insérée dans 70 A.

Il faudra séparer ce capital circulant pour éviter d'être en contradiction avec la loi.

D'une manière générale, les administrateurs observeront les règles suivantes : créer une réserve pour pertes non prévues, annuler grâce à des comptes corrects annuels toutes dépréciations, pour reconstituer l'actif disparu et compenser toutes les dettes mauvaises et douteuses, éviter de payer des dividendes si les opérations sociales ne font pas ressortir un profit constaté par la comptabilité en partie simple.

Ils devront se méfier du danger de surévaluation.

La discussion a été ouverte sur les modes de constater les profits et les méthodes d'évaluation.

S'il y a eu une forte perte, que le capital soit fortement entamé ou si on ne peut remédier à sa diminution au moyen de bénéfices, le capital devra être réduit.

Responsabilité des administrateurs. — Ils sont, pour un dividende déclaré contrairement aux règles de la section, tenus solidairement et conjointement responsables vis-à-vis de la Compagnie, de chaque actionnaire, de chaque créancier social pour les dettes actuelles et futures tant qu'ils sont administrateurs. Ils sont tenus de réparer toute perte qu'ils ont causée; une procédure de fraude administrative peut être ouverte contre eux. Cependant l'actionnaire qui agira contre eux aura dû refuser ce dividende où s'il l'a reçu, prouver qu'il ignorait la faute.

Comme ils ont agi illégalement, leurs actes ne pourront jamais être ratifiés.

Cependant, l'administrateur ne sera pas responsable s'il n'a fait qu'accepter le bilan présenté d'après un exposé incorrect d'un « *official* » car il n'est pas tenu de vérifier l'exactitude des faits présentés s'il n'a aucun sujet de doute.

La responsabilité d'un administrateur *de facto* sera la même que celle de l'administrateur en titre. De plus la responsabilité ne porte que sur le montant dont le capital a été « *depleted* » par ce dividende illégalement distribué.

Mais le président sera tenu de toute présentation frauduleuse des « *earnings* » même si les dividendes ne sont pas « ultravires » ou pris sur le « fixed capital ».

Tout administrateur de bonne foi ne sera pas tenu au remboursement.

Le dividende pour les actions privilégiées est réglé d'après les termes de l'émission qui se trouvent toujours indiqués dans les règlements ou lettres patentes. Cette obligation ne pourra pas être modifiée ou violée. Une « injonction » pourra être prise quand une infraction aura lieu à leur égard pour en suspendre les effets; aucun acquiescement ne prive l'actionnaire de son droit pour les futurs arrérages, bien qu'il soit forclos pour des arrérages précédents.

Qui a droit au dividende? Le tenant « *for life* » prend les dividendes, le nu propriétaire garde le capital, tel est souvent l'accord établi par contrat ou testament. Cependant que diré d'un dividende capitalisé. Un partage se produira. Les deux intéressés s'en remettront à la Compagnie. Le moment où naît le droit dépend du jour où la Compagnie déclare les bénéfices distribuables entre les actionnaires et non pas du moment où les bénéfices existent pour la Compagnie sauf dans certains cas. Il est payable du jour de la déclaration; c'est une *debt*, tout actionnaire est en droit d'en obtenir le recouvrement par voie judiciaire dans les six ans.

Bonus. — On appelle ainsi toute somme accumulée soit depuis des années, soit pour un but devenu non essentiel, soit parce que trop importante pour être conservée sous un des articles du bilan.

Réserve. — C'est l'argent qui, annuellement, après le bilan établi, n'est pas distribué en dividendes aux actionnaires. Il n'est pas laissé comme un solde flottant au compte profits et pertes mais est crédité à un compte spécial. C'est le surplus courant de l'actif sur les obligations considéré comme une *liability*.

Les administrateurs sont en droit de la constituer, d'ouvrir un compte et de ne pas tout verser aux actionnaires. Ils peuvent placer ce fonds sous forme de placements qu'ils peuvent choisir sans approbation de l'assemblée d'actionnaires. Ils peuvent remettre ces fonds à un trustee qui en sera comptable. Ils peuvent laisser cette somme au compte Profits et Pertes ou l'approprier à un usage social.

La Cour ne peut intervenir quant à cette gestion, seuls les actionnaires en majorité peuvent le faire si les administrateurs n'agissent pas correctement en maintenant une réserve ou ne l'employant pas comme il est prévu.

Les *préférences actionnaires* n'y peuvent rien objecter même s'ils se trouvent lésés dans les exercices suivants. Cependant les administrateurs ne doivent pas favoriser une catégorie d'actionnaires.

CHAPITRE VII

DES OBLIGATAIRES

Il arrive parfois qu'avec le seul capital autorisé la Compagnie ne dispose pas de ressources suffisantes pour entreprendre toutes les affaires envisagées dans son acte d'incorporation. Aussi recherche-t-elle des particuliers qui lui avanceront pour une courte période de l'argent contre un intérêt fixe : ses bénéfices futurs devant lui permettre de rembourser dans un délai plus ou moins éloigné. Ce que la Compagnie envisage dans l'emprunt, c'est d'avoir de l'argent immédiatement, tandis que si elle eût cherché cette somme dans l'émission d'un nouveau capital, la charge aurait pesé sur l'avenir et notamment sur la distribution des dividendes.

Elle dispose de différents moyens. Elle peut ou recourir à un emprunt non garanti ou obtenir dans une banque un compte à découvert ou émettre des billets : (cependant le droit d'émettre des billets au porteur n'est reconnu à une Compagnie que dans des conditions limitées, car ces billets pourraient circuler comme monnaie) ou encore donner en gage des immeubles ou des meubles ou enfin émettre des bons ou des obligations.

Art. 69. — *Les directeurs, s'ils y sont autorisés par un règlement sanctionné par le vote d'au moins les deux tiers en valeur du capital souscrit de la Compagnie, représentés à une Assemblée générale dûment convoquée pour cet objet peuvent selon les besoins :*

a) *emprunter des deniers sur le crédit de la Compagnie;*

b) *limiter ou augmenter le montant ainsi emprunté;*

c) *émettre des obligations, débentures, débentures-actions ou autres valeurs de la Compagnie et les engager ou les vendre pour telles sommes et à tels prix qui peuvent être jugés convenables;*

d) *hypothéquer, mortgager ou engager les biens réels ou personnels de la Compagnie, ou les deux, pour garantir toutes obligations, débentures, débentures-actions ou autres valeurs, et tous fonds empruntés pour les objets de la Compagnie.*

§ 2. — *Aucune disposition prévue par le présent article ne peut limiter ou restreindre les emprunts effectués par la Compagnie sur des lettres de change ou billets à ordre faits, tirés, acceptés ou endossés par la Compagnie ou en son nom.*

§ 3. — *Une condition contenue dans toutes débentures ou dans tout acte les garantissant, qu'elles aient été émises ou exécutées avant ou après l'adoption de la présente loi, n'est pas nulle du fait seul que par là les débentures ne sont rendues irrachetables, ou rachetables que dans le cas d'une éventualité, quelque éloignée qu'elle puisse être, ou à l'expiration d'une période aussi éloignée soit-elle, nonobstant toute règle d'équité à ce contraire.*

§ 4. — *Lorsqu'une Compagnie a racheté des débentures émises antérieurement, la Compagnie, à moins que les conditions d'émission ne contiennent d'autres dispositions expresses, ou à moins que les débentures n'aient été rachetées par suite de quelque obligation de la part de la Compagnie de le faire (pourvu que cette obligation ne soit pas exécutoire uniquement par la personne à qui les débentures rachetées avaient été émises ou par ses ayants droit), a le pouvoir de conserver en vigueur les débentures pour en faire une nouvelle émission et lorsqu'une Compagnie a été censée exercer un tel pouvoir, la Compagnie aura le pouvoir de faire une nouvelle émission des débentures soit en émettant à nouveau les mêmes débentures soit en en émettant à leur place de nouvelles, et sur cette nouvelle émission, la personne ayant droit aux débentures aura les mêmes droits et priorité que si les débentures n'avaient pas été émises antérieurement.*

a) Lorsque dans le but de conserver en vigueur des débentures pour les fins d'une nouvelle émission, celles-ci ont été transférées, soit avant, soit après l'adoption de la présente loi, à une personne nommée par la Compagnie, un transfert exécuté par cette personne nommée par la Compagnie sera réputé être une nouvelle émission pour les fins du présent article.

b) Lorsqu'une Compagnie a, soit avant, soit après l'adoption de la présente loi, déposé quelqu'une de ses débentures pour, selon ses besoins, obtenir des avances sur compte courant ou autrement, les débentures ne seront pas considérées avoir été rachetées par le fait seul que le compte de la Compagnie a cessé d'être débiteur pendant que les débentures sont ainsi restées déposées;

c) *La nouvelle émission d'une débenture ou l'émission d'une autre débenture à sa place faite en vertu du pouvoir conféré par le présent article à une Compagnie, ou qu'elle est censée avoir possédé, que la nouvelle émission ou l'émission ait été faite avant ou après l'adoption de la présente loi, ne sera pas considérée comme émission d'une nouvelle débenture pour les fins de toute disposition limitant le montant ou le nombre des débentures à émettre;*

d) *Nulle disposition douteuse dans le présent article ne peut être préjudiciable à :*

i) *l'opération de tout jugement ou de toute ordonnance rendus par une Cour compétente et prononcés ou faits au plus tard dans les quatre-vingt-dix jours qui suivent l'adoption de la présente loi, entre les parties aux procédures dans lesquelles le jugement a été prononcé ou l'ordonnance rendue, et tout appel d'un jugement ou d'une ordonnance tels que susdits est jugé comme si la présente loi n'avait pas été adoptée; ni à,*

ii) *Tout pouvoir d'émettre des débentures à la place de toutes débentures acquittées ou autrement payées ou éteintes, réservé à une Compagnie par ses débentures ou à leurs garanties.*

Art. 69 A. § 1. — *Toute hypothèque ou charge créée après le premier jour de janvier 1918 par une Compagnie, et consistant en :*

a) *une hypothèque ou charge ayant pour objet d'assurer une émission d'obligations;*

b) *une hypothèque ou charge sur le montant non appelé du capital-actions de la Compagnie;*

c) *une charge flottante sur l'entreprise ou les biens de la Compagnie;*

en tant que constituant un gage basé sur les biens ou entreprises de la Compagnie, est nulle en ce qui concerne le liquidateur ou tout créancier de la Compagnie, sauf si les conditions de cette hypothèque ou de cette charge, conjointement avec un original de l'acte qui l'a créée ou reconnue (s'il en existe un), ont été remises au Secrétaire d'Etat du Canada ou reçues par lui pour enregistrement dans les formes requises par la présente loi, dans un délai de trente jours à compter de la date de création, sans préjudice de toute convention ou obligation contractée pour le remboursement des fonds ainsi garantis. Si une hypothèque ou une charge devient nulle en vertu des dispositions du présent article, les sommes garanties deviennent immédiatement payables, mais en observant les distinctions ci-après :

i) s'il s'agit d'une hypothèque ou d'une charge créée hors du Canada, et ne portant que sur des biens sis hors du Canada le dépôt, et la réception par le Secrétaire d'Etat du Canada, d'une copie de la pièce qui créa cette hypothèque ou cette charge, ou qui en établit la preuve, vérifiée dans les formes prescrites, ont le même effet, en ce qui concerne le présent article, que le dépôt et la réception de la pièce originale elle-même, et trente jours après la date à laquelle doit parvenir au Canada ladite copie, expédiée par la poste et avec la diligence voulue, seront substitués aux trente jours après la date de création de l'hypothèque ou de la charge, comme constituant le délai prescrit pour le dépôt chez le Secrétaire d'Etat du Canada des renseignements, de la pièce ou de sa copie;

ii) si l'hypothèque ou charge est créée au Canada, mais comprend des biens sis hors du Canada, la pièce créant ou ayant pour but de créer cette hypothèque ou charge, peut être envoyée à l'enregistrement nonobstant les nouvelles formalités qui pourraient être nécessaires pour la validation ou la régularisation de cette hypothèque ou charge, vis-à-vis des lois du pays, où sont situés les propriétés dont il s'agit;

iii) le fait d'être porteur d'obligations attribuant au porteur un droit immobilier n'est pas considéré comme un intérêt mobilier.

§ 2. — Le Secrétaire d'Etat du Canada doit tenir, pour chaque Compagnie, un registre spécial, dans la forme prescrite, où doivent être inscrites toutes les hypothèques ou charges créées par la Compagnie postérieurement au premier jour de janvier 1918, dont l'enregistrement est rendu obligatoire par le présent article. Contre paiement de la taxe prescrite, le Secrétaire d'Etat du Canada doit inscrire sur ledit registre pour chaque hypothèque ou charge : la date de création, le montant garanti par elle, des renseignements succincts concernant les propriétés hypothéquées ou grevées, ainsi que le nom des créanciers hypothécaires ou des bénéficiaires de la charge.

§ 3. — Lorsque la Compagnie crée une série d'obligations comportant, ou donnant aux porteurs de cette série, par renvoi à une autre pièce, un privilège auquel ils ont droit pari passu, il suffit que le Secrétaire d'Etat du Canada soit mis en possession,

dans les trente jours de la signature de l'acte créant cette charge ou, à défaut de cet acte, après l'émission des premières obligations de la série, des renseignements ci-après :

a) le montant total garanti par la série tout entière;

b) les dates des résolutions autorisant l'émission de ladite série et la date de l'acte, s'il en existe un, créant et définissant la série;

c) une description générale de la propriété grevée, et

d) le nom des trustees, s'il en existe, pour les porteurs d'obligations.

En même temps, le Secrétaire d'Etat du Canada doit recevoir l'acte créant la charge ou, s'il n'a pas été dressé d'acte, une des obligations de la série, et, contre paiement des frais prescrits, inscrire ces renseignements dans son registre.

Cependant, s'il y a plus d'une émission d'obligations dans la série, on doit remettre au Secrétaire d'Etat du Canada, pour enregistrement les renseignements concernant chaque série — date et montant, — mais une omission à cette formalité n'invalide pas les obligations émises.

§ 4. — Lorsqu'une Compagnie a payé ou accordé une commission, une allocation ou un escompte, directement ou indirectement, en raison d'une souscription ou d'un engagement de souscription, ferme ou conditionnel, à des obligations de cette Compagnie, ou d'une entremise pour obtenir des souscriptions à forfait ou conditionnelles, les renseignements, requis par le présent article pour l'enregistrement, doivent comprendre tous les détails y relatifs; montant ou tant pour cent de cette commission, de cet escompte ou de cette allocation; mais une omission dans ces renseignements n'invalide pas les obligations émises, pourvu que le dépôt d'obligations, à titre de garantie pour une dette de la Compagnie, ne soit pas considéré, au point de vue du présent article, comme une émission des obligations à escompte.

§ 5. — Le Secrétaire d'Etat du Canada doit délivrer un certificat, signé de sa main, de l'enregistrement de toutes hypothèques ou charges enregistrées conformément au présent article, spécifiant le montant ainsi engagé; et ce certificat constitue la preuve formelle de l'exécution des prescriptions du présent article relatives à l'enregistrement.

§ 6. — Une copie de tout certificat ainsi délivré doit figurer dans toute obligation ou certificat d'obligations, émis par la Com-

pagnie dont le paiement serait garanti par l'hypothèque, ou charge, ainsi enregistrée.

Cependant, rien au présent paragraphe ne doit être interprété comme exigeant d'une Compagnie qu'elle fasse figurer un certificat d'enregistrement sur des obligations ou certificats d'obligations émis avant la création de ladite charge ou de ladite hypothèque.

§ 7. — La Compagnie doit envoyer à l'enregistrement, chez le Secrétaire d'Etat du Canada, les indications concernant toute hypothèque ou charge créée par elle, et toutes émissions d'obligations d'une série exigeant l'enregistrement en vertu du présent article; mais l'enregistrement desdites hypothèques ou charges peut être effectué à la diligence de toute personne intéressée à cet enregistrement. En ce cas, la personne qui a effectué cet enregistrement a le droit de réclamer remboursement par la Compagnie des frais régulièrement payés au Secrétaire d'Etat du Canada pour ledit enregistrement.

§ 8. — Le registre tenu conformément au présent article doit pouvoir être consulté par toute personne indistinctement moyennant le droit prescrit.

§ 9. — Toute Compagnie doit tenir, à son siège social, un exemplaire de toute pièce créant une hypothèque ou une charge dont l'enregistrement est exigé par le présent article.

S'il s'agit d'une série d'obligations uniformes, un seul exemplaire suffit pour la série.

Art. 69 B. *§ 1. — Toute personne ayant obtenu une ordonnance pour la désignation d'un liquidateur ou gérant des biens d'une Compagnie, ou qui, en vertu de pouvoirs conventionnels spécifiés dans une pièce, nomme un liquidateur ou gérant, doit dans les quatorze jours qui suivent la date de ladite ordonnance ou de ladite nomination, aviser du fait le Secrétaire d'Etat du Canada, lequel doit, contre paiement de la taxe prescrite, inscrire le fait sur le registre des hypothèques et charges.*

§ 2. — L'infraction aux prescriptions du présent article rend passible sur jugement sommaire, d'une amende maximum de vingt dollars par jour de retard.

Art. 69 C. *§ 1. — Tout liquidateur ou gérant des biens d'une Compagnie, en vertu de pouvoirs conventionnels et étant entré en fonction, doit, une fois par semestre pendant tout le temps qu'il reste en fonction, ainsi qu'en cessant de l'être, déposer chez* le Secrétaire d'Etat du Canada un extrait, dans la forme prescrite, de ses recettes et dépenses, effectuées pendant la période à laquelle se rapporte cet extrait. Lorsqu'il cesse d'être en fonction il doit également déposer chez le Secrétaire d'Etat du Canada un avis relatant le fait et le Secrétaire d'Etat du Canada doit inscrire cet avis dans le registre des hypothèques et charges.

§ 2. — L'infraction au présent article rend passible, sur jugement sommaire, d'une amende maximum de deux cents dollars.

ART. 69 D. — S'il paraît démontré à la Cour de la province dans laquelle la Compagnie a son siège : que, d'une part, l'omission d'inscription d'une hypothèque ou charge dans le délai ci-dessus prescrit, ou l'omission ou l'inexactitude d'un renseignement concernant ladite hypothèque ou charge, est accidentelle, ou n'est due qu'à une inadvertance ou à quelque autre cause admissible, et n'est pas de nature à porter préjudice à des créanciers ou actionnaires de la Compagnie, et que, d'autre part, il est juste et équitable d'en accorder disculpation, la Cour peut, à la demande de la Compagnie ou de tout intéressé, et dans les termes et aux conditions qu'elle estimera juste de prescrire, rendre une ordonnance prolongeant le délai ou bien, selon le cas, rectifier l'omission ou l'inexactitude en question.

ART. 69 E. — S'il est établi devant le Secrétaire d'Etat du Canada que la dette à laquelle se rapporte une hypothèque ou une charge enregistrée a été payée ou éteinte, il peut ordonner l'insertion d'une note de libération sur le registre et, s'il en est requis, en délivrer copie à la Compagnie.

ART. 69 F. — Le Secrétaire d'Etat du Canada doit tenir un registre-index chronologique, dans la forme et avec les renseignements prescrits des hypothèques ou charges enregistrées par lui en vertu de la présente loi.

ART. 69 G. § 1. — Toute Compagnie qui contrevient aux prescriptions de la présente loi en n'envoyant pas au Secrétaire d'Etat du Canada les renseignements relatifs à toute hypothèque ou charge créée par elle et à l'émission d'une série d'obligations, dont l'enregistrement est obligatoire en vertu des dispositions ci-dessus de la présente loi, à moins que cet enregistrement n'ait été effectué à la demande de quelque autre personne, ainsi que tout administrateur, gérant, secrétaire ou autre personne participant sciemment à cette contravention, est coupable de contravention *et passible d'une amende maximum de deux cents dollars pour chaque jour que persiste ce retard.*

§ 2. — Subordonnément aux dispositions qui précèdent, si une Compagnie manque de se conformer aux prescriptions de la présente loi en ce qui concerne l'enregistrement chez le Secrétaire d'Etat du Canada, d'hypothèques ou de charges créées par elle, cette Compagnie, ses administrateurs, gérants et autres fonctionnaires responsables qui, sciemment et volontairement, auront autorisé et permis ladite infraction, sont passibles, par jugement sommaire, d'une amende maximum de cinq cents dollars, sans préjudice d'autres responsabilités.

§ 3. — Toute personne qui, sciemment et volontairement autorise ou permet la livraison d'une obligation ou d'un certificat d'obligations dont l'enregistrement chez le Secrétaire d'Etat du Canada, est rendu obligatoire par les dispositions ci-dessus de la présente loi, sans qu'une copie du certificat d'enregistrement figure sur ladite obligation ou ledit certificat, se rend passible, par jugement sommaire, et sans préjudice d'autres responsabilités, d'une amende maximum de cinq cents dollars.

Art. 69 H. § 1. — Toute Compagnie doit tenir un registre des hypothèques et y inscrire toute hypothèque et charge grevant spécialement les biens de la Compagnie, donnant, pour chaque cas, une description succincte des biens hypothéqués ou grevés, le montant de l'hypothèque ou de la charge et (sauf en cas de valeurs au porteur) le nom des créanciers hypothécaires ou des ayants droit.

§ 2. — Tout administrateur, gérant ou autre fonctionnaire de la Compagnie, qui, sciemment et volontairement, autorise ou permet l'omission d'une des inscriptions exigées par le présent article, se rend passible, par jugement sommaire, d'une amende maximum de deux cents dollars.

Art. 69 I. § 1. — Les copies d'actes créant des hypothèques ou charges dont l'enregistrement chez le Secrétaire d'Etat du Canada est exigé par la présente loi, ainsi que le registre des hypothèques tenu conformément à l'article précédent, doit pouvoir être examiné, à des heures raisonnables, par tout créancier ou actionnaire de la Compagnie, sans frais; le registre des hypothèques doit pouvoir aussi être consulté par toute personne moyennant une redevance que la Compagnie peut fixer et qui ne doit pas dépasser vingt-cinq pour cent par chaque consultation.

§ 2. — *En cas de refus opposé à cet examen par un fonctionnaire de la Compagnie, ce fonctionnaire ou tout administrateur ou gérant de la Compagnie autorisant ou permettant sciemment et volontairement ce refus, est passible, par jugement sommaire d'une amende maximum de vingt dollars, et d'une autre amende maximum de dix dollars pour chaque jour que persiste ce refus.*

Art. 69 J. § 1. — *Tout registre des porteurs des obligations d'une Compagnie doit être ouvert à l'examen des porteurs enregistrés de ces obligations et de tous les actionnaires de la Compagnie, sauf pendant les périodes de fermeture fixées par les statuts de la Compagnie (périodes qui ne doivent pas dépasser ensemble trente jours par an). La Compagnie peut apporter par règlement certaines restrictions raisonnables à cette obligation, mais ne jamais réduire à moins de deux heures par jour la durée d'examen de ce registre. Tout obligataire peut se faire remettre copie dudit registre ou de partie dudit registre, moyennant le paiement de dix cents par cent mots de copie.*

§ 2. — *Une copie de tout acte passé pour garantir toute émission d'obligations doit être envoyée à tout porteur de ces obligations, sur sa demande, contre paiement, si l'acte est imprimé, de vingt-cinq cents ou d'un moindre droit que la compagnie peut fixer, ou, si l'acte n'est pas imprimé, de dix cents par cent mots de copie.*

§ 3. — *Si le droit d'examen ou la remise d'un exemplaire est refusé, ou si cet exemplaire n'a pas été expédié, la compagnie se rend passible, par jugement sommaire, d'une amende maximum de vingt dollars, et d'une autre amende maximum de dix dollars par jour de retard; et tout administrateur, gérant, secrétaire ou autre fonctionnaire de la compagnie, qui, sciemment, autorise ou permet le refus est passible de la même pénalité.*

Art. 69 K. § 1. — *Lorsque, pour une compagnie, un liquidateur a été nommé au nom des porteurs des obligations de la compagnie garanties par une charge flottante, ou lorsqu'il y a eu prise de possession, au nom desdits porteurs de biens de la compagnie compris dans cette charge ou y étant assujettis — à moins que cette compagnie ne soit en liquidation, — les dettes qui, dans toute liquidation, sont l'objet des prescriptions de la Loi des liquidations relatives aux paiements préférentiels vis-à-vis d'autres dettes, doivent être payées immédiatement sur toutes sommes versées au liquidateur ou à celui qui a effectué la prise de possession mentionnée ci-dessus, par préférence à toute créance, principal ou intérêt, relative aux obligations.*

§ 2. — Les périodes de temps et délais spécifiés dans lesdites prescriptions de la Loi des liquidations, doivent être comptées à partir de la date de nomination du liquidateur ou de la prise de possession mentionnée ci-desus, selon le cas.

§ 3. — Tous les paiements effectués en vertu du présent article devront être, autant que possible, pris sur l'actif de la Compagnie destiné aux créanciers ordinaires.

ART. 69 L. — *Les prescriptions de la présente loi qui se rapportent à l'enregistrement d'hypothèques, charges et autres garanties, s'ajoutent aux dispositions qui se rapportent à cet enregistrement dans tout statut des provinces du Canada ou des pays étrangers, et ne sont point substituées à ces dispositions.*

Tout emprunt fait par une Compagnie est généralement temporaire et rachetable.

Cependant la s. 69, qui réglemente les obligations, prévoit l'émission d'obligations perpétuelles.

Pouvoirs d'emprunts

Ils sont implicites ou exprès, étant donné qu'une Compagnie peut emprunter pour son commerce. Ainsi une Trading C[o] est incorporée avec le droit de faire tout commerce légal en vue d'un gain. Ce pouvoir lui est implicitement donné pour lui permettre raisonnablement d'exécuter son but. Aussi on voit une société incorporée en vue de construire des immeubles ne pas pouvoir être autorisée à payer des intérêts aux membres qui déposent de l'argent chez elle, par contre pouvoir engager ou gager dans ce but son actif immobilier. Ce raisonnement ne tient que pour les Trading C[o] ; les autres ne l'ont qu'en vertu de leurs lettres patentes ou par déduction des pouvoirs déjà concédés pour réaliser leur objet. Il a été admis que si l'affaire en raison de laquelle la Compagnie demande un appui financier est justifiée par son but, la Compagnie peut emprunter.

Quant aux « public corporations », elles ne le peuvent que par pouvoirs expressément exprimés (les Compagnies de Chemins de fer).

Si les lettres patentes excluent nettement ce pouvoir, il ne peut être exercé.

Souvent le pouvoir est limité à une somme fixée à l'avance, ainsi qu'il est prévu dans la section 69; si cette somme est dépassée, la Compagnie a agi *ultra vires;* le tiers n'a aucun recours, il n'a qu'à s'en prendre à sa légèreté. Il ne peut même pas se retourner contre les administrateurs (voir les actes *ultra vires* d'une Compagnie).

Les administrateurs qui ont été autorisés par un vote pris par l'Assemblée des actionnaires peuvent emprunter (s. 69) sur le crédit de la Compagnie. Le fait d'exposer pour un emprunt une cause qui est illégale, alors qu'il est établi qu'elle n'est pas la vraie, et qu'elle aurait pour but de décharger la Compagnie d'une dette existante, d'améliorer sa situation financière pour l'avenir, ne rendrait pas le contrat « invalid ». Si dans la Compagnie qui prête, un administrateur est un administrateur de la Compagnie qui emprunte, ce qu'a pu savoir cet administrateur dans cette fonction n'influe pas sur la situation de la Société qui prête quand il y a incapacité de la Société emprunteuse.

Aussi tout prêteur devra se rendre compte s'il y a une limite à l'emprunt, si le règlement a été pris régulièrement, si les fonctionnaires qui négocient l'emprunt et signent les pièces sont régulièrement et dûment mandatés.

Ce règlement (s. 69) est fait par les actionnaires réunis dans une assemblée spécialement convoquée à cet effet. Il faut que les représentants des deux tiers au moins du capital souscrit prennent part au vote, l'actionnaire étant compté pour sa valeur nominale. Cette autorisation est générale pour simplification des opérations car il serait peu pratique que chaque emprunt soit autorisé. Pour négocier et signer, le conseil prendra une résolution désignant la personne autorisée.

Les actionnaires, après leur vote, ne peuvent plus intervenir pour le contrôle, non plus que la cour, sauf si les termes et les conditions sont clairement illégaux.

Quelle garantie peut-on donner?

Le s. 69 dit hypothéquer, engager les biens réels ou personnels de la Compagnie.

Pour les créances futures, leur identification sera suffisante pour permettre que, dès leur naissance, le gage du bénéficiaire porte sur ces créances.

Le capital non encore appelé ne peut être donné en garantie. Il n'en est pas de même pour les soldes quand l'appel est fait pour les *proceeds* d'un appel déjà décidé mais non encore fait.

Les pouvoirs qui ont été concédés à des chemins de fer ne peuvent être sujets à transfert en vertu de la règle qu'une franchise accordée est personnelle au concédant. De même on ne peut s'approprier des franchises par saisie.

Pour un bien situé en dehors de la province ou du Dominion, la Compagnie peut l'engager sans observer les formalités locales.

Conformément à la règle des tribunaux d'équité, la Compagnie qui s'oblige ainsi se trouve tenue de son obligation en dehors du Dominion; si l'obligation n'est pas valable, les obligataires qui étaient garantis ne peuvent empêcher un créancier non garanti de réaliser le bien situé à l'étranger; il en sera de même pour une « debt » étrangère, elle est traitée comme si elle était en pays étranger.

Necessity for by law (nécessité de l'existence d'un règlement).
Irrégularités.

Les administrateurs sont agents de la compagnie. Des pouvoirs leur sont remis pour des buts d'emprunts délimités par cet article. Ils ont ces pouvoirs comme agents de la compagnie mais seulement si le règlement est adopté.

Jusqu'à ce moment un actionnaire pourrait leur interdire d'emprunter parce que leur acte serait *ultra vires*. Certaines irrégularités dans l'adoption du règlement peuvent se couvrir, par exemple s'il est pris par une assemblée ordinaire à la suite d'un vote où la majorité requise a été obtenue.

Bien que d'après la s. 69 les actes des administrateurs soient irréguliers, ils peuvent être ratifiés tacitement par les actionnaires. Seule la majorité peut se plaindre que son approbation n'ait pas été demandée et, dans ce cas intéressant, l'action sera intentée au nom de la Compagnie contre les administrateurs en défaut.

Quelle est la situation du prêteur si le by law n'est pas régulier ou inexistant ou si la garantie donnée est attaquée? C'était à eux de se renseigner s'ils le pouvaient. Ce que leur apprend l'act leur suffit.

Le prêteur de bonne foi n'est pas tenu de savoir si la façon d'agir des administrateurs est régulière. La situation de l'étranger n'est pas pire que celle d'un créancier. La raison en est exposée par Lord Mac Nagten dans Montreal/Robert 1906 A. C. 196. Car les livres sociaux sont d'un accès difficile. Aussi le prêteur est-il protégé contre toute protestation de la compagnie quand un fonctionnaire lui a montré que tout s'est bien passé.

Toute connaissance d'irrégularité enlève au prêteur le droit de tirer parti de la règle précédente.

Un prêteur qui a pris une garantie apparemment en règle pour l'exécution par la compagnie, peut croire à sa régularité et ne craindre aucune attaque en tant qu'irrégularité. Ainsi un obligataire de bonne foi a obtenu la priorité sur un créancier saisissant. Ce dernier n'a aucun droit de se plaindre d'irrégularités si la compagnie ou des actionnaires ne font rien pour redresser ces irrégularités.

Des actionnaires en minorité ne peuvent obtenir de faire tomber une hypothèque qui se trouve entre les mains de tiers; bien qu'elle ait été une fraude commise à leur encontre, ils n'auront droit qu'à un dédommagement pour la fraude, ce qui amène, dans un procès, la liquidation de la compagnie.

Des administrateurs provisoires peuvent-ils passer un règlement en vue d'un emprunt? Il semble que cela peut être déduit d'un cas spécial où le règlement fut confirmé à l'assemblée où les administrateurs provisoires furent nommés administrateurs définitifs. Ce pouvoir peut-il être donné avant la souscription du capital comme l'exige s. 26. La compagnie, lors de sa formation, devra donner une solution à la question.

Peut-on donner une garantie pour une dette existante? Cela n'a rien de commun avec un emprunt. La Trading C° a ce pouvoir implicitement à moins de restriction expresse ou d'interdiction dans l'act.

Droit d'engager sa propriété

1° Une corporation peut engager sa propriété; elle n'a pas besoin pour cela de remettre au prêteur un pouvoir qui l'habilite. Cependant s'il y a limitation de sa capacité, celle-ci ne peut résulter que d'un statut ou d'une charge. Cette incapacité peut encore se déduire de ses buts limités ou de l'existence de charges ou de missions confiées dans un intérêt public, qui seraient incompatibles avec le mortgage.

2° Une compagnie ayant le pouvoir de faire certains travaux et d'en garantir le coût grâce à une garantie immobilière qu'elle pouvait donner à d'autres points de vue peut la donner comme collateral security pour aider l'entrepreneur.

Aussi il fut admis qu'une compagnie qui ne peut emprunter que par mortgages portant sur son entreprise et qui en concède un qui porte sur le *surplus land'* de manière à faciliter la transmission d'une créance et surtout si ces biens pouvaient être saisis par le créancier, cette compagnie n'a fait qu'anticiper sur l'événement.

Cette distinction entre l'emprunt et la garantie d'une dette antérieure peut être importante. Des administrateurs ont donné du matériel et des créances sociales pour garantir un compte découvert sans *by law* antérieur; dans le cas d'emprunt, leur acte est *ultra vires;* l'article 69 exige une autorisation expresse pour donner une garantie pour toute somme qu'emprunte la compagnie soumise aux restrictions de la section; tandis que la compagnie a le pouvoir implicite de garantir une dette existante sans aucune formalité Nous nous trouvons dans l'un ou l'autre cas suivant que la dette a été obtenue en raison d'une garantie ou si la dette est née de bonne foi sans aucune antipathie pour donner ou prendre un gage.

Possibilité de donner en garantie des bonds pour la somme voulue. — Aussi range-t-on ce pouvoir parmi les pouvoirs d'emprunt; car remettre ces bons en garantie revient à créer des obligations non émises par la compagnie mais par le banquier qui lui a remis l'argent qui a ainsi servi la garantie de l'argent prêté.

Emprunts *ultra vires*. Recours. Une limitation à la somme qui peut être empruntée peut exister en vertu des lettres patentes (s. 69). Une violation de cette limitation ne sera pas *ultra vires* mais pourra donner lieu à des poursuites par procédure du *scire facias* pour obtenir la forfaiture de la charte.

Si une compagnie emprunte au delà du pouvoir qui lui a été reconnue, l'emprunt est *ultra vires* et ne la lie pas; même avec l'assentiment ultérieur des actionnaires, elle pourra à tout moment exciper de sa faute. Le prêteur ne peut revendiquer contre la compagnie sauf s'il peut prouver :

a) Que l'argent a été utilisé pour une dette existante ou à venir. La compagnie ne voit pas ses obligations augmentées. Le prêteur recouvre le montant du prêt mais ne sera pas subrogé aux droits donnés à des tiers en raison des dettes qui ont été payées par la compagnie.

b) Que l'emprunt a servi à acheter un bien qu'on peut identifier ou que l'argent est encore intact dans la caisse de la compagnie.

Si le prêteur ne peut faire ces preuves, il est forclos pour une réclamation contre la compagnie, mais il a la possibilité d'un recours personnel contre les administrateurs s'il est établi qu'ils ont implicitement garanti leur droit de lier la compagnie (avis publiés sous leur surveillance, que la compagnie reçoit des prêts). L'administrateur sera tenu malgré qu'il n'y ait pas fraude de sa part.

On ne peut pas invoquer ici qu'un concours fortuit de circonstances ont entraîné ce résultat et non la loi elle-même„ car les prêteurs n'avaient qu'à se renseigner. Un examen attentif aurait pu les mettre en garde; aussi les administrateurs ne sont pas tenus. Il n'en serait pas de même en cas d'absence de limitation et s'il y a eu exposé fait dans ce but.

Le montant des dommages sera celui qui résulte des pertes entraînées par un faux exposé. Si le prêteur avait souscrit des obligations valables, il n'aurait couru aucun risque. Peu importe donc la bonne ou mauvaise foi des administrateurs.

La dette peut se trouver valable bien que les obligations soient *ultra vires*.

Bonds, Debentures

Définition du terme. L'un est employé pour l'autre. Les obligations sont des titres remis en garantie d'une somme prêtée; ce mot peut servir à désigner le titre par lequel la compagnie reconnaît devoir cette somme ou la charge que la compagnie assume. La reconnaissance en est faite soit dans l'obligation, soit dans un acte authentique constituant le trust; la promesse elle-même n'a pas besoin d'être sous sceau. En pratique le bon est un emprunt garanti par un mortgage et un trust. Le debenture, au contraire, est le plus souvent à court terme et se rapproche de nos obligations.

---

(1) *Bonds* est traduit dans ce chapitre par bon.

L'obligation prévoit le paiement à terme ou à certaines conditions; d'où différence importante avec le bon qui est toujours payable à date certaine; l'obligation ou debenture peut être irrachetable; elle peut être au porteur ou transférable, ou les deux à la fois; enfin, elle peut être nominative avec coupons au porteur. Le coupon sera payable à un lieu fixe, il doit être présenté pour en exiger le paiement.

Emission « Issuance ». — L'émission est datée du jour de la livraison. L'émission c'est la préparation, la signature, le scellement des titres et leur placement en dehors de tout contrôle de la compagnie.

L'émission d'obligations à l'escompte est valable.

Souvent on a donné au souscripteur d'obligations comme à un souscripteur d'actions de préférence, des actions ordinaires comme boni, mais le souscripteur de bons en même temps souscripteur d'actions ordinaires non émises et marquées comme telles sur les livres sociaux sera sûrement tenu de contribuer, s'il y a liquidation aux versements demandés pour ces actions reçues comme boni. Aussi, pour obvier à cette difficulté, les actions ordinaires seront réparties et remises comme entièrement payées à un fondateur. C'est lui qui les remettra au souscripteur comme boni.

Les bons seront émis conformément aux règlements. Que dire de l'irrégularité de leur émission?

Nous ne pourrions ici que répéter ce que nous avons exposé quant aux pouvoirs d'une compagnie. Aussi le détenteur de bonne foi à titre onéreux qui n'est pas au courant de l'irrégularité est à l'abri de toute poursuite.

Si des obligations sont irrégulières et insuffisantes alors que la Compagnie a voulu émettre des obligations valables, le détenteur aura une obligation qui sera valable en équité.

Pour le Juge Turner, quand la Cour a reconnu qu'il y avait intention de créer une *charge* et que c'était l'intention des parties d'y souscrire, leur acte aura les mêmes effets que s'il n'y avait pas eu une faute lors de l'émission.

Un accord ayant pour cause l'émission d'obligations constitue une charge actuelle sur le bien de la compagnie. Aussi l'obligation se trouve protégée contre un saisissant avant l'émission effective des titres. Le même effet se produit au moment de la liquidation. La possibilité qu'un versement demandé au débiteur soit obligatoire est une garantie en équité, bien que l'appel n'ait pas encore été fait et ce droit peut être exercé après jugement.

Prospectus. — Est-ce que la s. 43 s'applique aux prospectus distribués avant l'émission des débentures? Oui (voir Chapitre III). Cependant on ne peut se servir du prospectus pour servir d'appui à la signification des termes de l'émission.

Séries de bons. — Quand les bons qui sont garantis par acte authentique constituant un trust et qui créent une charge, ou quand les bons contiennent une charge, tous les bons passent sur le même rang, sinon la priorité sera réglée d'après l'ordre numérique d'émission.

Quand des séries de bons ont été émises en nombre limité ayant tous le même rang, la compagnie ne peut pas dans la suite en émettre d'autres ayant le même rang, sauf si ce droit est expressément réservé lors de la première opération. Cette règle générale est soumises à la restriction suivante : une compagnie, dans certaines circonstances peut émettre un emprunt portant sur un élément déterminé et lui donner la priorité sur d'autres émissions qui ne portaient que sur tout l'actif : floating charge.

Bons au porteur ou nominatifs. — Sur ce point la jurisprudence s'est modifiée. Après s'être demandé si les obligations au porteur sont négociables ou ne sont que créances *choses in action* seulement transmissibles par émission *assignable,* elle a admis qu'elles le sont : parce que c'est un usage commercial (1).

Quand des obligations sont établies comme pouvant se transmettre par la simple tradition, on insère par sécurité une clause que le principal et les intérêts sont payables sans tenir compte de toutes *équities* entre la Compagnie et le détenteur originaire ou intervenant ; sans cela les capitalistes trouveraient difficilement à se débarrasser d'une valeur qui ne vaudrait rien par présomption de quelque exception cachée.

La Compagnie sera tenue de considérer comme véritable propriétaire tout porteur de bons, sans production de transfert. La principale raison pour une Compagnie de voir ses obligations enregistrées, c'est que le paiement à une personne déterminée la

---

(1) 1875 Q. R. 10 Ex. 357.

décharge entièrement et lui rend inutile le soin de prendre connaissance de toute prétendue cession.

d) Transfert de bons. Les bons non soumis à la tradition sont transférés comme les actions et obéissent aux mêmes règles. Comme les bons sont des créances, le transféré ne serait pas dans une meilleure situation que son transferor. Pour éviter que cette règle cause un préjudice au transfert, la clause : transférable libre de toutes oppositions « *équities* » est valable; un acheteur de bonne foi, qu'il existe des oppositions ou exceptions d'une Compagnie contre son auteur, ne subira aucune perte; cette règle jouera malgré une liquidation ou un jugement obtenu à la demande d'un porteur d'obligations.

Une Compagnie peut invoquer toutes exceptions contre un transféré non enregistré, c'est à lui de se protéger.

La clause, portant paiement du principal et intérêts, sans avoir égard aux exceptions surgissant entre la Compagnie et les obligataires, sera une bonne décharge pour la Compagnie dès que l'enregistrement aura été effectué. Le reçu du porteur d'obligations enregistrées tient donc quitte la Compagnie. Cette règle ne concerne que les porteurs enregistrés et non le transféré non encore enregistré.

e) Contrat d'achat de bons. Il est de même nature qu'un contrat de prêt mais non validé par « *decree* » (Décision judiciaire) d'exécution en espèces.

Si l'acheteur fait défaut, un recours en dommages est donné contre lui. Le montant est déterminé par la perte subie.

Ex.: Dans Mac Neill/Fultz (1906) 38 S. C. R. 198. Les plaignants avaient vendu des actions contre des bons et garanties d'une future Compagnie dont faisait partie un fondateur. Ce dernier emprunta de l'argent à condition de remettre aux prêteurs le bonus à retirer de l'affaire. Le tout fait, il remit aux demandeurs les actions moins une partie du bonus. La Cour déclara la transaction non valable et le défendeur tenu vis-à-vis des demandeurs pour la valeur, au jour du défaut, des actions qu'il avait conservées à titre d'indemnité, comme s'il avait été un vendeur. Ainsi disait le Juge Duff.

Bons garantis par une charge sur les terres de la Compagnie. La nature de ces bons doit être constatée par écrit.

f) Stock. — Peut-on donner aux obligataires (*debenture holders*) pris ensemble, un pouvoir semblable à celui des actionnaires, à savoir contrôler les opérations de la Compagnie si les garanties font défaut. C'est ce qu'on entend par debenture stock.

Des statuts quelquefois le leur donnent. Sinon ils ne l'ont pas; mais on peut obtenir un résultat identique par un transfert à un trustee d'une partie des actions que détiennent de gros actionnaires. Ils donnent ainsi aux obligataires cette garantie qu'ils posséderont à titre de trust, jusqu'à ce que la Compagnie ait manqué à la convention concernant les obligations. A ce moment il leur sera permis d'exercer un pouvoir de vote aux assemblées. Certains disent, comme Lindley, que c'est le capital emprunté consolidé en une masse pour la convenance. Quelquefois le *Debentures-stock* comporte la possibilité d'être transformé en actions.

Mortgage bonds

Emprunts avec garantie. — Mortgage bonds. — Les bonds sont toujours garantis. Si l'emprunt repose sur autre chose qu'une simple promesse et vise à conférer une « charge » sur l'actif social pris comme garantie, cette dernière peut porter sur un élément de cet actif ou sur l'actif tout entier. Quand elle est déterminée, elle s'applique sur un bien défini et certain, c'est une hypothèque spéciale (1). L'autre, dénommée *floating charge*, est une *équitable* charge sur l'entreprise, d'une façon générale sur son actif, pour le moment où elle vit. De sa nature elle reste dormante jusqu'à la fin de la Compagnie ou une intervention du prêteur; cette intervention peut être suspendue par convention, sinon le prêteur interviendra quand il lui plaira. Je ne puis que dire comme Lord Maighten : « A floating charge is ambulatory and shifting in this nature until some event occurs which causes it to settle on the subjection the charge. » (Houldsworth Porkshire, 1904, A. C. 355.) Cette charge sera créée en termes précis dans le titre ou un écrit accessoire. Aucune forme spéciale n'est exigée. Elle peut être une charge sur une catégorie de l'actif présent et futur. Si cette catégorie est sujette à

---

(1) L'hypothèque n'est connue qu'à Québec; *mortgage* se traduit mal par hypothèque. N'est-ce pas une sorte de vente à reméré?

changement, et si en raison de cette charge quelques conventions ont dû être prises par les créanciers d'accord avec la Compagnie, celle-ci peut poursuivre ses affaires aussi loin que le permet la clause spéciale sur cet actif.

L'intérêt peut être garanti par la même *security* que le capital.

La *floating charge* laisse à la Compagnie la possibilité de créer des emprunts spécifiques ayant un rang antérieur aux charges déjà existantes.

Ainsi le vendeur d'un bien à la Compagnie est préféré au détenteur d'obligations et si celle-ci ne paie pas, le bien est conventionnellement remis entre les mains du vendeur.

Le plus souvent la Compagnie reste maîtresse de ses affaires.

L'avis qui fait connaître la transformation de la créance indéterminée en une créance spécifiée ne porte pas atteinte au droit d'un créancier gagiste hypothécaire subséquent dont la créance est spécifiée. Cependant la floating charge reconnaît aux détenteurs une préférence sur des créanciers saisissants et sur un créancier gagiste pour obtenir le droit à la réalisation. Les créanciers anciens préférés au moment de la liquidation le sont vis-à-vis d'une créance indéterminée. Aussi il peut être interdit à une Compagnie en créant une *floating*, de créer une créance ayant un rang de priorité, la restriction ne peut jouer vis-à-vis d'un créancier hypothécaire non averti.

L'existence de *floating charge* n'enlève pas à la Compagnie le droit de vendre ses affaires.

Une saisie en vertu du droit des propriétaires aura préférence sur la *floating* tant que celle-ci n'a pas cessé d'être *floating* (indéterminée, générale).

Si la Compagnie cesse ses affaires, une charge flottante se cristallise et les droits des obligataires se fixent; ceux-ci n'arrivent à ce but qu'en demandant au juge la nomination d'un receveur. Ainsi les obligataires en second peuvent se faire rembourser jusqu'à la cristallisation, car la préférence ne joue que jusqu'à ce moment en tant que créance. Seule la nomination d'un receveur suffit à cet effet et non l'émission d'un *writ*, c'est-à-dire de la pièce de procédure introductrice d'instance. Remarquons que l'obligataire debenture garanti par une *floating* passe après un *equitable* (de bonne foi) créancier hypothécaire qui peut justifier de son droit en équité, par exemple qu'il n'a pas été avisé que le bien sur lequel portait son titre avait été donné en gage immobilier avec priorité sur les debentures.

De même un créancier ayant des obligations en second a le droit de les compenser avec une dette à la Compagnie pour achat de marchandises avant la nomination du receveur.

Titre constituant le fidéicommis pour garantir les bons (1). Les droits du fidéicommis, des détenteurs de bons, et ceux de la Compagnie y seront définis. Ce titre portant sur une terre, un immeuble, peut être soumis à l'enregistrement en vertu de la loi provinciale, même s'il ne fait mention que d'une charge indéterminée; quand cette charge porte sur les meubles de la Compagnie il peut être et sera enregistré comme *chattels mortgage*. Ainsi le mortgage portant sur certains éléments d'actif sera soumis aux actes locaux quant au paiement et pourra se trouver nul pour défaut d'enregistrement: ainsi le dit la loi d'Ontario. Seul le détenteur de bons pourra invoquer la loi, car elle est faite pour le protéger.

On peut dans le *trust deed* ne créer qu'une créance fixe portant sur un immeuble et des dépendances et n'ayant aucun rapport avec une floating charge, y insérer la clause créant cette dernière et ainsi avoir des bons valables sans enregistrement malgré que le trust deed y soit soumis.

On peut aussi dans le trust deed insérer les règles usuelles quant à la floating charge et l'on verrait ainsi une Compagnie exécuter un *collateral debenture* qui lui-même contient le *float*.

L'enregistrement des renseignements sur l'hypothèque ou la créance est actuellement exigé sinon il y aurait nullité vis-à-vis du liquidateur ou des créanciers sociaux (69 a.). Le certificat du Secrétariat d'Etat sera la preuve de la conformité du contrat avec la s. qui l'exige.

La Compagnie tiendra en plus un registre d'hypothèques et suivra les règles énoncées dans le s. 69 *Aff.* Elle ne peut éluder ces règles; car l'enregistrement peut modifier la priorité des mortgages.

La forme du trust deed est celle d'une garantie avec pouvoir de vente conformément à quelques règles spéciales.

---

(1) Ainsi que nous l'avons dit les obligataires voient leurs intérêts défendus par l'intermédiaire d'un *trustee* qui a été nommé en vertu d'un *trust deed*. Pour traduire le mot *trust* la meilleure expression qui correspond en droit français dans ce cas est *fidéicommis*.

Situation, Pouvoirs, Devoirs du trustee (1). — Dans le cas d'un *covering trust deed* un trustee est nommé à qui est dévolu le droit à cet actif, et qui en est personnellement tenu. Ce fidéicommissaire, qui est souvent une Compagnie, est autorisé à détenir en cette qualité le bien engagé mais doit se faire reconnaître détenteur vrai par un acte judiciaire conformément aux lois locales. Notamment dans ce but une Compagnie demandera une « licence » comme celle dont nous avons déjà parlé. Cependant cette obligation ne s'applique à une Dominion C°. Ses droits et devoirs sont définis par le trust deed. Son intervention n'est pas obligatoire mais elle le devient sur la demande de détenteurs de *bonds* qui indemniseront le trustee de tous ses frais.

Parmi les règles concernant la protection du trustee, la responsabilité qu'il pourrait encourir, en raison des actes de leurs employés lorsque ce sont des gens auxquels on peut se fier, ne peut exister que dans des cas d'inconduite volontaire, une conduite indélicate, ou abus de confiance intentionnel de trust.

Ainsi un trust deed avait prévu un fonds d'amortissement (*sinking fund*) pour racheter des bons offerts à un prix très bas. Le trustee paya un haut prix pour un gros paquet de ces bons, ce qui épuisa ses disponibilités, seulement il avait réussi à en racheter un plus grand nombre qu'en opérant autrement. Pour cette raison il fut tenu quitte.

Un trustee peut racheter les biens qu'il détient en trust.

Le trustee doit, le mieux qu'il peut, protéger la garantie prise et intenter toute action judiciaire pour donner toute valeur aux droits de ceux qu'il représente.

La Compagnie s'entendra par contrat à donner au trustee une rémunération raisonnable; dans ce cas il sera prévu que celle-ci est payable sur l'actif hypothéqué, sinon le trustee n'aurait aucune priorité pour se payer sur les produits de la vente. Il sera indiqué que la rémunération dure jusqu'à la vente.

Avec la nomination du receveur cessent les services du trustee. Cependant ce n'est pas une règle générale à l'interprétation du trust deed. Ainsi on peut prolonger sa mission, on peut prévoir son existence, tant que dure la security.

---

(1) Le *trustee* est celui qui est chargé des intérêts du *cestui qui trust* comme le fidéicommissaire l'est vis-à-vis du bénéficiaire.

2° *Intérêt alloué aux créanciers.* Le *trust deed* prévoit le taux qui sera pratiqué avant et après l'échance, avant ou après carence; si le taux n'est pas spécifié après *maturity* il n'est alloué que 5 0/0 à titre de dommages.

Quand le fidéicommissaire fait une déclaration en vertu de la clause *d'acceleration*, appelant principal et intérêt, l'intérêt qui sera payable après cette déclaration est l'intérêt conventionnel et non l'intérêt statutaire. La Compagnie débitrice promet de payer une somme à telle date et le taux ne se trouve pas modifié malgré un manquement se produisant au cours de la période convenue. Comme la dette n'a pas été détenue un peu plus après la déclaration mais qu'elle l'a été dans la période convenue, le taux statutaire ne jouera pas.

La dette conventionnelle disparaît le jour où le jugement a été prononcé; la dette judiciaire y est substituée. Cependant on peut par convention maintenir la dette conventionnelle avec additions d'intérêts.

Coupons. — Généralement ce coupon est au porteur; c'est une valeur négociable. Ce coupon détaché ne perd pas le bénéfice qu'il tient du *mortgage lien.* Le détenteur du coupon comme le détenteur du bon peut poursuivre la Compagnie en paiement tout en restant soumis aux règles du trust deed qui ne permet qu'au trustee d'intenter une action.

Généralement le bon est payable, qu'il y ait bénéfice ou non. S'il n'est payable que sur bénéfice, il est dit bon sur revenu « *income bond* ».

En cas d'insuffisance d'actif social, l'actif devra être distribué proportionnellement aux sommes dues sans tenir compte des arriérés, car aucune préférence n'existe entre les détenteurs de bons.

Rachat. — Les bons sont perpétuels ou rachetables sur avis ou à une date fixée. Les premiers ne sont émis que si une telle règle est énoncée dans les statuts s. 69 (3). Les bons remboursés à une date fixée ne peuvent être rachetés avant la date sans le consentement des prêteurs; aussi la Compagnie se donne des options en fixant un programme d'amortissement au moyen des *serial bons.* Souvent le trustee peut en vertu du trust deed racheter les bons, il le fera au taux le plus avantageux qu'il peut obtenir.

La Compagnie n'est pas tenue de racheter avant la date

fixée, elle peut le faire si elle le désire. Mais quand une date a été fixée pour l'exigibilité, la Compagnie ou les garants peuvent racheter et les détenteurs ne peuvent pas refuser le rachat.

La règle qu'un emprunt garanti est toujours à terme et le principe d'une stipulation restreignant ou conditionnant le droit de rachat, sont nuls s'ils s'appliquent aux emprunts garantis d'une Compagnie. Une Compagnie donne en garantie des bons avec réserve au gagiste de les acheter 40 0/0 dans les douze mois le prêt ne devenant exigible que sur un avis de 30 jours de part et d'autre. Cette option, le prêteur voulut l'exercer dans les douze mois avant que l'avis de rachat de la C° parvînt; elle fut jugée (1904 A. C. 323) comme nulle.

Quand la stipulation prise par le créancier mortgagiste se trouve dans un contrat collatéral qui réellement est indépendant de la garantie la Cour renforcera le marché (1914 A. C. 25). Ainsi des prêteurs avancent de l'argent contre une floating charge et s'entendent pour ne pas demander le rachat dans les 5 ans, mais laissent les emprunteurs libres de se libérer avant cette date; à côté de cet accord ils acceptaient de prendre tous les bons pendant un certain temps contre un certain prix. Cette convention fut maintenue pour les 5 ans même si l'emprunt était remboursé avant cette période.

Comment renforcer une garantie en cas de défaut? — Ce défaut peut se produire soit en vertu du deed ou indépendamment. Dans le premier cas pour : 1° non paiement de principal ou intérêt échu; 2° non paiement des taxes; 3° lorsque la Compagnie laisse saisir des biens gagés.

Dans le second cas, la Compagnie cesse de fonctionner, un receveur sera nommé ou une liquidation volontaire ou obligatoire est ouverte.

Le « *default* » de paiement ne peut exister que si le *bond-holder* se présentant n'est pas payé, au lieu où le paiement a été spécifié, et dans les conditions que détermine le trust. En cas de défaut, les détenteurs ou le trustee peuvent exercer tous les recours donnés au *mortgagee* ou créancier hypothécaire.

Ils peuvent :

1° Poursuivre la Compagnie en demandant le remboursement.

2° S'adresser à la Compagnie pour nomination d'un receveur.

3° Intenter une action de forclusion qui sera accordé s'ils sont devant la Cour.

Le rôle des trustees est de poursuivre immédiatement la Compagnie, bien que le *deed* prévoie d'autres recours qui ne peuvent être exercés que dans l'avenir. Ils entreront en possession et vendront. Si le trustee peut exercer ce droit, en tant qu'agissant pour les détenteurs, il ne le peut comme détenteur seul. Quels sont les droits des obligataires à côté de ceux du trustee? Un d'eux pourrait tout seul remplir une demande en liquidation de la Compagnie; c'est un droit qu'il a toujours après nomination d'un receveur, mais qu'il n'a pas si sa créance n'est pas exigible. Cependant il peut se garantir en cas de jugements pris contre la Compagnie. C'est ce que les Canadiens appellent la doctrine de *Jeopardy*, c'est-à-dire le principe qui fait intervenir la Cour malgré le non-défaut de la Compagnie, car les créanciers garantis ne peuvent rester impassibles à la saisie de l'actif par des créanciers non garantis.

La liquidation n'empêche pas l'obligataire d'intenter une action en vue de renforcer sa garantie. Ce créancier garanti a un droit à la possession des biens donnés à lui en garantie et le liquidateur ne doit pas s'y opposer ou y mettre un empêchement. En cas de non accord, une action en vue de la suite à y donner pourrait être intentée.

Le mortgagee qui a commencé une action avant la liquidation peut la continuer sauf circonstances spéciales ou à moins que le liquidateur ne lui rende le droit de poursuite, ce qui arrive souvent, bien que le juge ait la possibilité de refuser.

Un receveur a été nommé après une demande des obligataires comme nous venons de le voir; presque toujours un liquidateur est nommé dans la suite, le premier sera-t-il destitué? Il ne le sera que pour quelque raison solide.

Qui exerce les recours en cas de manquements? — C'est le détenteur de bons, sauf règle contraire du deed, le trustee n'étant qu'un codéfenseur avec la Compagnie, mais la coutume est d'enlever ce droit aux obligataires. Cependant la jurisprudence a admis que les porteurs de bons pourraient quand même agir en raison de la situation du trustee.

Receveur. — Il est nommé par les bondholders ou le trustee si ce dernier a ce pouvoir, ou par la Cour (quant aux circonstances, voir plus haut).

Dans le cas où le receveur est nommé par le trustee, ses pouvoirs et ses obligations se trouvent indiqués dans le trust deed. Le droit concédé au trustee de procéder à cette opération sera exercé *bona fide*, il sera contrôlé par la Cour. La nomination du receveur ne peut être faite que par la Cour.

Le receveur des obligataires est responsable de toute faute vis-à-vis d'eux. Les obligataires peuvent donc être tenus à cause de lui et devront le rémunérer. Cependant à certains égards il est agent de la Compagnie, surtout pour exercer les pouvoirs d'administration qui lui sont remis. Quand il agit expressément comme tel, il n'est pas personnellement tenu.

Le receveur judiciaire n'est pas l'agent des obligataires dont il ne peut gager le crédit, ni de la Compagnie, qui ne peut le contrôler. Il n'est là que pour accomplir les fonctions prescrites par l'ordre. Il peut se faire indemniser sur l'actif. Sa nomination laisse la Compagnie exister en la privant de la possibilité de contracter, d'aliéner, gager ou « disposer » de l'actif qu'il a à gérer. Les pouvoirs de la Compagnie sont « in abeyance » éteints temporairement, seuls les contrats antérieurs existent toujours.

Les opérations seront :

1° La prise de de possession.

2° La production de l'actif remis.

Sa responsabilité porte sur sa négligence à administrer un simple contrôle. Il n'est astreint qu'à apporter son travail et il a la possibilité d'emprunter sur première hypothèque. Il ne peut emprunter pour l'actif que si c'est réellement un bénéfice pour la Compagnie.

S'il intente une action il agit au nom de la Compagnie, mais il demandera par prudence la sanction judiciaire. Personne ne peut le troubler dans sa possession même en passant outre à une décision de la Cour « *contempt of the Court* ».

Le receveur peut être doté des pouvoirs du directeur pour mener les affaires sociales en vue d'arriver à la liquidation, si l'affaire de la Compagnie (on fait rentrer dans ce mot la clientèle: goodwill) est incluse dans le gage, soit expressément ou tacitement.

Modifications aux droits des bondholders. — Souvent il est indiqué dans le trust que la majorité peut à l'assemblée des obligataires modifier la constitution du trust, retarder l'échéance des obligations, permettre l'émission de bons privilégiés ou augmenter les avantages personnels accordés aux obligataires.

CHAPITRE VIII

DE L'ADMINISTRATION INTERIEURE DE LA COMPAGNIE

Administrateurs : nomination, responsabilité. — Assemblée d'actionnaires. — Directeurs et employés. — Livres de la Compagnie. — Administrateurs provisoires.

Art. 72. — *Les affaires de la Compagnie sont administrées par un conseil de direction composé de trois membres au moins et de quinze au plus.*

Comme nous le montre la s. 72 les affaires sont administrées par 3 administrateurs au moins. Cette règle est impérative et non directive. En conséquence tout appel, toute poursuite contre un actionnaire défaillant, tout acte du Conseil fait sans que le nombre fixé soit représenté est nul. Ce chiffre est minimum et doit toujours être respecté. De même l'assemblée des actionnaires peut par by law fixer ce quorum pour les décisions à prendre par le Conseil. Il devra être pourvu aux vacances de façon à garder toujours ce chiffre (Sovereen 436). Pour déterminer le quorum dont parle la s. 80, on ne compte que les administrateurs qualifiés. Aussi quand le nombre des administrateurs se trouve inférieur au quorum, une assemblée devra être convoquée pour pourvoir aux vacances.

L' « Act » prévoit que ceux-ci seront nommés lors de la formation de la Compagnie « *provisional directors* ». Leurs pouvoirs dépendent uniquement des termes employés, nous allons les passer en revue :

a) *Généraux.* — Leurs pouvoirs découlent de l'interprétation des termes du statut régissant la Compagnie. Dans un cas de Québec, le Juge Gwynne a estimé que pour lui les pouvoirs se limitent à mettre l'acte d'incorporation en mouvement jusqu'à ce que la Compagnie ait réuni le capital nécessaire pour permettre la nomination des administrateurs réguliers. L'affaire vint en appel et son avis fut confirmé. Faisons remarquer que les pouvoirs des administrateurs n'étaient pas le point en litige. De même le juge Hagarty déclare : Ils ne sont là que pour remplir des fonctions limitées et temporaires jusqu'à ce que la machine légale soit en état de marche. Ils ne peuvent avoir plus de pouvoirs que les administrateurs élus. Leurs fonctions se limitent à l'organisation : ouvrir des livres, recevoir des souscriptions et, le montant nécessaire réuni, convoquer une assemblée générale d'actionnaires, employer le boni et engager les grosses dépenses. Ils ne peuvent tirer aucun avantage de leur charge ni faire supporter aux futurs souscripteurs des engagements pris par eux.

Notamment dans un cas Wilson, il est jugé qu'un administrateur provisoire ne peut lier une Compagnie par ses exposés ou accords, par exemple en convenant que la Compagnie fera telle chose s'il y a souscription.

Ils ont encore le pouvoir de donner décharge aux employés, de même qu'obtenir des souscriptions par des agents. Ainsi une personne a été employée par un administrateur provisoire à effectuer certain travail consistant à faire des annonces et à organiser l'entreprise. L'administrateur avait été chargé par la Compagnie de cette mission, sans que ses co-administrateurs réunis en Conseil lui aient donné des instructions en ce sens, mais ces derniers connaissaient sa mission. Donc son employé avait droit de se faire payer par la Compagnie.

En cas d'incorporation par Acte spécial qui dit que les Administrateurs provisoires peuvent faire tout ce qui est nécessaire pour l'organisation de la Compagnie, l'interprétation se fera à la lumière de la loi générale qui la régit, sauf textes exprès. Dans le cas de la Compagnie soumise à une loi spéciale, cette dernière donnera aux administrateurs des pouvoirs supplémentaires mais qui ne sont pas en contradiction avec les principes établis dans la loi générale. Ainsi il ne fut pas admis que les administrateurs puissent acheter le « *mortgage* » d'un souscripteur et qu'ils aient le pouvoir de déléguer leurs pouvoirs à des comités.

Dans les droits qu'ont les administrateurs provisoires ne rentre pas celui de vendre l'actif de la Compagnie. En effet, les avantages inhérents à la charte sont « extra commercium ». Cependant des administrateurs provisoires peuvent, en vertu d'un *By law* les vendre sous certaines formalités.

Il semble possible pour les lettres patentes de spécifier certains pouvoirs dans la mesure où c'est l'exacte interprétation de l'Act. général.

(2) D'après l'Act, les premiers administrateurs nommés par les lettres patentes sont de vrais administrateurs avec tous les pouvoirs, sauf qu'ils ne peuvent commencer les opérations que dans les termes des s. 26 et 86.

Il est sans importance qu'aucune démarche n'ait été faite pour organiser la Compagnie ou même qu'il y ait eu commencement des opérations en violation de la s. 26. Ainsi pour les décharges d'une responsabilité, la Compagnie se trouverait liée s'il y avait eu vente signée en son nom par un administrateur provisoire désigné sur lettres patentes, ses co-administrateurs acquiesçant.

Dans un cas d'Ontario (Johnston/Vade 1909 17. O. L. R. 372), le Juge leur reconnaît les pouvoirs des administrateurs permanents, la Cour fait de même.

Quel droit la Cour a-t-elle de fixer une limite à ce texte, quand l'Autorité législative ne l'a pas trouvé nécessaire ? Quelle serait cette limite? Ainsi fut admise la validité d'un règlement d'emprunt « borrowing by law » pris par un administrateur provisoire bien que le juge Moss fût d'avis contraire. Dans un autre cas, (Re Wakefield Mica 1906 7 O. W. R. 101), ce dernier Juge trouva qu'il n'importait pas de discuter leurs pouvoirs, puisque ceux-ci sont limités; car il est dit (s. 16 Ontario Co) que sûrement les administrateurs provisoires ne peuvent traiter d'une émission et d'un « transfert », questions importantes qui sont généralement traitées par un conseil régulier et confirmées par les actionnaires.

Leurs fonctions ont pour fin la nomination d'administrateurs permanents. Apparemment, ils ne peuvent renoncer à leurs fonctions avant cette nomination, surtout quand l'act spécial spécifie qu'ils y resteront jusqu'à la première assemblée ordinaire. Quand ils convoquent cette assemblée, ils le font conformément à l'act, avec avis envoyé au préalable et le quorum atteint.

Le nouveau Conseil sera égal en nombre au premier, sinon on suivra la procédure du s. 76 (cas d'Ontario). Dans un cas de Québec, (en cas de mort des administrateurs provisoires), leurs héritiers légaux ou testamentaires peuvent convoquer une assemblée pour en nommer d'autres.

ART. 73. — *Les personnes désignées comme tels dans les let-*

tres patentes, sont les directeurs de la Compagnie jusqu'à ce que d'autres personnes soient dûment nommées à leur place (1).

Art. 74. — *Si, à une époque quelconque, une élection de directeurs n'est pas faite, ou si elle n'est pas faite en temps convenable, la Compagnie n'est point par là dissoute, mais l'élection peut avoir lieu ultérieurement, à une assemblée générale de la Compagnie dûment convoquée à cet effet; et les directeurs sortants restent en exercice jusqu'à l'élection de leurs successeurs (2).*

Art. 75. — *Nul n'est ensuite élu ni nommé directeur pour remplir une vacance à moins de posséder absolument, en son propre nom, des actions dans la Compagnie, jusqu'à concurrence du montant exigé par ses règlements, et de n'être arriéré à l'égard d'aucun versement demandé sur ses actions.*

Toute personne nommée dans un prospectus émis par la Compagnie, ne peut être nommée comme tel à moins d'avoir signé un consentement d'agir comme tel entre les mains du secrétaire ou la requête pour la constitution de la Compagnie, le mémoire de convention et le livre de souscriptions pour un nombre d'actions non inférieur à celui qu'exige son éligibilité ou qu'il ait signé un engagement de prendre ces actions (3).

Art. 76. — *La Compagnie peut, par voie de règlement, réduire à trois au minimum le nombre de ses directeurs, ou changer le siège principal de ses affaires en Canada; mais aucun règlement pour l'un de ces objets n'est valable ni mis à exécution, à moins d'avoir été approuvé par au moins les deux tiers des actionnaires à une assemblée générale spéciale dûment convoquée pour en délibérer, ni à moins qu'une copie, certifiée sous le sceau de la Compagnie, n'en ait été publiée dans la Gazette du Canada (4).*

Art. 77. — *Les actionnaires, réunis en assemblée générale de la Compagnie, dans un lieu situé en Canada, élisent des directeurs, aux époques, de la manière, et pour tel terme, ne dépassant pas deux ans, que les lettres patentes, ou, à leur défaut, les règlements de la Compagnie prescrivent (5).*

---

(1) S. 83 Ont. C°, S. 73 Q. C°.
(2) S. 84 Ont. C°, S. 74 Q. C°.
(3) S. 87 Ont. C°, S. 75 Ont. C°.
(4) S. 90 Ont. C°, S. 76 Q. C°.
(5) S. 77 Q. C°.

Art. 78. — *En l'absence d'autres dispositions à cet égard, dans les lettres patentes ou dans les règlements de la Compagnie.*

a) l'élection des directeurs a lieu annuellement, et tous ceux qui sont en exercice dans le temps se retirent; mais ils peuvent être réélus s'ils ont, du reste, les qualités requises;

b) les élections des directeurs se font au scrutin;

c) s'il survient des vacances dans le conseil de direction, les directeurs peuvent y pourvoir, en nommant aux places vacantes, pour le reste du terme, des actionnaires de la Compagnie qui possèdent les qualités requises;

d) les directeurs élisent, de temps à autre, parmi eux, un président, et, s'ils jugent à propos, un vice-président de la Compagnie; ils peuvent aussi nommer tous autres fonctionnaires de la Compagnie (1).

(S. 74). Un administrateur garde sa place jusqu'à son remplacement dûment effectué; il en est pour lui comme pour le « trustee » tenu jusqu'à la nomination d'un remplaçant. Ne pas procéder à cette réélection ne provoque pas la dissolution de la Compagnie. Quand aucune élection n'a eu lieu dans le temps convenu, la réunion annuelle peut être tenue sur demande d'un quart en nombre du capital représenté.

Si l'élection n'a pas lieu à la fin du terme et que la vacance se produise avant l'assemblée annuelle les administrateurs ne peuvent pas, en vertu de la s. 78 (c.) remplir leur fonction pour la période à venir jusqu'à ce qu'une élection ait lieu.

(S. 75). Qualités exigées des administrateurs élus.

Une condition préalable à l'éligibilité d'un administrateur est la possession certaine d'un certain nombre d'actions. (Jenners 445). Il suffit d'en posséder une (Vr. Québec) quand aucune lettre ou aucun by law ne disent le contraire. Les by law relatifs à l'éligibilité ou pris par les administrateurs en vertu de s. 80 sont valables jusqu'à confirmation postérieure par l'assemblée annuelle.

Dans un cas de Manitoba, des administrateurs qui ne sont pas possesseurs du nombre d'actions nécessaires pour permettre l'éligibilité ne sont que des administrateurs *de facto*, ils peuvent

------

(1) S. 88 Ont. C°, S. 77 Q. C°.

agir et constituer un quorum légal jusqu'à la réunion d'un nouveau conseil légalement élu. Un enregistrement subséquent comme actionnaire ne restitue pas à l'ancien administrateur sa qualification.

Il doit posséder des actions en son nom propre. Il ne peut les avoir à titre de dépôt: cependant on a admis des administrateurs *trustee* (1). A part ce cas il faut qu'il agisse de manière que la Compagnie puisse le traiter comme propriétaire des actions. La S. 75 dit en plus: « absolument » pour bien indiquer par là que l'administrateur sera le « *beneficial owner* ». L'enregistrement de ses actions n'est pas nécessaire. Il peut les détenir conjointement avec autrui. Mais les actions ne devront pas être en retard pour l'appel.

Toute question d'éligibilité sera posée par voie directe et non indirecte. Ce droit appartient à tout actionnaire. Un administrateur pourra nier la qualification d'un collègue mais il sera forclos si l'administrateur exclu intente une action contre ses collègues et obtient une « *injunction* » leur interdisant de l'exclure.

Souvent le *by law* prévoit que l'administrateur rendra vacante sa place *ipso facto* en cessant de détenir ses « *shares qualification* ». Si aucun by law ne formule cette règle il reste administrateur.

En dehors de ce cas on prévoit que l'administrateur quitte sa fonction :

1° S'il détient un autre poste dans la Compagnie que celui d'administrateur délégué. On y fait rentrer la fonction de « *trustee* » d'un « *covering trust deed* » s'il est payé par la Compagnie.

2° S'il est banqueroutier, suspend ses paiements ou compose avec ses créanciers.

3° S'il est fou ou si son esprit est devenu déséquilibré.

4° S'il n'est pas présent aux réunions durant une période fixe et sans raison justifiée.

5° S'il est « *concerned* » intéressé au partage des bénéfices pour des travaux et contrats faits par la Compagnie.

Quand il est membre d'une Compagnie travaillant avec la Société, il ne doit pas prendre part au vote pouvant intéresser la Compagnie; il se trouvera disqualifié pour tout profit qu'il a pu

---

(1) S. 87 Ont. C°.

retirer. De plus, si un contrat a été passé par lui avec la Compagnie, la ratification par les actionnaires ne peut être obtenue sauf sur un vote unanime. Le conseil ne peut l'absoudre. Sa disqualification dure aussi longtemps que le contrat qui la motive; mais sa réélection peut être valable.

Une démission valable ne peut être retirée.

Modification au nombre des administrateurs. — Nous avons déjà étudié le siège social et la possibilité de le changer (vr. s. 30). Cet article s. 76 est le complément de la s. 72; une simple résolution est insuffisante, il faut une approbation des actionnaires représentant au moins 2/3 du capital comptés en raison de la valeur nominale et cette assemblée sera spéciale. La décision peut être prise à l'assemblée générale; seulement il faudra envoyer un avis spécial à cet effet et le faire publier dans les journaux. Au cas où le by law n'aurait pas été respecté, la nomination des nouveaux membres est nulle, la procédure du *quo warranto* peut être mise en marche pour mettre dehors l'administrateur, à la demande d'un actionnaire. Un forfait d'actions pris par ces administrateurs illégalement nommés est nul en raison de cette nomination.

Nomination des administrateurs s. 77. — Nature de l'assemblée. Dans une assemblée générale d'actionnaires, dans le cas de « vacance » en cours de fonctions du conseil, celui-ci peut y pourvoir (vr. s. 78 c.). Un accord liant la Compagnie à laisser la nomination de l'administrateur à un tiers n'est pas valable. L'élection a lieu annuellement, la fonction ne durant, sauf by law, qu'un an (78 a.).

Il est possible que cette assemblée se tienne hors du Canada en cas de présence de tous les actionnaires et si aucune objection n'y est faite.

On peut accepter dans le quorum des actionnaires présents ne pouvant voter en raison d'un « call » dû par eux.

Quand a lieu l'Assemblée nommant les vacances remplies par les administrateurs (78.)

Un administrateur ne peut être nommé avant le terme de fonction du prédécesseur parti avant l'expiration de son mandat. La nomination du remplaçant est nul et un « *mandamus* » peut forcer à procéder à une nouvelle élection. Comme la question qui se pose est : la Compagnie a-t-elle agi au mépris de sa charte? le *quo warranto* semble être la procédure convenable, car il n'y a pas là une discussion sur la prétention d'un administrateur à détenir son poste.

Si une assemblée s'est réunie en vue de renvoyer les administrateurs, un avis spécial sera envoyé aux actionnaires pour qu'ils sachent bien qu'on ne pourvoit pas à une vacance. Signalons qu'il n'est pas nécessaire d'obtenir l'unanimité pour l'élection qui est fixée pour la constitution du Conseil si le nombre des actionnaires qualifiés est égal au nombre des membres du Conseil à nommer.

Vacances remplies par le Conseil d'administration. — Ce pouvoir ne s'exerce qu'entre le moment où s'ouvre la vacance et l'assemblée annuelle; après celle-ci le Conseil ne peut pourvoir à l'élection si l'assemblée ne l'a pas fait, en raison du caractère exceptionnel de l'élection et quoique le quorum eût été atteint.

Que dire du Conseil ne réunissant pas le quorum et quels sont ses pouvoirs? Dans un cas, on le déclare incapable. Dans un autre, on l'a admis comme habilité pour faciliter l'administration de la Compagnie. L'administrateur unique pourra pourvoir aux vacances. Il a toujours la possibilité de convoquer l'assemblée des actionnaires.

Nomination de fonctionnaires par le Conseil (78 c). — Nous avons vu la nomination des fonctionnaires en étudiant la capacité d'une Compagnie. Elle peut être faite en vertu d'un *by law* qui n'a pas besoin d'être soumis aux actionnaires.

Régularité des élections. — Le manque de notification à tous les actionnaires ne rend pas nulle l'élection s'ils sont tous présents. Il n'en est pas de même si tous ne sont pas présents, même si une grosse majorité a nommé les administrateurs. Il est possible de demander une annulation en s'appuyant sur un refus irrégulier d'*accepter un fondé de pouvoir* ou si des actionnaires ont voté qui n'avaient pas droit de voter. Il n'est pas admis que des candidats soient scrutateurs à leur élection.

Le *mandamus* dont nous avons parlé plus haut peut être accordé quand l'élection n'est que « *colorable* » et entièrement « *void* » et non quand des votes auront été improprement reçus ou refusés, ou quand la qualification du candidat est douteuse.

Pour faire casser une élection, l'action est intentée au nom de la Compagnie : donc ce droit est enlevé à l'actionnaire pris individuellement.

Cependant pour une élection illégale, il n'est pas nécessaire que la Compagnie soit partie dans le procès, quand on peut prouver des moyens frauduleux à la charge de l'élu. Il en est de même pour obtenir la disqualification d'un administrateur.

Quel est l'effet d'irrégularités légères sur une élection? — Par exemple au cours d'une organisation, les souscripteurs au memorandum ne se sont pas réunis pour nommer les premiers administrateurs; une résolution qui avait été prise pour pourvoir à des vacances fut considérée comme laissant les anciens administrateurs provisoires dans leur fonction. Pour cette raison, leur élection ne fut pas cassée. Remarquons qu'aux U. S., les Cours sont d'avis qu'il y a cassation pour fraude ou manœuvre déloyales mais que les irrégularités ne sont pas relevées. Ici on ne peut invoquer l'*equity* pour annuler les opérations qui ont constitué un conseil.

Les administrateurs de facto. — L'administrateur dont l'élection est irrégulière ou *défective* est un administrateur *de facto*. Son éligibilité ne peut être critiquée par une voie indirecte, ainsi en refusant de lui donner les livres sociaux en communication. Il est considéré comme étant un des administrateurs. Ses actes passés avec des tiers lient la Compagnie. Il n'en est pas de même s'il ne se présente comme administrateur que pour une affaire; le tiers trouverait là une incapacité pour lier la Compagnie. L'administrateur, dont la mission est terminée ou qui est disqualifié est aussi un administrateur *de facto*. Nous trouvons ici l'application de la théorie du « *holding out* » déjà exposé à propos de la capacité. L'administrateur *de facto* est responsable de ses torts et en a toute la responsabilité, mais n'est pas en droit d'en tirer un bénéfice. Il n'a pas à critiquer la régularité de sa nomination pour éviter les obligations qu'il a encourues.

Rappelons brièvement la théorie du « *holding out* ». Toute personne qui se présente comme agent officiel de la Compagnie pourra lier la Compagnie vis-à-vis d'un tiers, quoique celui-ci ignore quelle est sa véritable qualité, alors que la Compagnie, en raison des circonstances, pouvait lui dénier la qualification usurpée et interdire les actes qu'il faisait; cette usurpation ne reposait sur aucune garantie présentée au tiers quoique même en usurpant ce titre d'agent il n'ait pas attiré le tiers par la promesse d'une garantie.

Art. 79. — *Tout directeur ainsi que ses héritiers, exécuteurs testamentaires et administrateurs, ainsi que ses biens et effets,* peuvent, avec le consentement de la Compagnie, donné en assemblée générale à toutes époques, être indemnisés et remboursés sur les fonds de la Compagnie, de tous frais et dépenses quelconques que ce directeur supporte ou fait au cours ou à l'occasion d'une action, poursuite ou procédure intentée ou exercée contre lui, à raison d'actes, faits ou de choses accomplies ou permises par lui dans l'exercice et pour l'exécution de ses fonctions; et aussi de tous autres frais et dépenses qu'il supporte ou fait au cours ou à l'occasion des affaires relevant de sa charge, excepté ceux qui résultent de sa propre négligence ou de son omission volontaire (1).

Art. 80. — Les directeurs de la Compagnie peuvent administrer ses affaires dans tous leurs détails, et passer ou faire passer, au nom de la Compagnie, toute espèce de contrat que la loi lui permet de faire; et, à toute époque, ils peuvent faire des règlements, non contraires à la loi, aux lettres patentes non plus qu'à la présente loi, pour régler les objets suivants :

a) La répartition des actions, les appels de versements, les versements, la délivrance et l'enregistrement des certificats d'actions, la confiscation des actions à défaut de paiement, la disposition des actions confisquées et de leur produit, et le transfert des actions;

b) la déclaration et le paiement des dividendes;

c) le nombre des directeurs, la durée de leur charge, le montant d'actions qu'ils doivent posséder pour être éligibles, et leur rétribution, s'ils doivent en recevoir une;

d) la nomination, les fonctions, les devoirs et la destitution de tous agents, fonctionnaires et serviteurs de la Compagnie, le cautionnement à fournir par eux à la Compagnie, et leur rétribution;

e) l'époque et le lieu des assemblées annuelles de la Compagnie, la convocation des assemblées régulières et spéciales du conseil de direction et de la Compagnie, le quorum, les conditions exigées des fondés de pouvoirs et la manière de procéder en toutes choses à ces assemblées;

f) l'imposition et le recouvrement des amendes et des confiscations non autrement prévues par la présente partie;

____

(1) S. 79 Q. C°.

g) la conduite des affaires de la Compagnie en ce qui concerne tous les autres détails non autrement prévus par la présente partie.

ART. 81. — *Les directeurs peuvent, à toute époque, révoquer, modifier ou remettre en vigueur ces règlements; mais chaque règlement, exceptés ceux relatifs aux agents, fonctionnaires et serviteurs de la Compagnie, et chaque modification, révocation ou remise en vigueur d'un règlement, à moins qu'ils ne soient ratifiés dans l'intervalle par une Assemblée générale de la Compagnie, dûment convoquée à cette assemblée, ils cessent, mais de ce jour seulement, d'avoir force et effet* (1).

Indemnité due à un administrateur de facto *pour tout ce qui regarde l'exécution de sa fonction (s. 79).* — L'administrateur n'y a droit qu'après approbation de ses actes donnée par l'assemblée générale. Il peut se faire indemniser des dépenses de voyages faits pour la Compagnie mais non pour aller aux assemblées.

Attributions des administrateurs (s. 80). — Un administrateur peut :

1° Répartir le capital (s. 46 D.) ; 2° Faire des appels (s. 58 D.) ; 3° Emettre des certificats d'actions; 4° Forfaire des actions (s. 62 D.) ; 5° Les transférer (s. 64 D.) ; 6° Déclarer des dividendes (s. 70) ; 7° Nommer des fonctionnaires (s. 32) ; 8° Assister aux assemblées sociales (87-88). Ces pouvoirs ont été déjà étudiés. Il nous reste à voir : a) sa situation vis-à-vis de la Compagnie; b) ses contrats avec la Compagnie; c) ses attributions (dont une partie ont été vues); d) la délégation; e) l'exercice de ses droits; f) les réunions du conseil; g) la responsabilité qu'il encourt, et h) la rémunération qui lui est attribuée.

1° *Situation des administrateurs.* — Toute Compagnie n'est qu'une personne artificielle et ne peut agir que par des interposés. Ces interposés qui agissent pour elle sont les administrateurs, ils ont reçu le mandat des membres de cette Compagnie, réunis en assemblée générale ou spéciale. Quelle est la situation des administrateurs? Sont-ce des *trustees* de la Compagnie ou des agents, *trustee* pour ses biens, et des *agents* pour ses transactions. Ce sont des employés qui administrent une Trading C° au profit des actionnaires qui composent la Compagnie.

------

(1) S. 85, 91 Ont. C°, S. 80 Q. C°.

Les administrateurs sont des agents — dans les transactions qu'ils passent en faveur de la Compagnie. Leurs relations avec la Compagnie sont celles de principal et d'agent. Ferguson/Wilson.

Par exemple, si les administrateurs contractaient sans révéler qu'ils agissent en réalité pour la Compagnie, ils seraient tenus vis-à-vis d'autrui que la Compagnie ne connaît pas. Il faut qu'ils excipent de leur qualité d'administrateur pour être relevés de leur responsabilité personnelle, surtout si rien ne montre dans le contrat que la Compagnie est liée.

Ce sont des « *trustees* » du bien social. Car ils ne peuvent s'en servir pour leur propre usage, mais ils ne le sont pas pour un actionnaire pris individuellement ou un créancier social; ils ne sont pas tenus à remettre les ressources sociales comme gage à des fidéicommissaires mais peuvent les donner à un seul fidéicommissaire. Leur manière d'agir sera appréciée d'après les affaires spéciales qu'ils ont eu à mener; ainsi, en cas de mauvais usage de fonds, ils sont tenus pour manquement de trust, par conséquent tenus à rembourser la Compagnie. Seuls ceux dont ils sont les trustees, la Compagnie ou un actionnaire, peuvent se plaindre d'un acte abusif de leur part pour obtenir un avantage.

Dans certaines circonstances, les actionnaires peuvent déclarer qu'il y a entre eux et les administrateurs des relations analogues. Des administrateurs obtenaient le consentement des actionnaires à une absorption de la Compagnie qui devait s'effectuer par la vente de l'actif à une nouvelle Compagnie dont ils achetaient subrepticement des actions; ils furent tenus du profit retiré dans l'affaire. Il en est de même vis-à-vis des souscripteurs futurs s'ils ne révèlent pas correctement un contrat passé avec la Compagnie.

L'administrateur doit apporter à sa fonction toute sa capacité et sa science des affaires, déployer ses efforts et porter toute son attention au mieux des intérêts des actionnaires. Il ne doit pas se trouver dans une situation qui ne peut être conforme à une exécution correcte, libre et indépendante. En raison de sa situation, il ne peut faire pour lui un acte qui, même dans ses conséquences, lui serait contraire.

Il sera tenu comme un fiduciaire dans les cas suivants : appels, émission, transferts, forfait. Il agira *bona fide* vis-à-vis de la Compagnie. Après la fin de sa fonction, il pourra se rendre acquéreur de la propriété sociale. Cependant un administrateur qui a acheté un bien social à une vente judiciaire, est tenu de tout profit retiré de la revente, car on présume que sa présence a étouffé l'enchère et empêché d'atteindre un prix plus élevé. Il y a eu abus de confiance.

Il ne peut sacrifier les intérêts sociaux et profiter de sa présence ostensible pour détourner le bien qui doit être remis à la Compagnie. De même si, étant encore administrateur et agissant comme tel, il a négocié pour lui personnellement un contrat comme si c'était pour la Compagnie et que ce contrat ait été repris par une nouvelle Compagnie qu'il formait et s'il se servit dans la suite de sa qualité d'actionnaire pour ratifier son acte et se faire décharger de toutes réclamations possibles. Dans toute cette affaire il a été jugé qu'il avait agi pour la Compagnie. Quant à la régularisation telle qu'elle a été effectuée, elle n'a aucune valeur parce que les administrateurs la contrôlaient.

Naturellement un administrateur qui agit de bonne foi et qui réalise en même temps que la Compagnie un profit personnel, ne sera pas tenu d'en rendre compte à celle-ci.

Transfert des actions d'un administrateur. — Dans les circonstances ordinaires, l'administrateur peut consentir au transfert de ses propres actions. Dans ce cas, il n'est pas trustee sauf peut-être pour les actions qui lui sont nécessaires pour être nommé administrateur. Il n'en est pas de même s'il y a eu de sa part une intention de tenir la Compagnie à l'écart de cette transaction jusqu'au transfert pour éviter une responsabilité.

Est-ce qu'un administrateur peut transférer ses « *qualification shares* » ? La jurisprudence l'a admis sauf dans un cas : pour éviter un « call » futur; dans ce cas il y a sûrement « fraud ». Sans cela l'acte est valable car ce droit lui appartient en tant qu'actionnaire. Mais il ne peut rester administrateur que s'il a le nombre d'actions fixé par le règlement.

Que dire des profits secrets et commissions? — L'administrateur doit les retourner, sinon il y a abus de confiance. La Compagnie peut réclamer les capital et intérêts. En cas de bien, la Compagnie peut reprendre le bien en litige ou réclamer la plus haute valeur qu'il a pu avoir durant sa détention frauduleuse par l'administrateur. Le *trust* dont est tenu l'administrateur cesse: 1° avec la démission de l'administrateur. Cette démission ne l'empêche pas d'être tenu dans le cas d'exécution de contrat; 2° avec la nomination du liquidateur (Wind 144 s. 31).

Un administrateur n'est pas tenu de donner en garantie son crédit à la Compagnie. Un administrateur sera tenu avec la majorité s'il peut être prouvé par une minorité qu'il y a eu envers elle « *harsh treatment* » ou *fraude*.

Les pouvoirs des administrateurs se trouvent limités par les by laws qu'ils sont tenus de suivre. Leurs by laws devront être conformes aux intérêts des actionnaires. Il n'est pas permis aux administrateurs de modifier par by law le droit reconnu aux actionnaires, de demander la convocation d'une assemblée spéciale.

2° *Contrats des administrateurs avec la Compagnie.* — Ils peuvent souscrire comme les autres, mais ils sont disqualifiés s'ils ne sont pas autorisés par by law ou résolution à passer ce contrat. Cette incapacité ne résulte pas d'une prohibition statutaire, mais de leur situation juridique du fait qu'ils sont *trustees*. Ils ne peuvent, traitant au nom de la Compagnie, contracter avec elle car l'intérêt social peut entrer en conflit avec l'intérêt personnel quelles que soient les conditions du contrat passé. Il en est de même s'ils sont actionnaires d'une Compagnie soit à titre bénéficiaire ou à titre de trustee même pour une petite somme. Souvent un by law est établi pour régler les rapports des administrateurs avec la Compagnie.

Quand cet accord n'existe pas, il faut l'approbation des actionnaires pour que tout profit retiré par l'administrateur puisse être récupéré sur lui. Cette approbation sera donnée dans une assemblée dont l'avis préalable indiquera quelles raisons ont fait agir l'administrateur. Ce dernier pourra voter pour la ratification, mais on ne peut compter l'administrateur pour contribuer à former le quorum. En cas de non-convocation d'assemblée, le contrat est annulable. Souvent s'il y a eu infraction, l'administrateur peut être disqualifié après poursuite par les actionnaires.

Un administrateur auquel les by laws interdisent le vote pour tout contrat l'intéressant ne peut voter sauf en s'exposant à perdre son titre. Cet administrateur doit faire un exposé complet de sa conduite pour pouvoir conserver par devers lui tout profit réalisé; il doit le faire malgré une démission donnée et est tenu vis-à-vis des actionnaires présents et même futurs. Les administrateurs peuvent prêter à la Compagnie, prendre des garanties, valider leurs créances sur elle; mais ces actes seront soumis s'il y a litige à l'examen le plus sévère.

Un administrateur peut vendre un bien à une Compagnie qui garde la possibilité de refuser le bien contre remboursement du prix. Il n'en est pas de même s'il n'y a pas eu de sa part une révélation qu'il retirait de l'affaire un profit; alors la Compagnie peut garder ce bien et réclamer des dommages. La théorie du trust permet, dans le cas d'une propriété détenue en droit par un administrateur mais qui devait, en équité, revenir à la Compagnie lors d'une transaction sur ce bien, de demander à l'administrateur un compte pour le profit qu'il a pu retirer de l'opération.

L'action en annulation du contrat devra avoir comme partie la Compagnie qui, seule, peut l'intenter, sauf dans le cas où la majorité des actionnaires l'intente à sa place (1).

Pouvoirs des administrateurs. — Les administrateurs ne peuvent faire que ce que peut la Compagnie; pour savoir si un acte rentre dans leurs fonctions, le statut, la charte, et les by laws le diront ou déclareront s'il faut recourir à autorisation d'une assemblée générale. Sans cette limite, ils ont tous pouvoirs.

L'art. 80 leur donne un pouvoir général. Les actionnaires ne peuvent les contrôler ou par règlement les restreindre. Ils ne peuvent montrer leur mécontentement qu'en provoquant la réunion d'une assemblée en vue de procéder à une nouvelle élection.

Comment concilier les pouvoirs d'une assemblée d'actionnaires et ceux des administrateurs?

Certes ces derniers peuvent réglementer pour tout ce qui est indiqué dans s. 80; mais les assemblées le peuvent aussi, compte tenu de tout by law pris par les administrateurs.

Mentionnons que certains statuts donnent aux administrateurs le droit de prendre des règlements par by law (ss. 8 et 45.) Ces pouvoirs leurs sont remis collectivement et exercés dans des réunions régulières du conseil et non par un administrateur pris individuellement. Ils peuvent nommer des fonctionnaires et agents et quelquefois pour une période excédant leur propre durée.

Les administrateurs sont les représentants de la Compagnie; à ce titre il leur est remis des pouvoirs très importants : 1° pou-

---

(1) S. 94 Ont. C° traite de toute cette question.

voir de signer un compromis; 2° pouvoir de remettre un bien à un trustee au profit des créanciers sociaux. Ils peuvent se servir de l'actif pour payer les « just debts »; déposer des marchandises chez un manufacturier et emprunter dessus; ils le peuvent par l'intermédiaire de leurs directeurs. Ils peuvent passer des contrats bien que la pleine exécution de ceux-ci entraîne une augmentation de matériel. Défendre à une action, prendre une hypothèque, choisir les placements à soumettre à l'assemblée générale, vendre des propriétés s'ils le jugent bon.

Les actes *ultra vires* des administrateurs peuvent être dans la suite ratifiés, ce qui veut dire que la Compagnie a été auparavant pleinement informée; si l'acte ne rentre pas dans les affaires de la Compagnie, celle-ci peut refuser l'acte. S'il y a ratification, elle peut être expresse ou tacite; aussi faut-il que le choix de la Compagnie se fasse rapidement, surtout en cas de refus, car un retard peut faire croire à un acquiescement.

4° *Délégation.* — Ainsi que nous l'avons dit plusieurs fois, elle ne peut avoir lieu, sauf en vertu d'un pouvoir exprès ou implicite. Reportons-nous à la répartition des actions ou aux appels de fonds. Cependant le conseil peut déléguer à un employé toute l'administration des affaires sociales, tout en gardant la surveillance et le contrôle, mais le conseil ne peut remettre le contrôle supérieur des affaires à un comité exécutif. Il faut que cela soit prévu dans les lettres patentes et, même dans ce cas, le conseil réservera les actes qui ne peuvent être exercés obligatoirement que par lui.

Nous avons vu en étudiant la capacité d'une Compagnie comment étaient nommés régulièrement les agents d'une Compagnie (voir Ch. Pouvoir Société). Ces agents peuvent attaquer la Compagnie en dommages si elle les empêche d'exécuter leur contrat ou diminue leur autorité.

5° *Exercice de leurs pouvoirs. Réunion.* — Comme nous l'avons dit, les administrateurs ne peuvent agir qu'en conseil sauf règle contraire (1). De plus, une notice est envoyée à tout administrateur pour les réunions non fixées à une réunion antérieure et devra leur parvenir au moins quelques jours à l'avance. Tout administrateur absent peut invoquer comme prétexte de

---

(1) La S. 86 Ont. C° prévoit l'existence d'un comité exécutif pour les C° ayant plus de 6 administrateurs.

son absence le retard de la convocation. Cet avis rend la réunion régulière.

Il n'est pas nécessaire de notifier le but de la réunion car les administrateurs ont à traiter de toutes les affaires sociales. Il est prudent de le faire; néanmoins le contraire a été admis.

Réunion du Conseil d'administration. — La présence à la réunion doit être effective. Le président peut avoir voix prépondérante. Un compte rendu en sera reproduit dans les livres (s. 89 et 90). La preuve des faits relatés n'est pas *prima facie*. La Cour peut, en cas d'absence d'écrits, admettre la preuve testimoniale quant aux décisions prises, et présumer l'existence de cette résolution.

Quant aux irrégularités, tous tiers traitant avec la Compagnie connaissent l' « Act » et les by laws et n'ont pas à rechercher si la Compagnie est administrée régulièrement. C'est la règle du Royal British Bank Turquand exposée à propos des emprunts.

Tout acte fait par une majorité d'administrateurs irrégulièrement nommés et n'ayant pas reçu une autorisation expresse ne lie pas la Compagnie. Ainsi à un emprunt avait été fixé le sceau, deux administrateurs l'autorisaient à titre privé et le troisième avait promis la signature. Ce bon a été jugé nul comme étant irrégulier.

Lorsqu'une irrégularité a eu lieu, si un avis en a été donné, les tiers sont considérés comme prévenus.

Quand le quorum n'a pas été atteint, les actes des administrateurs sont rendus nuls, bien que, d'après le Turquand case, l'acte aurait dû être valable vis-à-vis des tiers.

Qu'est-ce qui constituera ce quorum? Ceux qui conduisent habituellement les affaires de la Compagnie; ainsi une forfaiture d'actions par deux administrateurs sera valable. Rappelons que les administrateurs intéressés à un contrat ne peuvent contribuer à former le quorum.

Les actes des assemblées consistent en résolution ou en by law; ce dernier est souvent exigé (s. 51, s. 76). Une résolution s'applique à un seul cas, un by law est une règle permanente qui sera appliquée à tous les cas à venir.

Certains by laws comme ceux pris (ss. « a à g ») ne valent que jusqu'à l'assemblée annuelle des actionnaires; s'ils ne sont pas confirmés, ils ne sont pas valables (s. 81). Tous ces by laws seront conformes à la loi et aux lettres patentes. Seuls les administrateurs ont le pouvoir de les prendre.

Responsabilité personnelle des administrateurs. — Si les administrateurs agissent dans la limite de leurs pouvoirs, mettent à leur travail tout le soin qui est attendu d'eux en raison de leurs connaissances et expérience et s'ils agissent honnêtement vis-à-vis de la Compagnie qu'ils représentent, ils accomplissent leur charge autant au point de vue de l'équité que de la loi.

Ce qu'on exige des administrateurs n'est qu'une bonne et raisonnable diligence mais rien de plus. Mais ils seront tenus de tout acte qui, dans leurs fonctions, a causé un dommage à la Compagnie (123 Winding up act).

Il est admis de relever les administrateurs des conséquences d'une négligence de bonne foi « *dishonest* ».

Quand un administrateur a participé à une fraude ou causé quelque tort à une Compagnie, il est personnellement tenu en raison de ses liens d'*agent à principal*. Il répondra de tout dommage causé. Si un de ses collègues n'a pas contribué avec lui à émettre de faux rapports, ce dernier ne peut être poursuivi, sinon sa situation serait rendue intolérable. Un administrateur même prudent peut laisser passer une faute. Ainsi un examen minutieux des livres sociaux apprend l'existence d'une grave erreur; on ne peut présumer contre lui la connaissance de cette erreur.

Souvent des fonctionnaires régulièrement nommés, dont la conduite ne pouvait faire naître des doutes, ont fourni à des administrateurs des documents. Ces derniers s'en sont servi pour leurs rapports. Des poursuites ont prouvé qu'il y avait eu exposé faux ou faute cachée de ces fonctionnaires. Il a été admis que s'ils n'avaient pu se rendre compte de ce qui a été allégué après un examen minutieux, ils seront tenus quittes comme ayant rempli leur devoir. Ce raisonnement tient pour les comptes des *auditors* (commissaires aux comptes en droit français).

Ce dont on les tient responsables, c'est de la *grosse négligence*, d'une négligence grave. On peut tolérer un défaut de jugement ou une erreur quand un choix devait être fait. Ainsi on a toléré un prêt imprudent fait à un collègue, bien que ce prêt ne fût pas « fraudulent » et *incorrect*.

Les administrateurs ont donc une assez grande liberté d'agir sans être contrôlés et s'ils agissent avec probité, il ne peut leur être imputé aucun blâme. C'est ainsi qu'ils ne seront pas tenus de *calls* qu'ils avaient laissés encore impayés.

Cependant on doit exiger d'eux qu'ils exercent leur jugement.

Ils doivent suivre strictement leurs statuts et ne pas confondre les fonds de la Compagnie et les fonds qu'elle a en tant que trust, car leur négligence peut causer une perte à la Compagnie qui pourra avoir un recours contre eux.

A côté des administrateurs régulièrement nommés, nous avons vu qu'il y avait les administrateurs *de facto*, ces derniers seront tenus comme les autres.

Est-ce qu'un administrateur est tenu de jouer un rôle dans une Compagnie? Il peut ne prendre aucune part dans la conduite de la Compagnie, il n'en est pas tenu et peut échapper à toute responsabilité. Certes, il n'y a aucune obligation pour un administrateur d'assister aux réunions, sauf que le fait de négliger de s'occuper des affaires sociales peut être jugé comme *breach of trust*.

Remarquons qu'on exige beaucoup moins d'un administrateur qui ne fait pas partie du conseil que d'un associé en nom administrant seul les affaires.

Un administrateur qui n'autorise pas un paiement pris sur l'argent de la Compagnie n'est pas tenu du fait de ce paiement.

Effet d'une démission. — Quand la démission est acceptée par le conseil, la responsabilité du démissionnaire cesse pour tous les actes ultérieurs, même si on se sert de son nom, même s'il le sait.

Les administrateurs peuvent excéder leur autorité; les tiers pourront les en rendre responsables en raison de leur croyance à la possibilité de cet acte. Il n'en est pas de même si l'exposé a été fondé sur une interprétation fausse de l'étendue de son pouvoir, ou si l' « act » incorporant prohibait cet acte et si l'administrateur n'a pas donné expressément sa garantie.

Comme une mauvaise application des fonds est un acte *ultra vires*, il y a eu manquement au trust et les administrateurs en seront tenus personnellement responsables.

Il peut se produire qu'un administrateur agisse *ultra vires* en partie tout en croyant agir dans l'intérêt de la Compagnie. On ne peut pas dire qu'il y a *dolus malus* ou « *breach of trust* » car il a travaillé pour la Compagnie.

Les administrateurs sont également solidairement tenus vis-à-vis des créanciers à ce que le capital d'une Compagnie reste toujours intact. Le capital est pour les créanciers une garantie pour le paiement de toutes leurs réclamations. Aussi tout paiement fait par des administrateurs sous la forme de dividendes ou autres qui peuvent équivaloir à des remboursements entiers ou en partie du capital est *ultra vires* et équivaut à un manquement au trust, sauf dans le cas où leur rôle se justifie (voir Dividendes). Aussi les administrateurs peuvent être forcés à reconstituer l'ancien capital de leurs propres deniers. Si le remboursement a lieu d'accord avec les actionnaires, l'administrateur peut avoir un recours pour la somme versée.

Quand un administrateur a payé au delà de sa part, il peut se retourner contre les autres.

Les administrateurs sont également responsables pour leurs propres torts: fraude, manquement un trust, deceit (ce dernier a été étudié dans la s. 43 à propos du prospectus). Cette responsabilité ordinaire peut relever des tribunaux criminels.

Art. 82. — *Si les directeurs de la Compagnie déclarent et paient quelque dividende, dans le cas où elle est insolvable, ou quelque dividende dont le paiement la rend insolvable ou entame son capital, ils sont conjointement et solidairement responsables, tant envers la Compagnie qu'envers ses actionnaires individuellement et ses créanciers, de toutes les dettes de la Compagnie alors existantes, et de toutes celles contractées ensuite pendant qu'ils sont en exercice, respectivement; mais en pareil cas, si quelque directeur présent, lorsqu'on déclare le dividende, inscrit immédiatement ou si quelque directeur absent alors, inscrit dans les vingt-quatre heures du moment qu'il apprend la déclaration et qu'il le peut faire, sur le livre des procès-verbaux du conseil de direction, sa protestation contre le dividende, et insère cette protestation, dans la huitaine suivante, dans au moins un journal du lieu où la Compagnie a son siège ou bureau principal, ou, s'il n'y a pas de journal, du lieu le plus voisin où il en existe un, il peut ainsi, mais non autrement, se libérer de cette responsabilité (1).*

Art. 82 A. — *Si l'article 70 A est observé, les administra-*

---

(1) S. 82 Q. C°, S. 95 Ont. C·.

teurs ne peuvent être responsables sauf si le reliquat de l'actif ne suffit pas à payer les obligations alors existantes.

Art. 83. — *Quand un transfert d'actions qui ne sont pas entièrement acquittées est fait avec le consentement des directeurs à une personne qui, d'après les apparences, n'a pas les moyens de les acquitter entièrement, les directeurs sont conjointement et solidairement responsables envers les créanciers de la Compagnie de la même manière et dans la même étendue que l'aurait été sans ce transfert l'actionnaire qui fait ce transport, si toutefois quelque directeur présent lorsqu'on permet le transfert, inscrit immédiatement, ou si quelque directeur absent alors, inscrit dans les vingt-quatre heures du moment qu'il apprend la permission et qu'il peut le faire, sur le livre des procès-verbaux du conseil de direction, sa protestation contre le transfert permis, et insère cette protestation, dans la huitaine qui suit dans au moins un des journaux du lieu où la Compagnie a son siège ou bureau principal, ou s'il n'y a pas de journal, du lieu le plus voisin où il en existe un; il peut ainsi, mais non autrement se libérer de cette charge.*

Art. 84. — *Si quelque prêt est fait par la Compagnie à quelqu'un de ses actionnaires, tous directeurs et autres fonctionnaires de la Compagnie qui l'ont effectué ou qui, de quelque manière que ce soit, y ont consenti sont conjointement et solidairement responsables envers la Compagnie de la somme prêtée et de l'intérêt, et envers ses créanciers, de toutes dettes de la Compagnie alors existantes, ou contractées depuis le prêt jusqu'au remboursement* (1).

Art. 85. — *Les directeurs de la Compagnie sont conjointement et solidairement responsables envers ses commis, ouvriers, serviteurs et apprentis, de toutes dettes, jusqu'à concurrence de six mois de salaire, pour services exécutés pour la Compagnie pendant leur administration respective; mais aucun directeur n'est passible d'une action en recouvrement d'une dette de cette nature, à moins que la Compagnie n'ait été poursuivie à cette fin dans l'année, à compter du jour où la dette est devenue exigible; ni à moins que le directeur ne soit poursuivi pour cette dette dans l'année, à compter du jour où il a cessé d'être directeur; ni à moins qu'il n'ait été constaté par procès-verbal qu'une*

---

(1) S. 97 Ont. C°, S. 84 Q. C•.

exécution exercée contre la compagnie en recouvrement de cette même dette n'a rien produit ou n'a point suffisamment produit.

§ 2. — Ce qui reste impayé après cette exécution est, avec les frais, le montant recouvrable des directeurs (2).

ART. 86. — *Tout directeur de Compagnie qui, expressément ou implicitement permet que des opérations soient commencées ou que des responsabilités soient encourues par la Compagnie avant qu'il n'ait été souscrit et versé dix pour cent de son capital autorisé est conjointement et solidairement avec la Compagnie responsable de l'acquittement des obligations ainsi assumées.*

Ils sont également responsables pour les salaires et les dividendes (70, 71, 82). Des pénalités peuvent leur être imposées (43a, 54c, 69, 92, 93, 94B, 106).

Ils encourent une grosse responsabilité en se servant illégalement du mot limited.

Rémunération. — Les administrateurs n'y ont droit qu'en vertu du statut. Le fait d'accepter la charge rend implicite le droit à la rémunération prescrite par les by laws, quand ces derniers ont trait à l'administration intérieure (500) 16 A. R. 397 (1837).

Si l'administrateur retire des sommes excédant la rémunération autorisée, il est coupable de manquement au trust.

Cette rémunération ne peut se justifier que par des services rendus ou par un bon état des affaires sociales. Ainsi des administrateurs n'ont voté une allocation qu'en vue de permettre au président de s'en servir pour obtenir par l'achat d'actions le contrôle de la Compagnie. Une Compagnie peut voter des indemnités à des administrateurs pour tout ce qui a été accessoirement fait pour la conduite des affaires sociales sans entamer le capital, ainsi que nous allons le voir plus loin. Il peut être accordé des rémunérations pour le temps passé; la Compagnie ne peut le faire qu'étant en état de marche, il faut entendre par là n'avoir pas transmis ses affaires à une autre Compagnie ou n'être pas liquidée.

Peut-on prendre cette rémunération sur le capital? — Les statuts peuvent l'autoriser. On peut aussi présumer que les rémunérations ne proviendront que des bénéfices. Un cas semble

---

(2) S. 84 Q. C°, S. 93 Ont. C°.

donner aux administrateurs le droit de poursuivre, malgré qu'il n'y ait pas de bénéfices à l'encontre. Un juge d'Ontario a admis que leur salaire serait pris sur l'argent qui peut être distribué à des actionnaires. Ce dernier cas n'est pas décisif.

Comme émettre des actions entièrement payées est un moyen de payer sa dette, de même en remettre à des administrateurs n'est pas sujet à remarques, si on a suivi les règlements. Le droit à une rémunération n'est pas touché par une diminution de leurs devoirs ou par une modification si rien n'indiquait une modification de la rémunération.

Peut-on forfaire ce droit à la rémunération s'il y a mauvaise conduite? Oui, sauf qu'il y a discrimination entre les moments où ils ont été honnêtes ou malhonnêtes. Si cette discrimination ne peut avoir lieu, la déloyauté même sans « fraud » supprime ce droit. Tout cela est une question de fait. Une mauvaise conduite peut quelquefois ne pas influer sur un salaire déjà mérité. Dans l'article 80 un administrateur peut passer un by law pour réglementer sa rémunération ainsi que celle de ses inférieurs, cependant la dernière diffère de la première du fait qu'elle n'exige pas une confirmation, comme le dit l'article 81.

Si aucun by law ne prévoit une rémunération, on peut y remédier en allouant à l'administrateur une indemnité en raison d'une autre fonction subordonnée.

Dans la s. 92 Ontario, on remet aux actionnaires le droit d'initiative pour les by laws quant au traitement des administrateurs, mais en tout cas le fait qu'ils en ont pris l'initiative ou qu'ils ont confirmé un *by law* à ce sujet est une condition préalable à la rémunération des administrateurs. Dans un cas il a été admis qu'un paiement peut être fait à des administrateurs par d'autres moyens mais pas à titre d'administrateurs (1). Le by law prévoira la date mais non nécessairement le montant de la rémunération. La confirmation doit être donnée dans une assemblée générale.

Responsabilité des administrateurs. — La responsabilité n'existe que si le dividende a été actuellement déclaré, c'est ainsi qu'on ne peut le dire si les administrateurs en ont payé la plus grande partie sur des fonds disponibles leur appartenant.

Quel est le créancier dont la réclamation peut permettre de

---

(1) 1920 50 D. L. R.

tenir responsables les administrateurs? C'est le créancier pour une dette, non pour des dommages, ou pourvu d'un jugement lui allouant des dommages et prononcé après la déclaration du dividende.

Les administrateurs peuvent être poursuivis à l'occasion du « transfer » à un insolvable (s. 83). S'il y a au moins les apparences que le transféré aura les moyens suffisants pour s'acquitter de tout appel, les administrateurs seront déchargés de cette responsabilité. Qu'est-ce qui constitue un examen suffisant? C'est une question de fait. Lorsque le liquidateur poursuivra les administrateurs en vertu de la s. 83, il devra prouver que l'acte a été fait sans information et sans enquête. Les administrateurs qui ont prêté de l'argent à des actionnaires se trouvent tenus conjointement et solidairement : 1° de la somme et de l'intérêt; 2° de toutes dettes existantes ou contractées depuis le prêt jusqu'au remboursement (s. 84).

Les administrateurs encourent la responsabilité des salaires impayés (s. 85).

On veut donner aux commis, ouvriers, serviteurs et apprentis une garantie de paiement de leurs salaires en cas d'insolvabilité de la Compagnie. L'administrateur peut à cet effet être poursuivi dans l'année qui suit la fin de sa charge. Le créancier devra produire un procès-verbal attestant que l'exécution exercée contre la Compagnie n'a rien ou insuffisamment produit pour obtenir des administrateurs tenus le solde de la dette. Il importe de savoir si ce texte édicte une pénalité ou s'il y a une possibilité de recours, car tout texte pénal doit être interprété strictement, ce qui en restreindrait l'application à certains employés.

On a voulu que les salaires de la plus humble classe soient protégés en y comprenant les employés qui étaient omis dans l'énumération. On entend par le travailleur, l'ouvrier qui exécute un travail manuel pour un salaire journalier, même s'il lui est confié la surveillance d'autres ouvriers. Ce salaire peut se compter à la tâche (508). On peut faire entrer dans la liste sous le nom de *clerc* un employé de la Compagnie, par exemple le teneur de livres travaillant sous les instructions d'un directeur général; on n'y fait pas entrer *l'auditor* qui a un contrat et dont le travail est fait par ses employés. On y comprend également des surveillants de mine avec autorité restreinte et un médécin dont la fonction est d'être toujours prêt à prêter ses soins pour la mine s'il ne fait pas de clientèle en dehors et si le traitement est pour lui le seul moyen d'existence.

Le bénéficiaire de cette redevance, soit à titre légal, soit à titre d'équité, peut intenter cette poursuite qui est restreinte à son salaire ou à son indemnité et non aux sommes qui ont pu être dépensées pour la Compagnie à l'exception des allocations pour frais de voyage.

Souvent il y a eu des accords entre des employeurs et les tenanciers de pension ou de magasin; ces derniers ont-ils un droit contre les administrateurs, soit au titre des salaires ou au titre de contractants avec la Compagnie? (Cette question s'est posée dans Lee/Friedmann et Olson/Machin.)

Quand un jugement a été pris contre une Compagnie, ce jugement étant *res inter alios acta* ne peut être opposé à l'administrateur qui peut encore invoquer toutes *defences* excepté l'irrégularité du jugement s'il n'y a pas fraude.

La poursuite se passe comme dans tous les cas où il y a responsabilité conjointe et solidaire. Elle peut se faire contre tous ou un seul. L'exécution en est remise à un *shériff*, sorte de juge de paix. Elle sera précédée d'une poursuite contre la Compagnie. Cette poursuite sera correcte et de bonne foi et sera terminée par un procès-verbal de carence.

Le créancier ne peut pas poursuivre sans permission une exécution contre une Compagnie en liquidation, sinon l'exécution est nulle; cependant si l'ordre de liquidation parvient au moment où la poursuite est commencée, la s. 22 de *Winding up act* n'empêche pas l'octroi d'un *return on nulla bona*, c'est-à-dire la rédaction d'un procès-verbal établissant qu'une exécution en recouvrement n'a rien produit.

L'ouvrier n'a pas droit à ce recours s'il a négligé de faire exécuter un jugement, avant que la Compagnie entre en liquidation. Cependant il a été admis que la mise en liquidation dispense du certificat de carence cité plus haut.

Les administrateurs *de facto* sont tenus d'acquitter au défaut de la Compagnie les salaires en souffrance.

ART. 87. — *Des actionnaires qui possèdent le quart en valeur du capital souscrit de la Compagnie peuvent, en tout temps, convoquer une assemblée spéciale pour délibérer sur toute affaire spécifiée dans la demande écrite qu'ils font et dans l'avis qu'ils donnent à cet effet.*

ART. 88. — *En l'absence d'autres dispositions à cet égard dans les lettres patentes ou dans les règlements de la Compagnie.*

a) Il est donné avis du jour et du lieu de toute assemblée générale de la Compagnie, au moins quatorze jours avant la réunion, dans un des journaux du lieu où la Compagnie a son siège ou bureau principal d'affaires, ou, s'il n'y a pas de journal, du lieu le plus voisin où il en existe un,

b) Aux assemblées générales de la Compagnie, les actionnaires ont droit à une voix par chaque action qu'ils possèdent alors; et ils peuvent voter en personne ou par fondés de pouvoirs, si ce porteur de procuration est lui-même actionnaire; mais nul actionnaire n'a droit de voter, ni en personne ni par fondé de pouvoirs, à aucune assemblée, s'il n'a opéré tous les versements demandés et payables jusque-là sur ses actions;

c) Toutes les questions proposées à la considération des actionnaires à ces assemblées sont déterminées à la majorité des voix, le président ayant voix prépondérante dans le cas de partage égal des votes.

ART. 105 § 1. — *Une assemblée annuelle des actionnaires de la Compagnie doit être tenue chaque année à l'époque et à l'endroit déterminés par la loi spéciale, les lettres patentes ou les règlements de la Compagnie, et, à défaut de pareilles dispositions à cet égard, une assemblée annuelle doit avoir lieu au bureau principal de la Compagnie le quatrième mercredi de janvier de chaque année.*

§ 2. — A cette assemblée, les administrateurs doivent soumettre à la Compagnie :

a) Un bilan dressé à une date ne précédant pas de plus de quatre mois cette assemblée annuelle; toutefois, une Compagnie qui pratique des opérations hors du Canada peut, par résolution prise à une assemblée générale, étendre cette période jusqu'à six mois au maximum;

b) Un relevé général des recettes et des dépenses pendant l'exercice se terminant à la date de ce bilan;

c) Le rapport du vérificateur ou des vérificateurs des comptes;

d) *Tous autres renseignements relatifs à la situation financière de la Compagnie qu'exigent la loi spéciale, les lettres patentes ou les règlements de la Compagnie.*

§ 3. — *Chaque bilan doit être dressé de manière à signaler séparément au moins les item suivants d'actif et de passif, savoir :*

a) *L'argent en caisse;*

b) *Les dettes des clients envers la Compagnie;*

c) *Les dettes, envers la Compagnie, de ses administrateurs, fonctionnaires et actionnaires, respectivement;*

d) *Les marchandises disponibles;*

e) *Les dépenses faites au compte d'opérations futures;*

f) *Les terrains, les bâtiments et le matériel;*

g) *La clientèle, les concessions, les brevets et droits d'auteur, les marques de commerce, loyers, contrats et permis;*

h) *Les dettes de la Compagnie garanties par morts-gages ou autres charges sur les biens de la Compagnie;*

i) *Les dettes de la Compagnie qui ne sont pas garanties;*

j) *Le montant des actions ordinaires souscrites et attribuées et le montant versé sur ces actions, en indiquant quelle partie de ce montant a été attribué pour services rendus, commissions ou acquisition d'actif, depuis la dernière assemblée annuelle;*

k) *Le montant des actions privilégiées, souscrites et attribuées et le montant versé sur ces actions, en indiquant quelle partie de ce montant a été attribuée pour services rendus, commissions ou acquisition d'actif, depuis la dernière assemblée annuelle;*

l) *Les obligations indirectes et accidentelles;*

m) *Le montant soustrait à raison d'une dépréciation de l'usine, de l'outillage, du fonds de commerce et autres item de même nature.*

ART. 106 § 1. — *Toute Compagnie capitalisée par actions doit, le ou avant le premier jour de juin de chaque année, dresser un sommaire, se rapportant au trente et unième jour de mars précédent, spécifiant les détails suivants :*

a) *Le nom corporatif de la Compagnie;*

b) *La manière dont la Compagnie a été constituée en corporation, soit par une loi spéciale, soit par lettres patentes, et à quelle date;*

c) *Le lieu où se trouve son siège social, avec le nom de la rue et le numéro, si possible;*

d) *La date à laquelle s'est tenue la dernière assemblée annuelle des actionnaires de la Compagnie;*

e) *Le chiffre du capital-actions de la Compagnie et le nombre d'actions qui le divisent;*

f) *Le nombre des actions souscrites depuis l'origine de la Compagnie jusqu'à la date du rapport;*

g) *Le montant des appels de versement sur chaque action;*

h) *Le montant total des appels de versement réalisés;*

i) *Le montant total versé en actions autrement qu'en espèces depuis le dernier rapport annuel, en indiquant séparément les montants attribués pour services rendus, commissions ou acquisition d'actif, depuis la dernière assemblée annuelle;*

j) *Le montant total des appels de versement non réalisés;*

k) *Le montant total des sommes (s'il en est) payées à titre de commissions sur des actions, obligations ou débentures, ou allouées à titre d'escompte sur des obligations ou débentures;*

l) *Le montant total des actions frappées de déchéance, et le montant payé sur ces actions au moment de leur confiscation;*

m) *Le montant total des actions émises comme actions privilégiées et le taux du dividende sur ces actions, en indiquant si ces intérêts sont cumulatifs;*

n) *Le montant total versé sur ces actions souscrites;*

o) *Le montant total des débentures, débentures-actions ou obligations autorisées, et le taux d'intérêt qu'elles portent;*

p) *Le montant total des débentures, débentures-actions ou obligations émises;*

q) *Le montant total versé sur les débentures, débentures-actions ou obligations, en indiquant séparément le montant de l'escompte, et les montants attribués pour services rendus et acquisition d'actif, depuis la dernière assemblée annuelle;*

r) *Le montant total des certificats de titres (share-warrants) délivrés;*

s) *Les noms et adresses des personnes qui, à la date du rapport sont administrateurs de la Compagnie ou y occupent une position similaire, quel que soit le titre qui leur soit attribué.*

§ 2. — Le sommaire susdit doit être complété et déposé en double au Secrétaire d'Etat du Canada le ou avant le premier jour de juin précité. Chacun des doubles doit être signé par le

président et par le gérant, ou, si la même personne remplit à la fois les charges de président et de gérant, par le président et par le secrétaire de la Compagnie, et doit être régulièrement certifié par leur attestation sous serment, dans le cas d'empêchement par les directeurs qu'autorise la Compagnie et la déclaration assermentée de le signaler, indiquera pourquoi l'absent est incapable de signer. Il doit également être déposé en même temps une attestation sous serment établissant que les copies dudit sommaire sont des doubles.

§ 3. — Si une Compagnie manque de se conformer aux prescriptions du présent article, elle est passible d'une amende maximum de vingt dollars pour chaque jour que dure cette omission, et tout administrateur ou gérant de la Compagnie qui, sciemment ou volontairement, autorise ou permet cette omission, est passible de la même condamnation; et ces amendes sont recouvrables par jugement sommaire.

§ 4. — Le Secrétaire d'Etat du Canada, ou un fonctionnaire du secrétariat d'Etat du Canada désigné à cette fin, doit inscrire, au dos de l'une des expéditions du sommaire susdit, la date de sa réception au secrétariat d'Etat du Canada, et doit renvoyer le double dudit sommaire à la Compagnie, qui le conservera au siège de la Compagnie et le tiendra à la disposition des actionnaires ou des créanciers de la Compagnie qui voudront soit les consulter, soit en tirer des copies ou des extraits.

§ 5. — Le double dudit sommaire, endossé comme susdit, constitue une preuve prima facie que ledit sommaire a été déposé au secrétariat d'Etat du Canada conformément aux dispositions du présent article, dans toute poursuite intentée sous le régime du paragraphe 3 du présent article; et la signature d'un fonctionnaire du secrétariat d'Etat du Canada, au dos de cette expédition, doit être acceptée comme preuve prima facie que ledit fonctionnaire a été désigné pour y apposer sa signature.

§ 6. — Un certificat portant le seing et le sceau officiels du Secrétaire d'Etat du Canada et attestant que le sommaire susdit, en double, n'a pas été déposé par une Compagnie au secrétariat d'Etat du Canada conformément aux dispositions du présent article, fait preuve prima facie, dans une poursuite intentée sous le régime du paragraphe 3 du présent article, que ce sommaire n'a pas été déposé au secrétariat d'Etat du Canada.

§ 7. — *Les Compagnies organisées après le trente et unième jours de mars de chaque année ne sont assujetties aux dispositions du présent article que le trente et unième jour de mars de l'année suivante.*

§ 8. — *Le nom d'une Compagnie qui, pendant trois années consécutives, a omis de produire annuellement au secrétariat d'Etat du Canada le sommaire annuel susdit, peut être donné entièrement ou partiellement à une Compagnie nouvelle, à moins que la Compagnie en faute, sur avis du Secrétaire d'Etat du Canada par lettre recommandée adressée à la Compagnie ou à son président nommé dans son dernier rapport, ne démontre à la satisfaction du Secrétaire d'Etat du Canada qu'elle est encore en existence; toutefois, si, à l'expiration d'un mois à compter de la date de cet avis, le Secrétaire d'Etat du Canada n'a pas reçu de réponse de la Compagnie ou de son président, la Compagnie peut être considérée comme n'étant plus une corporation en existence et n'ayant plus droit à l'usage exclusif de son nom corporatif; de plus, si une Compagnie n'a pas déposé de sommaire annuel durant les trois années qui suivent immédiatement sa constitution en corporation, son nom peut être donné à une autre Compagnie sans avis, et elle est considérée comme n'étant plus en existence.*

§ 9. — *Le présent article s'applique, mutatis mutandis, aux Compagnies non capitalisées par actions, en ce qui concerne le sommaire contenant les détails indiqués aux alinéas a, b, c, d, o et q du paragraphe 1 du présent article, ainsi qu'aux administrateurs, gérants et autres fonctionnaires de ces Compagnies (1).*

Assemblées d'actionnaires. — a) Les assemblées d'une façon générale. Nous pourrions les définir comme le forum suprême pour tout ce qui concerne l'administration intérieure. Les actionnaires ne peuvent agir qu'en suivant les pouvoirs corporatifs et en observant les statuts formant leur constituion.

D'une façon générale, le consentement individuel de tous les actionnaires n'équivaudra pas à une résolution sauf par autorisation statutaire comme le dit la s. 48. On a pu invoquer une transaction à laquelle avaient concouru toutes les personnes intéressées bénéficiairement au capital de la Compagnie.

---

(1) S. 135 Ont. C°, S. 103 Q. C*.

Assemblée spéciale. — La s. 87 donne le droit de convoquer une assemblée spéciale à des actionnaires représentant en valeur le quart du capital souscrit.

Les articles 87 et 88 réglementent cette convocation. Elle aura lieu après avis écrit de convoquer une assemblée pour des affaires spécifiées dans la demande; ainsi il a été admis comme motif la non-réunion de l'assemblée générale annuelle et le non-renouvellement des élections. Remarquons que le porteur d'actions remises en garantie n'a ce droit que s'il lui est donné en vertu de son accord (68 a 4) et s'il y est dit actionnaire. La Cour ne peut intervenir en cette matière. La réunion générale est tenue conformément à la s. 105, le lieu de réunion de cette assemblée pour élire les administrateurs sera au Canada.

Avis d'assemblée. — Tout actionnaire a le droit d'être présent à cette réunion; aussi doit-on lui en notifier la tenue. Omettre de le convoquer pourrait invalider la réunion, quoiqu'il n'y ait eu qu'un accident. Les textes réglementant les by laws ont été faits par les actionnaires, eux seuls peuvent donner leur mot. Les administrateurs ne peuvent pas révoquer les textes réglementaires. Pour les *executors* d'un actionnaire défunt qui ne sont pas eux-mêmes enregistrés comme actionnaires, sauf règles spéciales, ils ne sont pas admis à réclamer contre une omission de convocation.

Pour les détenteurs d'actions au porteur, il faut se reporter aux règlements de la Compagnie (68 a.). L'avis n'est pas obligatoire pour un actionnaire résidant à l'étranger. La réclamation d'omission n'existe plus quand tous les actionnaires sont présents, si aucune objection n'est soulevée sur ce point (*id.*). A part les autres règlements, l'avis donnera le lieu, la date et l'heure, et les affaires à examiner (*id.*); ces indications ne peuvent être modifiées avant l'assemblée sauf règle spéciale. L'affaire sera indiquée clairement et d'une façon précise pour ne pas rendre non valable l'avis et irrégulière la réunion (*id.*). Des amendements légitimes et congruents peuvent être déposés s'ils rentrent dans les limites de l'avis.

Les administrateurs choisiront un jour de manière à permettre à tous de s'y rendre. La Cour interviendra pour les empêcher d'agir autrement.

Par qui l'avis est donné. — La s. 80 c. donne aux administrateurs le droit de prendre en conseil des by laws qui prévoient une convocation; un employé a pu envoyer un avis, cet avis sera régulier s'il est ratifié par le conseil avant l'assemblée. Les convocations d'un conseil composé d'administrateurs *de facto* sont valables.

Comment sera donné cet avis. — Sauf les règles spéciales suivantes, l'art. 88 *a* exige: 1° une publication dans un journal quatorze jours avant la réunion; 2° l'envoi de l'avis par la poste. Nous aurons l'occasion de parler de l'envoi par la poste dans les s. 97 et s. 98.

Les s. 105 et 106 D. sont relatives à l'assemblée générale annuelle que nous retrouvons dans s. 106 Q. Une assemblée sera tenue à une époque fixée dans un lieu fixé tous les ans; à défaut de cette désignation, au siège et le quatrième mercredi de janvier. Il sera communiqué un bilan ne datant pas de plus de quatre mois. Si la Compagnie fait des affaires en dehors du Canada, le bilan ne datera pas de plus de six mois. Un exposé général des revenus et dépenses pour la période financière écoulée, le rapport des inspecteurs et toute autre information exigée par les lettres seront lus à cette assemblée.

Comment sera dressé le bilan : Deniers en caisse, dettes dues à la Compagnie par les clients, dettes dues à la Compagnie par les administrateurs, employés et actionnaires. Marchandises; dépenses faites pour de futures affaires; terres; constructions et machines; chantiers; concessions; brevets; droits d'auteurs et marques de fabrique; contrats et licences; dettes dues par la Compagnie; garanties par mort-gage ou autres charges sur le bien de la Compagnie; dettes non garanties; montant des actions souscrites; le montant versé, indiquant le montant des sommes payées pour services rendus; commissions et actif acquis depuis la dernière assemblée; les obligations indirectes et accessoires; montant déduit pour dépréciations, pour good-will (clientèle).

Droit de discussion. — Parler d'une façon diffamatoire d'un administrateur au cours d'une assemblée est autorisé, quand il s'agit des intérêts sociaux. De même une circulaire signée par un actionnaire et adressé à d'autres est aussi admise, quoique contenant une diffamation.

Droits de la minorité. — A toute réunion, sauf règle spéciale, la majorité lie la minorité. Rappelons quelques règles déjà vues. Ainsi quand un acte, qui n'est pas *ultra vires*, a été fait irrégulièrement sans l'approbation de la majorité, celle-ci seule peut se plaindre; la Cour ne tiendra compte de la demande que si la Compagnie est plaignante.

De même quand on veut redresser un tort fait à une Compagnie, ou lui faire recouvrer un bien ou renforcer ses droits contre elle, la corporation est la seul plaignante, sauf si un de ses membres la poursuit pour éviter un acte *ultra vires;* ainsi en lui interdisant de présenter un contrat avec un tiers afin que la Cour condamne le tiers à la réparation du tort.

La minorité peut agir dans le cas où un actionnaire peut poursuivre ou seul ou en son nom et pour d'autres pour interdire un acte, qui est illégal, *ultra vires,* que la Compagnie ou la majorité sont incapables de ratifier, les actionnaires poursuivant n'auront pas reçu le sachant et gardé par devers eux une partie des résultats de ses actes *ultra vires.*

En cas de tort dont seule la Compagnie peut se plaindre, si ceux qui l'ont fait forment la majorité, la minorité peut poursuivre par un actionnaire en son nom ou avec d'autres. Il n'est pas besoin de demander la réunion d'une assemblée pour être autorisé à poursuivre. Mais quand une Compagnie aurait dû poursuivre, et ne l'a pas fait, l'actionnaire peut présenter tous moyens raisonnables et obtenir l'ouverture d'une instance au nom de la Compagnie; ici il ne poursuit pas en son nom, car le retard peut provoquer un déni de justice; seulement au cours de l'instance l'actionnaire pourra être tenu de démontrer que la majorité l'appuie; ainsi la procédure engagée, la Cour peut prendre comme mesure de convoquer une assemblée pour savoir si la majorité adopte la façon de voir de l'actionnaire. Si elle est contre, l'actionnaire devra payer les frais.

Il n'est pas enlevé à un actionnaire le droit de poursuivre une Compagnie pour obtenir confirmation d'un droit personnel.

Citons quelques décisions à l'appui de ces affirmations. Une majorité ne peut dissiper des fonds corporatifs dans des buts autres que ceux pour lesquels ils étaient avancés, ni valider des contrats *ultra vires.* La majorité décide de toute question d'administration intérieure si elle agit *bona fide* et en tenant compte des dissidents.

Il est loisible à une assemblée de modifier la nature des affaires tant qu'elle n'agit pas *ultra vires.*

La Cour peut intervenir en cas de divisions dans une assemblée qui ne peut plus agir.

Il est permis à une minorité de demander l'aide de la
Cour si elle souffre d'un dommage d'un caractère bien déterminé, quand les administrateurs se réservent les bénéfices ou
les affectent à des fins désavantageuses pour eux, ou si une
fraude a été commise par la majorité ou s'il y a eu conduite
incorrecte, « *inequitable* », ou discourtoise à leur égard, par
exemple en fixant arbitrairement la date des assemblées.

Signalons un grand cas anglais (1) :

Des membres d'une Compagnie avaient la majorité des
actions et voulaient vendre son actif; le juge déclara que la
minorité avait droit d'émettre son opinion. La majorité doit
tenir compte des actions de préférence pour le paiement des
dividendes.

Rappelons que tout administrateur qui fait approuver un
contrat par une assemblée ne peut agir sur elle par des moyens
incorrects ou impropres ou illégaux ou frauduleux: cette règle
il peut aisément la tourner en se créant une majorité.

De même un administrateur qui a fait une mauvaise application de fonds pour un but personnel ne pourra faire ratifier
son acte par une assemblée qu'il contrôle. C'est un cas de *dis-
courtoisie* à l'égard d'une minorité.

Une Compagnie ne peut transmettre toutes ses affaires de
manière à se rendre incapable d'exécuter ses fonctions corporatives si tous les actionnaires n'y ont pas consenti; l'actionnaire dissident pourra obtenir une *injonction* pour interdire
cette transmission (vr. s. 32 et s. 99).

Le président de l'assemblée. — Son but est de maintenir
l'ordre, de faire que tout soit correctement mené. Il a « *prima
facie* » pouvoir de trancher tous incidents, et nécessairement
d'exiger le vote d'une résolution, et de l'enregistrer. Ses votes
sont considérés comme corrects à première vue.

Il a droit d'ajourner avec le consentement de l'assemblée
mais il peut refuser à son gré si un ajournement incorrect a été
pris.

S'il a été incorrect les actionnaires pourront nommer un
nouveau président pour continuer l'examen des affaires. S'il est

____

(1) 1874 L. R. 9, Ch. 350.

correct, les actionnaires ne peuvent prolonger la séance. L'assemblée suivante ne peut traiter que de ce que devait faire l'assemblée précédemment ajournée.

Votes. — Sauf règle contraire contenue dans la charte, la résolution prise par la majorité des actionnaires dûment convoqués à propos d'un point où la Compagnie a la capacité de traiter liera tous les actionnaires, sauf certains cas où la minorité a le droit de donner son avis (v. plus haut) et si la motion adoptée cause une « *fraud* » envers la minorité.

Le droit de chaque membre de voter est certifié par le registre. Il n'est pas là question de justifier de son titre de propriété. Tout actionnaire peut requérir contre les administrateurs par voie de justice s'il a été injustement privé de son droit de vote.

Un actionnaire peut, en vue d'augmenter son pouvoir de vote, transférer des actions à des prête-noms. Il n'est pas permis de critiquer le vote d'un actionnaire même si le motif qu'il envisage est incorrect; ainsi un contrat qui était nul peut être adopté et lier la Compagnie.

Exemple: Un administrateur détenait la moitié des actions d'une Société, lui vendit un de ses bateaux et en vota l'achat à l'assemblée; le contrat, fut-il jugé, liait la Compagnie (1887 A. C. 589), car le droit de vote est un droit du propriétaire d'actions.

Tout exécuteur, administrateur, curateur ou tuteur fidéicommissaire peut voter en raison des actions qu'il a de même que le « pledger » (celui qui a des actions en garantie) (s. 49). Les actionnaires indivis devront s'entendre quant au vote, sauf règles spéciales; seule la première personne en nom exercera le droit de vote.

Procuration. — Aucun texte ne réglemente le vote par procuration sauf la s. 88 f. qui en parle brièvement et s. 80 c. qui donne aux administrateurs le droit de prendre toute réglementaion y relative sans qu'ils puissent enlever ce droit aux actionnaires. Le mandataire par procuration sera lui-même actionnaire (1905 A. C. 213); sa procuration peut être en blanc et signée par le mandant. Rappelons que la Compagnie peut adresser aux actionnaires des formules de procuration mandatant des administrateurs.

Scrutin. — Souvent la résolution est votée à mains levées sans tenir compte du nombre d'actions détenues par chacun et des procurations. *Un poll* (vote) peut être demandé par un actionnaire comme le prescrivent les by laws. Le droit de le demander est accessoire s'il s'agit d'une élection en réunion publique et peut être demandé par tout actionnaire sauf règle spéciale.

Comment voter? L'actionnaire signe pour ou contre la motion et indique le nombre d'actions représentées. Un scrutin a lieu et le résultat est proclamé par le président.

Quorum exigé à l'assemblée des actionnaires. — Il sera fixé d'après la s. 80 par un by law pris par les administrateurs. Il sera d'au moins de deux actionnaires, car s'il n'est pas atteint, aucune affaire ne peut être passée. Cependant cette exception ne peut être opposée par la Compagnie à un tiers intéressé, ainsi qu'à un détenteur de « *bond bona fide* » ou à un vendeur (1906 A. C. 196).

Livres de la Compagnie

ART. 89. — *La Compagnie fait tenir par son secrétaire, ou par quelque autre fonctionnaire spécialement chargé de ce soin, un livre ou des livres où sont enregistrés :*

a) Une copie des lettres patentes qui constituent la Compagnie en corporation, de toutes lettres patentes supplémentaires, ainsi que du mémoire préliminaire de convention et de tous les règlements de la Compagnie;

b) Les noms, par ordre alphabétique, de toutes les personnes qui sont ou qui ont été actionnaires;

c) L'adresse et l'état ou profession de chaque personne pendant qu'elle est actionnaire, autant qu'on peut les constater;

d) Le nombre d'actions possédées par chaque actionnaire;

e) Les versements faits et ce qui reste à payer sur les actions de chaque actionnaire;

f) Les noms, adresses et professions de ceux qui sont ou qui ont été directeurs de la Compagnie, avec les différentes dates auxquelles ils sont devenus directeurs ou ont cessé de l'être.

ART. 90. — *La Compagnie doit aussi avoir un livre qui porte le nom de registre des transferts; et sur ce livre sont inscrites les particularités de chaque transfert d'actions de son capital.*

ART. 91. — *Ces livres peuvent être consultés tous les jours, les dimanches et jours de fête exceptés, pendant les heures rai-*

*sonnables d'affaires, par les actionnaires et par les créanciers
de la Compagnie, ainsi que par leurs représentants personnels
et par un créancier d'un actionnaire, en vertu d'un jugement,
au siège ou bureau principal de la Compagnie.*

§ 2. — *Il est permis à l'actionnaire et au créancier ou à leurs
représentants personnels ou au créancier porteur d'un jugement
d'en faire des extraits.*

Livres de la Compagnie (1). — Dans l'administration intérieure toute Compagnie a des livres. La s. 89 exige que le livre
contienne la copie des lettres patentes (89 et s.), la liste des actionnaires, qui le sont ou l'ont été (pour ceux qui le sont, leur adresse
et profession), le nombre de leurs actions, leur versement fait.
Le nom des administrateurs, leur adresse, leur profession. Elle
exige en outre un registre de transferts et un registre des « mortgages ».

La Compagnie ne peut invoquer l'absence de livres ou leur
mauvaise tenue : Le liquidateur pourra s'appuyer sur ces livres
pour établir la responsabilité des actionnaires. Ces livres sont
tenus au siège social.

Il n'est pas parlé d'une façon explicite des « minute books »
(cela correspond aux registres des procès-verbaux) concernant
les assemblées des actionnaires et des administrateurs. Les
seconds ne sont pas toujours remis en consultation aux actionnaires. Comme « l'act » n'exige pas leur tenue, ils ne peuvent
servir comme les premiers de « prima facie evidence » (107).

La s. 91 donne seulement aux actionnaires et aux créanciers
le droit de consulter les livres mentionnés dans la s. 89 et 90.
Est-ce que ceux qui voudraient devenir actionnaires ainsi que
les futurs créanciers n'ont pas ce même droit? La solution posi-
tive est douteuse. Mais comme tout tiers qui veut contracter
peut poser ses conditions, c'est une de celles qu'il demandera
comme protection.

Remarquons qu'en common law il a été jugé que ces livres
étant propriété de la Compagnie, ceux qui ont obtenu des renseignements ne doivent pas les divulguer, et il peut leur être
fait interdiction de les communiquer.

Ce droit d'inspection est un droit qui n'appartient qu'à quelques-uns et limité. Si aucune règle n'existe, seule la Cour peut

---

(1) S. 91 à 97 Q. Cᵒ, S. 118 à 125 Ont. Cᵒ.

donner ce droit et seulement pour ce qu'il est nécessaire de connaître dans quelque question d'espèce où le demandeur a un intérêt spécial. Il n'en est pas de même en cas de réglementation. Le motif ici n'a aucune importance. Un administrateur a-t-il été jugé? Il a le droit à tout moment de prendre connaissance et copie de documents appartenant à la Compagnie. Nous ne parlons pas ici de droit d'inspection que possède l'*auditor* (s. 94 f.) (1).

ART. 92 § 1. — *Le Secrétaire d'Etat du Canada peut nommer un ou plusieurs inspecteurs compétents pour examiner les opérations d'une Compagnie et en faire rapport de la manière qu'il détermine :*

i) Dans le cas d'une Compagnie capitalisée par actions, à la demande d'actionnaires possédant une partie des actions émises par la Compagnie suffisante, de l'avis du Secrétaire d'Etat du Canada, pour justifier cette demande;

ii) Dans le cas d'une corporation non capitalisée par actions, à la demande d'un nombre de personnes inscrites sur le registre des membres de la corporation suffisant, de l'avis du secrétaire d'Etat du Canada, pour justifier cette demande.

§ 2. — La demande doit être accompagnée de la preuve que peut exiger le Secrétaire d'Etat du Canada, pour établir que les pétitionnaires sont fondés à demander cet examen et n'agissent dans aucune intention de nuire; et le Secrétaire d'Etat du Canada peut, avant de nommer un inspecteur, exiger des pétitionnaires caution pour le paiement des frais de l'enquête.

§ 3. — Il est du devoir de tous les fonctionnaires et agents de la Compagnie de mettre à la disposition des inspecteurs tous les livres et documents dont ils ont la garde ou la direction.

§ 4. — L'inspecteur peut interroger sous serment les fonctionnaires et agents de la Compagnie, relativement aux opérations de leur Compagnie, et il peut en conséquence faire prêter serment.

§ 5. — Si un fonctionnaire ou agent refuse de produire un livre ou document qu'il est tenu de produire en vertu du présent article, ou de répondre à une question relative aux opéra-

---

(1) S. 98 à 102 Q. C°, S. 126 Ont. C°.

tions de la Compagnie, il est passible, par jugement sommaire, d'une amende maximum de vingt dollars dans chaque cas.

§ 6. — L'examen terminé, les inspecteurs doivent faire connaître leur opinion au Secrétaire d'Etat du Canada, et un exemplaire de leur rapport doit être adressé à la Compagnie par le Secrétaire d'Etat du Canada; et, à la demande des pétitionnaires, un autre exemplaire de ce rapport doit leur être remis.

§ 7. — Le rapport doit être écrit ou imprimé, selon qu'ordonné.

§ 8. — Tous les frais de l'enquête, directs et indirects, sont à la charge des pétitionnaires, à moins que le Secrétaire d'Etat du Canada, que la présente loi autorise à ce faire, n'ordonne qu'ils soient à la charge de la Compagnie.

Art. 93 *§ 1. — Une compagnie peut, par résolution, à une assemblée annuelle ou à une assemblée générale spéciale, nommer des inspecteurs pour examiner l'état de ses affaires.*

§ 2. — Les inspecteurs ainsi désignés ont les mêmes pouvoirs et devoirs que les inspecteurs nommés par le Secrétaire d'Etat du Canada, sauf que, au lieu d'adresser leur rapport au Secrétaire d'Etat du Canada, ils doivent l'adresser de la manière et aux personnes que la Compagnie peut déterminer, par résolution.

§ 3. — En cas de refus de produire un livre ou un document dont les inspecteurs ainsi nommés demandent la production, ou de répondre à une de leurs questions, les fonctionnaires et les agents de la Compagnie encourent les peines dont sont passibles les inspecteurs nommés par le Secrétaire d'Etat du Canada.

Art. 119. *— Tout fonctionnaire ou tout agent qui, lors de l'examen fait par un inspecteur nommé par un juge ou par une Compagnie sous l'autorité de la présente Partie, refuse de produire un livre ou une pièce qui a trait aux affaires de la Compagnie, ou de répondre aux questions relatives aux affaires de la Compagnie, est passible d'une amende d'au plus vingt dollars pour chaque contravention de ce genre.*

Inspection. — Le Secrétaire d'Etat du Canada peut nommer des inspecteurs pour s'enquérir des affaires d'une Compagnie et lui en faire un rapport à la demande d'actionnaires détenant un assez grand nombre d'actions, ce qui à son avis garantit la requête.

Cette dernière sera appuyée de toute preuve exigée par ce fonctionnaire, pour montrer les bonnes raisons et écarter tout motif malicieux, et accompagnée d'une garantie pour les frais d'enquête.

Tous les employés seront tenus vis-à-vis de ces inspecteurs de communiquer tous les livres et documents qu'ils possèdent, et en cas de refus de leur part, sur enquête sommaire, ils sont condamnés à payer une amende.

Les frais d'inspection seront à la charge des demandeurs sauf si le Secrétaire d'Etat en exige le paiement par la Compagnie.

A la suite d'une résolution prise à l'assemblée générale annuelle ou spéciale, la Compagnie peut nommer des inspecteurs ayant ce même pouvoir, qui feront le rapport à des personnes désignées par la Compagnie.

Ce rapport sera admis dans toute procédure légale comme preuve de l'avis des inspecteurs pour tout paiement y contenu.

Cette procédure est donnée en vue de protéger la minorité qui pourra être ainsi exactement tenue au courant de l'état des affaires de la Compagnie. Ce rapport ne vaut contre la Compagnie que s'il est dûment authentiqué et pour les faits qui y sont relatés. Cet ordre ne pourra se justifier que s'il y a quelque raison substantielle à croire que des informations matérielles concernant la Compagnie ont été cachées. Pour que les actionnaires aient droit à cette procédure d'investigation, un mauvais engagement est insuffisant de même qu'une absence de déclaration par une Compagnie faisant des bénéfices.

ART. 94. — *Un exemplaire du rapport des inspecteurs nommés en vertu de la présente loi, authentiqué par le seceau social de la Compagnie dont ils ont examiné les opérations, est admis en justice comme preuve de l'opinion des inspecteurs pour tout son contenu.*

Les vérificateurs (1)

ART. 94 A. — *Toute Compagnie doit, à chaque Assemblée*

---

(1) S. 102 Q. C°, S. 127 à 134 Ont. C°.

générale annuelle, nommer un ou plusieurs vérificateurs de comptes qui restent en fonction jusqu'à l'assemblée générale annuelle suivante.

§ 2. — Si aucun vérificateur n'a été nommé par l'assemblée générale annuelle, le Secrétaire d'Etat du Canada peut, à la demande d'un actionnaire de la Compagnie, nommer un vérificateur des comptes de la Compagnie pour l'année courante et fixer les honoraires que la Compagnie doit lui payer.

§ 3. — Aucun administrateur ou fonctionnaire de la Compagnie ne peut être nommé vérificateur des comptes de cette Compagnie.

§ 4. — Une personne, sauf un vérificateur sortant, ne peut être nommée vérificateur des comptes par une assemblée générale annuelle à moins qu'un actionnaire n'ait notifié à la Compagnie, au moins quatorze jours avant l'assemblée générale annuelle son intention de proposer cette personne aux fonctions de vérificateur, et la Compagnie doit adresser copie d'une telle signification au vérificateur sortant et en prévenir les actionnaires, au moins sept jours avant l'assemblée générale annuelle, soit par annonce dans un journal ou par toute autre voie autorisée par les statuts de la Compagnie.

Toutefois, si, après qu'une notification de l'intention de proposer un vérificateur a ainsi été donnée, une assemblée générale annuelle est convoquée pour une date fixée à quatorze jours ou moins de quatorze jours après la présentation de cette notification, quoique n'ayant pas été donnée dans le délai prescrit par la présente disposition, cette notification est censée avoir été régulièrement donnée pour les fins auxquelles elle se rapporte, et l'avis que la Compagnie doit adresser ou donner, peut, au lieu d'être adressé ou donné dans le délai prescrit par la présente disposition, être adressé ou donné en même temps que la convocation de l'assemblée générale annuelle. Cependant, une personne autre qu'un vérificateur sortant de charge peut, sans la notification ci-dessus prescrite, être nommée vérificateur de la Compagnie, à une assemblée générale annuelle, par une résolution votée par des actionnaires présents ou leurs mandataires à ladite assemblée, pourvu que ces actionnaires portent au moins les deux tiers des actions représentées à l'assemblée.

§ 5. — Les premiers vérificateurs de la Compagnie peuvent être nommés par les administrateurs avant l'assemblée générale annuelle, et, s'ils ont été ainsi nommés, ils restent en fonction jusqu'à la première assemblée générale annuelle, à moins qu'ils n'aient été préalablement relevés de leurs fonctions par une résolution de la Compagnie, prise en assemblée générale, auquel cas la Compagnie peut, à cette assemblée, nommer des vérificateurs.

§ 6. — Les administrateurs peuvent remplir toute vacance casuelle dans les fonctions de vérificateurs; mais tant que dure cette vacance le vérificateur ou les vérificateurs survivants ou restant en fonction, s'il en est, peuvent continuer l'exercice de leur mandat.

§ 7. — Les honoraires des vérificateurs d'une Compagnie doivent être fixés par la Compagnie en assemblée générale, sauf que les administrateurs peuvent fixer les honoraires des vérificateurs nommés avant la première assemblée générale annuelle, ou pour remplir une vacance casuelle.

Art. 94 B. § 1. — Tout vérificateur des comptes d'une Compagnie a accès à tout moment, aux livres, comptes et pièces justificatives de la Compagnie, et a droit d'exiger des administrateurs et fonctionnaires de la Compagnie les renseignements et explications nécessaires pour l'exécution de son mandat.

§ 2. — Les vérificateurs doivent faire aux actionnaires un rapport sur les comptes qu'ils ont examinés et sur tout bilan présenté aux assemblées générales de la Compagnie pendant toute la durée de leur mandat. Ce rapport doit mentionner :

a) s'ils ont obtenu ou non tous les renseignements et toutes les explications qu'ils ont demandés;

b) si, à leur avis, le bilan qui fait l'objet de leur rapport est bien dressé de manière à donner un état véritable et exact des affaires de la Compagnie, du mieux qu'ils ont pu s'en rendre compte par les renseignements et les explications qui leur ont été donnés et d'après ce qu'indiquent les livres de la Compagnie.

§ 3. — Le bilan doit être signé, pour le conseil d'administration, par deux des administrateurs de la Compagnie, et le rapport du vérificateur doit être annexé au bilan, ou un renvoi au rapport doit être fait au bas du bilan; et le rapport doit être lu devant la Compagnie en assemblée générale et être ouvert à l'examen de tout actionnaire.

§ 4. — Dès lors tout actionnaire a droit de se faire délivrer *une copie du bilan et du rapport des vérificateurs moyennant le paiement maximum de dix cents par cent mots;*

§ 5. — S'il est émis, publié ou mis en circulation une copie d'un bilan non signée suivant les exigences du présent article, ou si une copie d'un bilan est émise, mise en circulation ou publiée, sans être accompagnée d'une copie du rapport des vérificateurs ou sans contenir un renvoi à ce rapport suivant les prescriptions du présent article, la Compagnie est, sur jugement sommaire, passible d'une amende maximum de deux cents dollars, de même que tout administrateur, gérant, secrétaire ou autre fonctionnaire de la Compagnie qui est sciemment partie à cette contravention.

Art. 94 C. — *Les porteurs d'actions privilégiées et d'obligations d'une Compagnie ont le même droit que les porteurs d'actions ordinaires de la Compagnie de recevoir et d'examiner les bilans de cette Compagnie, les rapports des vérificateurs et autres rapports.*

Commissaires des comptes. — Nomination d'auditors (s. 94 a.). Ils sont nommés à chaque assemblée générale annuelle. La durée de leurs pouvoirs va jusqu'à l'assemblée annuelle suivante. Si aucune nomination n'a lieu, le Secrétaire d'Etat peut y pourvoir pour l'année à courir. La fonction est incompatible avec celle d'employé ou d'administrateur. Toute autre personne, à l'exception de l'*auditor* arrivé au terme de son mandat, ne peut être nommée à une assemblée générale annuelle sauf sur avis donné 14 jours auparavant par un actionnaire à la Compagnie de nommer un autre commissaire. Les actionnaires en seront avertis par la Compagnie sept jours avant. L'avis sera valable si la réunion annuelle se trouve rapprochée, s'il est joint à l'avis de l'assemblée, et si le quorum réunit les 2/3 du capital souscrit.

Quels sont les pouvoirs et les droits des commissaires? — Pouvoir consulter en tout temps les livres sociaux et exiger les renseignements nécessaires pour l'exécution de leur mandat. Ils devront faire un rapport mentionnant qu'ils ont obtenu satisfaction à toutes leurs demandes et que le bilan reflète exactement et fidèlement l'état des affaires tels qu'ils ont pu s'en rendre compte. Le bilan sera signé par eux, accompagné de ce rapport et soumis aux actionnaires. Aucune publication ne peut se faire sans le rapport des auditors; les administrateurs seraient passibles d'une amende. Les auditors ne sont pas tenus de rechercher si les affaires ont été menées suivant des principes corrects ou si les administrateurs ont excédé leurs pouvoirs. Ce qu'ils ont à rechercher, c'est si la situation financière présentée est exacte, mettre le plus de soin possible à cette étude, et se rendre compte qu'il n'y a rien eu de caché. Ils n'encourent aucune responsabilité au cas où certaines pièces n'auraient pas été portées à leur connaissance ou si certains actes leur avaient été cachés. Ils doivent, s'ils veulent complètement exécuter leur mandat, dire ce qui est et non indiquer comment ils se sont renseignés; sinon ils le font à leurs risques et périls. Ainsi ils se trouvent quelquefois obligés de dire confidentiellement à l'assemblée générale au lieu de mentionner dans le rapport certains faits en raison d'un rapport qui, au point de vue commercial, serait dommageable surtout en raison de la publicité qui y est donnée. Mais ils doivent penser qu'en raison de leur manquement au trust ils seront tenus de tout *application* des « fonds » de la Compagnie. Ils peuvent cependant avoir à dire si des dividendes déclarés vont entamer le capital. « *He must take reasonable care to ascertain that they do so and skill in making inquiries and investigations* » (il prendra tout soin raisonnable pour affirmer ce qu'ils déclarent et déploiera toutes ses capacités pour faire des enquêtes et recherches), mais pas à plus. Ils ne seront pas tenus garantis par l'exactitude du bilan avec les livres. S'ils le faisaient, ils seraient responsables d'une erreur de leur part, même s'ils étaient trompés sans qu'un manque de soin leur soit imputable. Ils ne certifieront que ce qu'ils croient exact, en cela ils seront *honest*. Pour déterminer s'ils ont apporté à leur travail un soin raisonnable, il faut s'en rapporter aux circonstances. Leur responsabilité est la même pour les cas où il y a soupçon. S'ils avaient besoin de recourir à d'autres connaissances spéciales, ils peuvent s'en remettre à un expert.

On ne peut leur reprocher de n'avoir pas découvert des fraudes qui existaient depuis des années, mais que rien ne révélait. Dans le cas où la Compagnie souffre de dommages en raison de bilan non exact, c'est sur eux que repose la preuve qu'ils n'ont commis aucun manquement. Tout avertissement ou toute identification d'erreur les exonère.

La rémunération. — Sa fixation en dehors d'un contrat avec la Compagnie varie suivant l'act (q. et D.).

Art. 95. — *La signification de toutes sommations, de tous avis, ordres, brefs ou autres documents à la Compagnie, peut se faire, soit par la remise des pièces à son bureau dans la cité ou ville où est son principal siège d'affaires, à une personne raisonnable employée par la Compagnie, soit par leur remise au président ou au secrétaire de la Compagnie, soit par leur remise au domicile du président ou du secrétaire ou à une personne raisonnable de sa famille ou employée par lui.*

§ 2. — Si la Compagnie n'a pas de bureau ni de siège connu et n'a pas de président ni de secrétaire connus, la cour peut ordonner telle publication qu'elle juge nécessaire en pareil cas, laquelle est censée être une signification dûment faite à la Compagnie.

Art. 96. — *Les convocations, avis, ordres ou autres actes qui doivent être authentiqués par la Compagnie, peuvent être signés par tout directeur, gérant ou autre officier autorisé de celle-ci, mais n'ont pas besoin d'être revêtus du sceau social.*

Art. 97. — *Les avis que la Compagnie a à signifier aux actionnaires peuvent être signifiés soit personnellement, soit par la voie de la poste, dans des lettres enregistrées, adressées aux actionnaires à leurs demeures inscrites sur les registres de la Compagnie.*

Art. 98. — *La signification d'un avis ou autre document que la Compagnie adresse par la poste à un actionnaire, est censée s'effectuer au temps où, suivant le cours ordinaire du service postal, doit être faite la délivrance de la lettre enregistrée qui le contient.*

Art. 99. — *La Compagnie a la faculté d'agir par toutes voies que de droit contre un actionnaire, et réciproquement.*

Art. 100. — *Dans aucune action ni autre procédure en justice, il n'est nécessaire d'énoncer le mode de constitution de la Compagnie en corporation autrement que par la mention de la Compagnie sous son nom de corporation, telle que constituée par lettres patentes, ou par lettres patentes et lettres patentes supplémentaires, selon le cas, sous l'empire de la présente Partie.*

Signalons quelques règles de procédure. Toute signification de pièces judiciaires : avis, ordre, bref, peut être faite au siège social à un employé de la Compagnie ou remis au président ou au secrétaire. Si la Compagnie n'a pas de bureau, si le président ou le secrétaire ne sont pas connus, la cour peut ordonner une publication.

La Compagnie a la faculté d'agir par toutes voies que de droit contre un actionnaire et réciproquement. Cela pose le principe que la Compagnie est absolument indépendante de ses actions même si elle est une Compagnie composée d'un seul homme ainsi dans Salomon/Salomon.

Quand une Compagnie est poursuivie ou poursuit, dans toute action ou procédure, elle est désignée par son nom de corporation, droit qu'elle garde d'agir comme une personne, ainsi que nous l'avons vu en définissant la Compagnie; son adversaire ne peut opposer en « defence » l'obtention de la charte par fraude ou quelque autre irrégularité, en raison de s. 110 et 111.

Cette règle n'existe pas en cas de *scire facias*. Cependant, en Ontario, on a admis ce moyen de défense (Hamilton).

Indiquons, puisque nous parlons de procédure que la copie du by law sous le sceau de la Compagnie et qui doit être signée par un fonctionnaire de la Compagnie, est la preuve *prima facie* de ce by law comme pour les lettres patentes quant à leur contenu.

Nous avons indiqué comment la signification peut être faite à la Compagnie, s. 95. Une action de « deceit » peut être intentée contre une corporation. Une Compagnie a, comme tout individu, le droit de se retirer de tout procès où elle n'intervient que parce qu'elle a été citée comme partie.

Ainsi la Compagnie est seule en droit de se plaindre d'un dommage à sa propriété; aussi une procédure ne montrant pas pour quelle raison la Compagnie n'a fait aucune poursuite ne peut être maintenue. Par contre, une majorité ayant abusé de ses pouvoirs pour entamer l'actif, quelques actionnaires ont pu poursuivre à juste titre la Compagnie.

ART. 101. — *En cas de transmission, par le décès d'un actionnaire ou par quelque autre cause, de l'intérêt dans une part du capital social de la Compagnie, ou en cas de mutation de la propriété ou du droit légal de possession d'une action, par tout moyen licite autre que le transfert conformément aux dispositions de la présente Partie, la Compagnie, si les directeurs ont des doutes raisonnables sur la légalité de la réclamation d'un prétendu droit à cette action, peut faire et présenter, devant une des Cours de la province ou du territoire où est situé son bureau principal, une déclaration et requête par écrit, adressée aux juges de cette Cour, énonçant les faits et le nombre d'actions que possédait précédemment la personne au nom de laquelle la dite action est inscrite sur les livres de la Compagnie, et demandant une ordonnance ou jugement qui adjuge ou attribue cette action à celui ou à ceux qui légalement y ont droit.*

Art. 102. — *Avis de l'intention de présenter la requête est donné à celui qui prétend avoir droit à l'action, ou à son procureur dûment autorisé à cet effet, lequel, après la requête présentée, doit justifier du droit à l'action ou aux actions mentionnées dans ladite requête; et le délai pour plaider, et pour les autres formalités en pareil cas, sont ceux observés, dans les cas analogues devant les dites Cours.*

Art. 103. — **Les frais faits pour obtenir l'ordonnance ou le jugement sont payés par la personne ou par les personnes à qui l'action ou les actions sont déclarées appartenir légalement, et le transfert de celles-ci n'est opéré sur les livres de la Compagnie qu'après le paiement de ces frais, sauf le recours de celui qui justifie de son droit aux actions contre toute personne qui le lui a contesté.**

Art. 104. — *La Compagnie doit se conformer à l'ordonnance ou au jugement de la Cour qui établit le droit à ces actions.*

§ 2. — *Cet ordre ou ce jugement a l'effet d'une libération de toute autre réclamation de ces actions et provenant relativement à ces actions et affranchit complètement la Compagnie et la tient quitte de toute réclamation de ce genre.*

La s. 101 et suivantes indiquent par quel moyen on déterminera la propriété d'actions transmises autrement que par transfert. La Compagnie peut demander à la Cour une ordonnance ordonnant l'attribution tout en avertissant le *prétendant* aux actions qu'il paiera tous les frais avant l'exécution de l'ordonnance. La Compagnie sera tenue quitte de toute réclamation de ces actions.

Art. 107. — *Tous les livres que la présente Partie requiert une Compagnie de tenir font preuve prima facie, dans toutes actions, poursuite ou procédure, contre la Compagnie ou contre un actionnaire de tous les faits qui paraissent y être énoncés.*

Art. 108. — *La preuve du fait qu'une lettre dûment adres-*

sée et recommandée et contenant un avis ou autre pièce que la présente Partie permet de signifier par la poste a été dûment adressée et recommandée et déposée à la poste, ainsi que la preuve du temps auquel elle a été ainsi déposée de même que du temps requis pour qu'elle soit livrée au cours ordinaire de la poste à sa destination, est une preuve satisfaisante du fait de cette signification et du temps auquel elle a eu lieu.

ART. 109. — *Une copie d'un règlement de la Compagnie, revêtue de son sceau en portant qu'elle est signée par un de ses officiers, est reçue contre tout actionnaire de la Compagnie, à titre de preuve primâ facie du règlement dans toutes les Cours du Canada.*

ART. 110. — *Dans toute action ou autre procédure légale, l'avis contenu dans la Gazette du Canada de l'émission de lettres patentes supplémentaires, sous l'empire de la présente Partie, fait preuve primâ facie de tout ce qui y est contenu, et, sur production de ces lettres patentes ou lettres patentes supplémentaires ou d'une expédition ou d'un exposé de ces lettres patentes, le fait de cet avis ainsi que de sa publication doit être présumé.*

ART. 111. — *Excepté dans les procédures par voie de scire facias ou dans d'autres procédures qui ont pour but de rescinder ou d'annuler des lettres patentes ou des lettres patentes supplémentaires émises sous l'autorité de la présente partie, ces lettres patentes ou une expédition ou une copie de ces lettres patentes est une preuve concluante de toute matière ou chose qui y est énoncée.*

ART. 112. — *La preuve de tout fait qu'il est nécessaire d'établir sous l'empire de la présente loi, peut se faire par serment ou par affirmation, ou par déclaration solennelle, devant un juge de paix, ou devant un commissaire chargé de recevoir les déclarations sous serment destinées à être produites dans les Cours d'une province du Canada, ou devant un notaire public, lesquels sont autorisés par la présente loi à recevoir les serments et les dépositions sous serment et déclarations à cet effet.*

ART. 112 A. — *Dans le cas d'un compromis entre la Compagnie et ses actionnaires ou une partie portant atteinte aux droits des actionnaires ou d'une catégorie, un juge de Cour Suprême ou d'une Cour Supérieure provinciale où se trouve la Société, peut, sur la demande sommaire de la Compagnie ou d'un*

actionnaire, demander la convocation d'une assemblée des ac-
tionnaires touchés comme il est prescrit.

Dans le cas d'approbation par les 3/4 de chaque catégorie
d'actions représentés au consentement, à la proposition primi-
tive ou à une modification du compromis, le juge peut le sanc-
tionner. Dans le cas de sanction, toute réduction ou augmentation
du capital-actions et toutes prescriptions à l'effet de le répartir
ou d'en disposer par vente ou autrement tel qu'il y est énoncé
sera confirmé dans des lettres supplémentaires.

Art. 112 B. § 1. — *Dans le cas d'arrangement entre une*
Compagnie assujettie aux procédures de la loi des liquidations
et ses créanciers ou une catégorie ou ses actionnaires, ou une ca-
tégorie affectant ou annulant conditionnellement ou autrement
les droits de ces derniers, le tribunal devant qui la procédure est
pendante, sur requête sommaire d'un actionnaire ou d'un liqui-
dateur, peut convoquer une assemblée d'actionnaires.

§. 2. — *En cas d'approbation des 3/4 des actionnaires et si*
la majorité requise des créanciers consent à l'accord proposé pri-
mitif ou modifié, le tribunal peut le sanctionner; une copie au-
thentique de l'accord sera déposée chez le Sous-secrétaire d'Etat
et ce compromis sera confirmé dans des lettres supplémentaires.

§ 3. — *Dans le cas où la Compagnie est assujettie aux lois*
de faillite (Ch. 36, st. 1919), le compromis peut être approuvé par
le tribunal ayant juridiction dans la procédure pendante dont
copie est déposée au Sous-secrétaire d'Etat.

Preuve s. 107. — Tous les livres que la Compagnie doit tenir
font preuve *prima facia* des faits y énoncés dans toute action
érigée contre la Compagnie ou un actionnaire.

Ce n'est que l'application de la règle de common law énonçant que les livres tenus par un commerçant font preuve contre
lui. On n'y fait rentrer que les livres mentionnés dans l'article 89,
ce qui exclut les livres de comptes et les livres du conseil. Les
livres sont admis quand il y a procès au sujet d'actions appelés
à contribution en vertu de la s. 144 Wind.

Cependant tout autre mode de preuve peut être administré
pour faire rejeter ce qui a été établi par les livres.

La Cour peut prendre connaissance d'entrées irrégulières ou
incorrectement tenues, ce qui est un « *indictable offence* » s. 117.
La s. 108 parle de la signification par lettre recommandée; la

s. 109 parle de la preuve des by laws. La preuve de tout fait qu'il est nécessaire d'établir par la présente se fait par serment, par déclaration solennelle, devant un juge commissaire ou un notaire (sauf compléments).

Contraventions et peines

ART. 113. — *Quiconque, étant directeur, gérant ou fonctionnaire d'une Compagnie, commet une contravention aux dispositions de la présente loi, omet ou néglige de se conformer à ses prescriptions, est passible, par jugement sommaire (si la présente loi ne stipule aucune peine pour cette contravention, omission ou négligence particulière) d'une amende de mille dollars au maximum, ou d'un emprisonnement d'une année au maximum, ou de ces deux peines à la fois. Toutefois, nulle poursuite ne doit être intentée en vertu du présent article sans le consentement par écrit du Secrétaire d'Etat du Canada.*

ART. 114. — *Toute Compagnie qui ne tient point son nom, avec les mots « à responsabilité limitée » (limited) à la suite, peint ou affiché de la manière prescrite par la présente Partie, est passible d'une amende de vingt dollars pour chaque jour durant lequel elle ne tient pas son nom peint ou affiché de la sorte; et tout directeur et tout gérant de la Compagnie qui, sciemment et volontairement, autorise ou permet ce manquement, encourt la même amende.*

ART. 115. — *Tout directeur, gérant ou officier de la Compagnie, et toute personne qui agit au nom de celle-ci, qui font usage ou autorisent l'usage d'un sceau prétendu de la Compagnie sur lequel n'est pas gravé, en caractères lisibles, son nom avec les mots « à responsabilité limitée » (limited) à la suite, ainsi qu'il est dit ci-dessus, ou qui,*

a) adressent ou autorisent à adresser quelque avis, annonce ou autre publication officielle de la Compagnie; ou,

b) signent ou autorisent à signer au nom de la Compagnie quelque lettre de change, billet à ordre, endossement, chèque, ordre pour deniers ou effets; ou,

c) donnent ou autorisent à donner quelque facture, envoi ou quittance de la Compagnie;

sans que son nom, avec les susdits mots à la suite, y soit mentionné en caractères lisibles, encourent une amende de deux cents dollars, et sont, en outre, responsables personnellement envers le porteur de la lettre de change, du billet à ordre, du chèque ou de l'ordre pour deniers ou marchandises, jusqu'à concurrence de son mandat, à moins que l'effet ne soit dûment acquitté par la Compagnie.

ART. 116. — *Toute Compagnie qui omet de tenir le livre ou les livres que la présente Partie requiert de tenir est coupable de contravention et punissable, sur conviction par voie sommaire devant deux juges de paix, d'une amende de vingt dollars au plus pour chaque jour que continue cette omission.*

ART. 117. — *Tout directeur, fonctionnaire ou serviteur de la Compagnie qui, sciemment, fait ou aide à faire une fausse inscription dans un des livres que la présente Partie requiert la Compagnie de tenir, ou qui refuse ou volontairement manque d'y faire quelque inscription nécessaire, ou de la représenter ou de permettre qu'on le consulte ou qu'on en fasse des extraits, est coupable d'un acte criminel.*

D'après l'article 113, tout administrateur ou employé agissant contrairement à l'act ou ne s'y conformant pas sera puni d'une amende. Les articles s. 114 et 115 édictent une pénalité pour toute Compagnie n'affichant pas le mot « limited », ou utilisant un sceau sans ce mot dans des avis, lettres, billets, factures; en outre les administrateurs et directeurs qui l'ont laissé faire encourent personnellement la même pénalité.

L'article 114 édicte une pénalité journalière identique en cas de mauvaise tenue des livres et déclare que l'administrateur est coupable d'un acte criminel.

Enfin les articles 117 et s. 118 sanctionnent le refus de produire les livres.

Signalons aussi les règles édictées lors d'un compromis entre la Compagnie et ses actionnaires dans la s. 112 A. et des compromis que prévoient la loi sur la liquidation et la loi sur la faillite.

Tous ces articles que nous venons de citer se retrouvent dans les lois de Québec et d'Ontario.

. . . .

. . . .

Il nous resterait maintenant à traiter du dernier stade par lequel les sociétés passent au Canada comme en France, c'est-à-dire de la liquidation volontaire ou forcée.

La liquidation volontaire résulte de l'arrivée du terme que se sont fixés les fondateurs, ou d'une délibération prise par les administrateurs pour clore les affaires de la compagnie.

La liquidation forcée résulte de la mauvaise administration ou de l'état d'insolvabilité dans lequel est tombée la société envisagée.

Mais ce sujet est trop vaste pour pouvoir être exposé ici, même brièvement; nous nous réservons d'en exposer les règles dans un ouvrage postérieur; cependant, nous ne voulons pas terminer sans indiquer les textes sur lesquels reposent ces deux sortes de liquidation.

La liquidation volontaire est régie à Québec par les articles 6120 à 6140 des statuts révisés de 1909; en Ontario par la partie 13 de la loi sur les compagnies, chapitre 178 des statuts révisés de 1914; quand il s'agit de sociétés incorporées par le Dominion, par la loi sur la liquidation, chapitre 144 des statuts révisés de 1906 comme il est dit aux articles 6 (b) et 11 (a,b).

Jusqu'en 1919, les compagnies insolvables obéissaient aux règles de la liquidation volontaire, telles que ces règles sont fixées par la loi du Dominion sur la liquidation.

En 1919 est intervenue une loi du Dominion sur la faillite (*Bankrupty*). Cette loi est applicable à toutes les compagnies insolvables sauf celles ayant pour objet l'exploitation de banques, de chemins de fer, de télégraphes, de téléphones, d'assurances, lesquelles demeurent soumises, même en cas d'insolvabilité, à la loi du Dominion sur la liquidation. En outre en ce qui concerne les autres compagnies une nouvelle loi de 1922 (st. 1922 c. 31) prévoit que la Cour peut, par décision spéciale, ordonner que ces compagnies seront soustraites à la faillite et soumises à la loi du Dominion sur la liquidation.

CONCLUSION

Si maintenant de cet exposé assez compliqué, nous cherchons à dégager quelques idées générales, il nous semble qu'elles sont les suivantes:

Nous tenons à faire remarquer combien la législation canadienne est libérale à l'égard des sociétés et combien le mode de formation des sociétés en est simplifié.

Sans doute ce libéralisme s'explique en partie par l'obligation pour les Canadiens d'attirer dans leur pays les capitaux nécessaires pour mettre en valeur un territoire encore neuf et aux richesses inexploitées.

D'autre part, il convient de noter spécialement les points suivants sur lesquels les règles suivies au Canada diffèrent des règles du Droit Français. Dans cet ordre d'idées nous signalerons:

1° les règles étroites imposées pour l'émission des actions et des obligations dans le public, tout en faisant remarquer que ces règles ne sont pas adoptées dans la province de Québec;

2° l'existence de ces actions sans valeur nominale qui ressemblent étrangement aux part de fondateurs reconnues dans le Droit Français. Cette création toute récente puisqu'elle date des dernières années qui ont précédé la guerre est maintenant d'un usage très fréquent;

3° les règles spéciales aux obligations émises par une compagnie et garanties par une hypothèque;

4° enfin, le contrôle permanent concernant l'établissement du bilan.

En terminant cette étude qu'il nous soit permis d'exprimer le vœu que les Français, instruits des ressources commerciales du Canada et des modalités du droit des affaires de ce pays viennent joindre leurs efforts à ceux des Canadiens luttant contre la concurrence et l'emprise économique des pays voisins; qu'ils viennent demander au Canada les produits que l'Amérique peut nous offrir sans que nos colonies nous les procurent; et qu'en même temps, instruits des besoins commerciaux des Canadiens, ils offrent à ceux-ci des produits que les Canadiens vont chercher dans des pays qui sont nos concurrents.

Ainsi, tout en créant des relations économiques précieuses pour les deux pays, on maintiendrait entre eux les liens d'une amitié que rien n'a brisé jusqu'à ce jour, et que rien dans l'avenir ne saurait rompre.

ANNEXE

EXEMPLES DE LETTRES PATENTES

" Commercial Credit and Loan, Limited "

———

Avis est donné qu'en vertu de la première partie de la loi des compagnies de Québec, il a été accordé par le lieutenant-gouverneur de la province de Québec, des lettres patentes en date du vingt-septième jour d'octobre 1926, constituant en corporation: Royal-Ernest-Carl Werry, avocat, John-Traver Smith, comptable, et Bernard Silverman, commis, tous de la cité et du district de Montréal, pour les fins suivantes:

Acheter, vendre et faire le commerce, soit comme principaux ou comme agents, de titres, obligations, débentures, hypothèques ou biens personnels, valeurs, billets ou obligations de toutes sortes, et percevoir et disposer des intérêts, dividendes ou revenus sur ou de tels titres, obligations, débentures, hypothèques, valeurs ou autres obligations;

Agir comme agent général, marchands à commision, facteurs ou courtiers pour aucune et toutes les classes de producteurs, marchands, manufacturiers, expéditeurs ou propriétaires pour le placement d'assurance maritime, feu, accident, fidélité et autre, pour des propriétaires, personnes, firme ou corporation ayant ou réclamant avoir un intérêt assurable dans des marchandises, fret, automobiles et autres véhicules, vaisseaux, cargaisons et tous autres articles assurables, en rapport avec les autres pouvoirs de la compagnie, en s'y rattachant, et conformément aux dispositions de la Loi des Compagnies de Québec;

Agir comme agents pour les fins d'émettre ou de contresigner des certificats d'actions, de bons ou autres obligations de toutes associations ou corporations municipales ou autres, agir comme agents de transfert et régistraires au sujet des dites actions, bons ou autres obligations, et administrer tous fonds d'amortissement pour telles valeurs, aux termes qui pourront être convenus;

Accepter et exécuter comme procureurs, agents ou autrement pour d'autres, la transaction de toutes affaires, le placement des fonds, la perception des frais, rentes, intérêts, et dividendes;

Construire, acquérir, louer, exploiter et maintenir, opérer, gérer, exécuter ou contrôler des hangars, entrepôts, chemins, routes, embranchements ou voies d'évitement, sur les propriétés de la compagnie ou sur celles dont elle a le contrôle et pour les seules fins de son industrie et de son commerce, ponts, cours d'eau, réservoirs, quais, manufactures, usines électriques, boutiques, magasins, et autres travaux et commodités directement ou indirectement susceptibles de promouvoir les intérêts de la compagnie, et contribuer, subventionner ou autrement aider ou prendre part dans leur construction, amélioration, entretien, exploitation, administration, exécution ou contrôle; émettre des reçus et certificats d'entreposage, reconnaissant en faveur de personne, firme ou compagnie l'entreposage des marchandises, lesquels documents seront négociables, et faire des avances ou des prêts sur la garantie de telles marchandises ou autrement, et à défaut de remboursement, s'emparer de telle garantie et en disposer de la manière que la compagnie croira équitable;

Acquérir par achat ou autrement et vendre ou autrement aliéner et faire le commerce et le trafic d'effets, denrées ou marchandises, en général, de toutes sortes et de toute description;

Solliciter, acheter ou autrement acquérir, détenir et céder, louer, octroyer ou autrement aliéner des brevets, permis, droits de brevets, privilèges, inventions, améliorations, procédés, marques de commerce et de fabrique et des formules concernant ou se rapportant à l'industrie de la compagnie ou non, conférant tout droit exclusif ou non, exclusif ou limité de s'en servir, ou tout secret ou tout renseignement relatif à toute invention qui peut paraître propre à servir à tout objet de la compagnie, et dont l'acquisition peut paraître susceptible de profiter directement ou indirectement à la compagnie, aussi utiliser, exercer, développer, accorder des permis, ou autrement faire valoir les biens, droits ou renseignements ainsi acquis;

Acquérir par achat, échange, bail (emphytéotique ou ordinaire) ou par tout autre titre légal; et posséder, détenir, développer, louer, souslouer, gager, hypothéquer, vendre, aliéner ou en disposer autrement ou mettre en valeur des terrains, édifices, immunnités, tenements et héritages, et des droits y appartenant et y afférant de toute nature et de toute description, et généralement faire les affaires d'une compagnie de terrains et d'hypothèques dans toutes leurs spécialités; détenir, améliorer, embellir, démolir, enlever ou autrement disposer des édifices possédés ou détenus par la campagnie, et bâtir, ériger ou construire des édifices sur des terrains possédés, loués ou détenus par la compagnie ou dans lesquels la compagnie est intéressée, et entretenir, réparer, administrer, surveiller et exploiter les édifices possédés ou détenus par la compagnie et les louer, sous-louer, hypothéquer, vendre, aliéner ou en disposer autrement;

Eriger des édifices, faire le commerce des matériaux de construction et généralement entreprendre tous travaux de construction qui sont directement ou indirectement nécessaires pour le bénéfice de la compagnie;

Prendre ou en aucune manière acquérir et détenir des hypothèques, soldes non payés du prix d'achat de tout terrain, édifice ou construction, automobiles ou autres biens mobiliers, et détenir ou autrement aliéner tels hypothèques ou soldes de prix d'achat, et négocier et attribuer et acquérir en aucune manière et disposer d'hypothèques, soldes de prix de vente ou de prix d'achat ou placer de l'argent sur des immeubles, si la compagnie le juge convenable ou approprié, et généralement faire un commerce d'immeubles et d'hypothèques sous toutes ses formes, et sans limiter la généralité de ce qui précède, administrer tels terrains, édifices ou autres placements;

Prélever ou aider à prélever de l'argent et aider, au moyen de bonis, prêts, promesses, endossements, garanties, débentures ou autres valeurs ou autrement, et garantir et aider à l'exécution de contrats ou hypothèques pour toute firme, personne ou corporation avec lesquelles la compagnie fait des affaires, et assumer et se charger de tels hypothèques ou contrats en défaut, soit consentis par cette compagnie ou par toute autre personne, firme ou compagnie et offrir au public, pour souscription des actions, titres, obligations, débentures ou autres valeurs de toute compagnie ou corporation, industrie ou entreprise.

S'associer ou conclure des conventions au sujet du partage des profits, la fusion des intérêts, la coopération, les risques communs, les concessions réciproques ou pour d'autres fins similaires, avec toute personne ou compagnie exerçant ou exploitant, ou sur le point d'exercer ou d'entreprendre une industrie ou transaction que la compagnie a l'autorisation d'exercer ou d'exploiter, ou toute industrie (manufacturière ou autre) ou transaction qui pourrait être conduite de façon à profiter directement ou indirectement à la compagnie, et prendre ou acquérir autrement des actions et valeurs de toute telle compagnie, et les vendre, les détenir, les réémettre avec ou sans garantie, ou en disposer de toute manière;

Souscrire, garantir, acheter, acquérir, détenir, posséder, vendre, transporter, ou autrement faire le commerce et disposer de toutes actions, obligations, débentures, billets ou autres valeurs, obligations, contrats ou preuves de dettes de toute compagnie ou corporation, et prendre, détenir et se prévaloir de toute garantie collatérale de toute nature pour l'exécution des obligations qu'elle comporte, et émettre en échange ses propres actions, bons et obligations, et faire et aider de toute manière par des prêts ou autres avances ou garanties en faveur de toute personne, firme ou corporation dans lesquelles la compagnie est intéressée comme créditeur, actionnaire ou autrement;

Rémunérer toute personne, firme ou compagnie, soit en argent ou avec l'approbation des actionnaires, au moyen d'actions entièrement ou partiellement libérées, des obligations, débentures ou valeurs à être données à toute personne, firme ou corporation pour services rendus ou à être rendus à la compagnie, en rapport avec son incorporation, sa promotion ou son organisation, ou en plaçant ou aidant à placer, ou en garantissant le placement de toutes actions du capital-actions de la compagnie, ou toutes débentures de la compagnie ou autres valeurs, ou en rapport avec la conduite de ses opérations, et payer toutes autres dépenses préliminaires, à même les fonds de la compagnie, et distribuer en espèces, au moyen de dividendes ou autrement, de temps à autre, entre les actionnaires de la compagnie, toutes actions ou valeurs ou propriété ou autres biens ou droits appartenant à la compagnie;

Garantir, souscrire, acheter ou autrement acquérir et détenir comme principal ou comme agent et comme propriétaire absolu ou par voie de garantie collatérale ou autrement, et vendre, échanger, transporter, céder, ou autrement en disposer et faire le commerce ou négocier des lettres de change, traites, billets promissoires, effets négociables, hypothèques et soldes de prix, obligations, débentures, titres, actions ou autres valeurs de tout gouvernement ou corporation municipale ou de toute autre corporation, de toute banque à charte, ou de toute compagnie ou corporation industrielle, financière ou autre, dûment incorporée;

Acquérir ou se charger de la totalité ou de toute partie du commerce, des propriétés et obligations de toute personne ou compagnie exploitant toute industrie que cette compagnie a l'autorisation d'exploiter, ou possédant des biens convenant aux fins de la compagnie;

Conclure des conventions avec toutes autorités municipales, locales ou autres, qui sembleront avantageuses pour les fins de la compagnie, ou l'une quelconque desdites fins, et obtenir de cesdites autorités tous les droits, privilèges et concessions que la compagnie jugera désirable d'obtenir, et exécuter, exercer, vendre et se conformer à ces dites conventions, droits, privilèges et concessions;

Organiser une ou plusieurs compagnies pour acquérir la propriété ou aucune partie de la propriété ou du passif de la compagnie, ou pour aucune autre fin qui paraîtra propre, directement ou indirectement, à profiter à la compagnie;

Tirer, faire, accepter, endosser, exécuter et émettre des billets, lettres de changes, connaissements, mandats et autres effets négociables ou transférables;

Vendre, ou autrement disposer de l'entreprise de la compagnie, en tout ou en partie, moyennant le prix que la compagnie estimera convenable et spécialement pour des actions, débentures ou obligations d'aucune autre compagnie dont les objets sont en tout ou en partie semblables à ceux de la compagnie;

Solliciter, se procurer, acquérir par cession, transfert, achat ou autrement, avoir aussi l'exercice, l'exécution et la jouissance d'aucune licence, d'aucun pouvoir, d'aucune autorité, des franchises, concessions, droits ou privilèges qu'aucun gouvernement, aucune autorité ou corporation, aucun autre corps public peut accorder, et les payer, aider et contribuer à leur donner effet, employer aussi aucune des actions de la compagnie, obligations et valeurs à en solder les frais, charges et impenses nécessaires;

Pour faire connaître les produits de la compagnie, adopter les moyens que l'on jugera à propos, et, particulièrement, annoncer dans les journaux, par circulaires, par achat et exposition d'œuvres d'art ou d'intérêt, par publication de livres et périodiques, octroi de prix, récompenses et dons;

Faire chacune ou toutes les choses ci-dessus comme principaux, agents, entrepreneurs ou autrement et soit seuls ou conjointement avec d'autres;

Faire toutes les autres choses qui se rattachent ou conduisent à la réalisation des objets sus-mentionnés;

Faire enquête et rapport concernant le titre de toute propriété immobilière, terrain ou autres objets vendables, sous le nom de « Commercial Credit and Loan, Limited »;

Les directeurs pourront de temps à autre, par un règlement sanctionné par un vote de pas moins des trois quarts en valeur du capital souscrit de la compagnie;

a) Emettre des débentures ou autres valeurs de la compagnie et les donner en garantie ou les vendre pour les sommes et aux conditions et prix qui seront jugés convenables;

b) Nonobstant l'article 2017 du Code Civil de la province de Québec, hypothéquer ou donner en garantie les biens mobiliers ou immobiliers présents ou futurs, de la compagnie, pour garantir toutes telles débentures ou autres valeurs ou donner partie seulement de telles garanties pour telles fins, et constituer l'hypothèque, le mortgage ou le privilège mentionné dans ce sous-paragraphe, par acte de fiducie, conformément aux articles 10, 11 et 12 et suivants de la section 5 du chapitre N° 227 des Statuts Refondus de la province de Québec, 1925;

Faire les affaires de prêteurs d'argent de toutes manières, excepté les affaires de banque, et accepter et détenir comme garanties pour le prêt et le paiement de toutes sommes d'argent payées ou avancées par la compagnie, ou pour toutes dettes dues à la compagnie, tous biens mobiliers ou immobiliers, hypothèques, privilèges ou autres garanties que la compagnie croira convenables, conformément toutefois aux lois générales qui régissent ces opérations.

ACTIONS PRIVILÉGIÉES ET SANS VALEUR AU PAIR
Capital-actions

Le capital-actions de la dite compagnie consistera en 10.000 actions de capital privilégié, cumulatif, rachetable, à sept pour cent (7 0/0) de vingt-cinq piastres ($25.00) chacune, et de 25.000 actions sans valeur au pair ou nominale, sujet à toute augmentation de capital-actions, en vertu des dispositions de la dite loi; pourvu que les dites actions, sans valeur au pair ou nominale pourront être vendues par la compagnie au prix de cinq piastres ($5.00) l'action ou pour toute autre considération que les directeurs de la compagnie pourront juger avoir une valeur équivalente; les dites actions privilégiées, cumulatives, rachetables à sept pour cent (7%) seront sujettes aux préférences, priorités, droits, privilèges, limitations et conditions ci-après énoncés, à savoir:

1° Les dites actions privilégiées porteront un dividende fixe sur le capital alors versé sur icelles, payables seulement à même les bénéfices nets de la compagnie légalement attribuables au paiement des dividendes au taux de sept pour cent (7%) par année, avec priorité sur les actions sans valeur au pair de la compagnie et conféreront le droit d'avoir recours aux bénéfices des années subséquentes pour combler tout déficit dans le paiement des dividendes des années précédentes. Ces dividendes seront payables de la manière que les directeurs pourront de temps à autre déterminer.

2° L'émission des actions privilégiées à laquelle il est prévu, dans les présentes, deviendra et restera un privilège sur l'actif de la compagnie, supérieur à toute réclamation ou à toute réclamation des actions sans valeur au pair, ou des porteurs d'icelles, de manière que, dans toute liquidation, ou ventilation de la compagnie, ou liquidation de ses affaires ou de son actif, ou dans toute division des bénéfices ou de son actif entre les actionnaires, les porteurs des actions privilégiées, par comparaison entre eux (et avant que les porteurs d'actions sans valeur au pair, reçoivent quelque chose) auront droit au paiement de leurs actions, en entier et au pair, avec tous les dividendes fixes, non payés sur icelles, mais ils n'auront aucun droit de participer ou de partager davantage dans tel actif ou tels bénéfices et ils auront aussi, par comparaison entre eux et les porteurs des actions sans valeur au pair, le droit d'être classés comme créanciers de la compagnie dont les réclamations doivent être payées après l'acquittement de toutes autres dettes de la compagnie, de préférence et avec priorité au paiement de toutes sommes aux porteurs des actions sans valeur au pair ou pour leur compte, mais seulement à même l'actif de la compagnie et subordonnément aux droits de priorité de tous les autres créanciers d'être payés en entier.

3° Les porteurs des actions privilégiées n'auront aucun droit de vote, en vertu ou par rapport à telles actions, et tous droits de vote seront exercés par les porteurs des actions sans valeur au pair de la compagnie, à moins que des dividendes sur les actions privilégiées tel que prévu dans les présentes soient en souffrance pour quatre paiements semi-annuels. Dans tel cas, les porteurs des actions privilégiées auront le droit d'exercer le droit de vote, et proportionnellement action pour action, avec les porteurs des actions sans valeur au pair de la compagnie. Sur paiement en aucun temps de tous les arrérages de dividendes sur les actions privilégiées, les porteurs d'icelles perdont leur droit de vote et les porteurs des actions sans valeur au pair de la compagnie seuls auront et exerceront les droits et privilèges de vote, à l'exclusion des porteurs des actions privilégiées et ainsi de temps à autre dans le cas de défaut de payer des dividendes sur les actions privilégiées et pour une semblable période de quatre paiements semi-annuels en défaut, tel que mentionné ci-dessus.

4° Lors de toute augmentation du capital-actions de la compagnie faite conformément aux dispositions de la loi ou des lois qui s'y appliquent des émissions additionnelles d'actions privilégiées pourront être faites ou autorisées avec des droits et des privilèges semblables et en vertu des lettres patentes supplémentaires émises en rapport avec telle augmentation de capital, il pourra être déclaré que la totalité ou de toute partie de telle émission additionnelle d'actions privilégiées aura le même rang, et, s'il est ainsi déclaré, ces actions prendront rang *pari passu*, avec les actions privilégiées qui seront émises en vertu de ces lettres patentes. Les règlements de la compagnie s'appliqueront et régiront toutes les affaires qui peuvent survenir au sujet des actions privilégiées, sauf ce qui est autrement expressément prévu ci-dessus.

5° Les dites actions privilégiées sont rachetables au prix de vingt-sept piastres et cinquante centins ($27.50) l'action avec tous les dividendes et arrérages de dividendes jusqu'à la date de tel rachat, à toute date de dividende après qu'un avis de 60 jours de telle intention aura été donné aux actionnaires de telles actions privilégiées. Il ne sera fait aucune émission additionnelle d'actions privilégiées, sans le consentement des trois quarts des porteurs d'actions privilégiées et sans valeur au pair, donné par résolution à une assemblée des porteurs des actions privilégiées et des actions sans valeur au pair spécialement convoquée à cette fin.

La partie du capital-actions qui sera émise comme actions privilégiées est divisée en dix mille (10.000) actions de vingt-cinq piastres ($25.00) chacune, deux cent cinquante mille piastres ($250.000.00).

Le capital-actions de la compagnie est divisé en vingt-cinq mille (25.000) actions sans valeur au pair ou nominale, et le montant de capital avec lequel la compagnie commencera ses opérations sera de cent cinquante mille piastres ($150.000.00).

Le capital-actions de la compagnie est divisé en vingt-cinq mille (25.000) actions sans valeur au pair ou nominale et en dix mille (10.000) actions privilégiées de vingt-cinq piastres ($25.00) chacune, et le montant de capital, avec lequel la compagnie commencera ses opérations sera de cent cinquante mille piastres ($150.000.00).

Les actions autres que les actions privilégiées seront émises et réparties au prix fixé par les directeurs.

Le bureau principal de la compagnie sera en la cité et le district de Montréal.

Daté du bureau du secrétaire de la province, ce vingt-septième jour d'octobre 1926.

Le Sous-Secrétaire de la Province,

G.-J. SIMARD

TABLE DES MATIÈRES

LEVALLOIS
IMPRIMERIE R. VINCENDEAU
54, rue du Président-Wilson.